古代美術史研究

二編

第 9 冊

東漢畫像石與早期道教暨敦煌壁畫之研究

俞美霞 著

花木蘭文化出版社

國家圖書館出版品預行編目資料

東漢畫像石與早期道教暨敦煌壁畫之研究／俞美霞 著 -- 初
版 -- 新北市：花木蘭文化出版社，2017〔民 106〕
序 4+ 目 12+246 面；19×26 公分
（古代美術史研究 二編：第 9 冊）
ISBN 978-986-404-967-7（精裝）
1. 道教藝術 2. 石畫 3. 東漢
618   106001493

ISBN-978-986-404-967-7

古代美術史研究
二 編 第 九 冊   ISBN：978-986-404-967-7

東漢畫像石與早期道教暨敦煌壁畫之研究

作　　者　俞美霞
總 編 輯　杜潔祥
副總編輯　楊嘉樂
編　　輯　許郁翎、王筑　美術編輯　陳逸婷
出　　版　花木蘭文化出版社
社　　長　高小娟
聯絡地址　235 新北市中和區中安街七二號十三樓
　　　　　電話：02-2923-1455／傳眞：02-2923-1452
網　　址　http://www.huamulan.tw 信箱 hml 810518@gmail.com
印　　刷　普羅文化出版廣告事業
初　　版　2017 年 3 月
全書字數　154818 字
定　　價　二編 28 冊（精裝）新台幣 75,000 元

東漢畫像石與早期道教暨敦煌壁畫之研究

俞美霞　著

作者簡介

俞美霞

簡歷：文化大學中文研究所博士，文化大學藝術研究所美術組碩士，台灣師範大學國文系學士。現任台北大學民俗藝術與文化資產研究所副教授兼所長。研究主題：書畫、篆刻、玉器、畫像石、美術考古、民俗學、文化資產等項目。主張以文字、文物、文獻「三重辯證法」為研究依據，重視田野調查，出土考古挖掘，強調跨領域研究，俾便理論與實務並行，傳統與創新兼具。

著作：《戰國玉器研究》、《東漢畫像石與早期道教暨敦煌壁畫之研究》、《玉文化探秘》、《壇墠文化考》、《台灣最美麗的風華是人文》等書，暨研討會、期刊論文約 70 篇。

提　　要

畫像石是中國傳統藝術中極為璀燦而輝煌的珍貴文物，自有宋以來，即廣受重視，及至清朝，由於山東武梁祠的發現，轟動金石學界，遂引起中外學者爭相研究，並留下許多篇帙浩繁的鉅著。

本書的研究，即在於結合出土文物與典籍文獻，進而揭櫫東漢畫像石與早期道教發展的關係。尤其對早期道教宣揚的地區、人物，以及信仰內容的闡述，本書都有詳盡的說明與比附，並歸結出畫像石的藝術呈現，正是早期道教墓葬思想及習俗的反映，而這種民間信仰的墓葬制度，流傳之餘，並在敦煌與外來的佛教思想相結合，以至衍生出舉世聞名的敦煌壁畫。這樣的假設與發現，是前人所未見，也是本書小心求證處，不僅顛撲許多前人的想法，更提出明確的立論，是學術研究打破藩籬，跨領域研究的最佳例證。

傅　序

　　1995 年左右，我應文化大學中國文學研究所金所長榮華先生之約，在博士班講授「文學與歷史整合研究」之課程，近年來，我一直從事跨學域的整合研究，也想藉此機會討論出幾個跨學域研究的法則，所以常常會運用到地下出土的文物資料。其時俞美霞就是我班上的學生，她在研修碩士時專攻藝術，論文題目是「戰國時期玉器的紋飾與形制研究」，所以她對地下出土的資料已經有相當豐富的鑑識經驗。她希望找我做博士論文之指導，幾經商榷，我們暫時把範圍定在「漢代畫像石中反映的漢文化」為主題；我的本意是希望她能從文物資料中找出旁證，以說明漢賦以及漢代樂府詩中涉及的若干社會現象、民俗技藝、建築審美等的文化活動。但是在她歷經了近四年的通盤整理漢代的畫像石後，她越來越肯定，漢代的畫像石不論在出土區域的分布或圖像上與道教的發展都有密切的關係。於是把問題縮小到「東漢畫像石與早期道教發展之關係」上著力。並且在 1997 年 12 月通過了博士口試。

　　這本書的最大的立論依據是漢代畫像石的發現，在地域的分布上與道教的發展似有密切的關係；而用功最深的是將中國的神仙思想與道教經典以及畫像石做了縝密的比較研究。然而早期道教的流傳與神仙思想以及墓葬迷信等思想，本來就有相互融合、吸收的地方，要如何釐清，不是一件易事，但至少它已經提出了一個另類思想的方向。

傅錫壬　謹誌

2000.1.17

自　序

　　畫像石，源於西漢，盛行於東漢，至魏晉則又衰微，其內容之恢怪奇譎，令人眩目，而其興亡之快速，則又不免令人驚愕歎息。

　　探討畫像石的書籍篇章相當繁複，出土文物的發掘也不在少數。然而，東漢畫像石出土分布的四大地區——山東、四川、河南、陝北，在這些畫像石分布的密集地，專家或學者大多只是侷限於各自的工作地區或發掘範圍研究，以至於所見有限，並少有人作全面性的整理。

　　同時，囿於長久以來傳統的觀念和研究方法，以至對畫像石的研究仍多因襲前賢，少有突破。許多似是而非的論點，仍然有所爭議，而本書則排除地域畫分或思想藩籬，以歷史演進及道教宗旨為依歸，重新檢視並探討畫像石的淵源及發展，並附以典籍資料考證研究，使畫像石的意義還其原貌，也就是早期道教思想下墓葬制度與習俗的反映。

　　畫像石是中國本土民俗思想下的產物，其宗教思想的反映與內涵，將幫助後人學術研究的方向和思考模式，並重新評估道教對中國文化的影響，以及自魏晉以來，敦煌壁畫中神仙、羽人的繪畫題材及淵源。於是，畫像石研究，便成為重要的關鍵與依據了。

　　拙著的完成，是以個人的博士論文為基礎，並予以增修潤飾而成。回想論文撰寫期間，的確是幾經波折，煞費苦心，尤其是繁瑣而又龐雜的資料，前人及許多中外學者都已經理不出頭緒來，甚至為了畫像的內容可以皓首窮經，卻仍是如墜五里迷霧之中，莫衷一是，那麼，我在有限的博士修業期間，又能提出多少個人的見解？這樣的迷惘，使我宛如跌入歷史的長河，載沉載浮，卻又不著邊際，我不免沮喪地想要更換論文題目，這其中的艱苦與磨難，

失意與挫折，跌跌撞撞中，一路走來，真不知是如何捱過的。當然，沒有指導教授傅老師的寬容與鼓勵，我絕對不可能如期完成這篇論文，傅老師謙沖儒雅，悉心耐性的教誨，倒真讓我安靜了下來！

置之死地而後生，割捨了許多擾人的雜務與牽絆後，將所有的卡片攤開，終於，在仔細的整理排比下，我開始有了新的發現，拈出畫像石和早期道教發展的關係，並幸運地順利通過博士口試。

這樣的觀點，的確令人一新耳目，發前人之所未見，事實上，我內心也著實忐忑不定，因為，這個問題太複雜，涉及層面太廣，難以闡述詳盡，我寫了十四餘萬字，也只是為了要證明畫像石就是早期道教墓葬思想的反映而已！然而，周遭相關的議題，卻仍有許多可以深入鑽研的地方。

只是，我越寫越興奮，因為，在畫像石這樣豐富而又龐雜的資料中，我看到了畫像石和敦煌壁畫的關係，並窮其本末，找出畫像石和楚文化的濫觴，進而揭櫫楚文化——畫像石——敦煌壁畫，這一脈相承的民族精神與餘緒，有其密不可分的相關性與延續性。這些文字，我在論文的結語曾經提及，事後予以補強闡述，收錄於本書，並另有〈從辭賦談敦煌壁畫中的道教圖像〉一文，發表於敦煌研究院所舉辦的 2000 年國際學術研討會，對本書的印證，都可說是最佳的說明與補充。

論文雖然通過了，然而，研究卻仍是要持續下去，感謝文化大學中研所所長羅敬之教授的厚愛，以及口試委員葉國良、夏長樸、李福臻、王友俊教授們的不吝指正，讓本書有機會呈現於方家面前，接受大眾的批評、指導；同時，論文撰寫期間，楊清田教授慷慨借予許多畫像石書籍及資料，也令人銘感在心，永誌難忘。

研究的路，寂寞而又漫長，然而，在經歷過這一段日子的艱苦後，我已能真正面對自己真實而深刻的感受，並勇於突破。未來的路仍然長遠，但我相信，我能走得堅定而且從容。

俞美霞　謹誌於

喬雲閣　庚辰千禧春分

目

次

彩圖目次

黑白圖目次

彩圖 1　西魏，西王母，敦煌莫高窟 249 窟，窟頂南披，232 * 570cm

彩圖 2　西魏，狩獵，敦煌莫高窟 249 窟，北披局部

彩圖 3　西魏，伏羲、女媧，敦煌莫高窟 285 窟，東披局部

彩圖 4　西魏，雷神，敦煌莫高窟 285 窟，西披局部

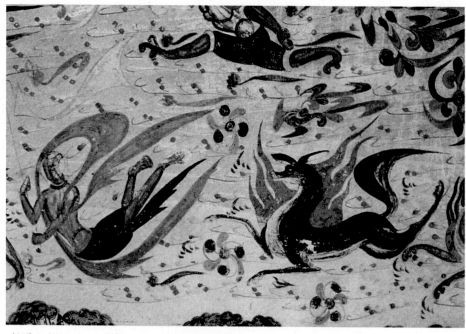

彩圖 5　西魏，飛廉、飛天，敦煌莫高窟 285 窟，北披局部

彩圖 6　東漢，彩繪墓門右豎框，1985 年
陝西綏德四十鋪徵回，原石現存綏德縣博
物館

彩圖 7　東漢，彩繪右門柱，1996
年陝西神木大保當出土，110*34cm

彩圖 8　西晉，敦煌佛爺廟灣彩繪畫像磚，M37 西壁南側

彩圖 9　魏晉，嘉峪關彩繪畫像磚，M5 前室西壁北側

彩圖 10　西魏，供養人題記，敦煌莫高窟 285 窟，北壁中層，60*83cm

第一章　前　言

一、畫像石的分布

死亡，是人生必經的過程，也是生命的終極。

世界上各民族、人種，對於死亡的態度和處置手法都各有不同，而各種宗教、民俗對死後的有無知覺、靈魂的去留，也都抱持著各異的觀點，從而衍生出各民族獨特的生死觀及墓葬文化。

畫像磚、畫像石上豐富且燦爛的圖像，是中國墓葬文化中最具特色的有情世界。其中，又以東漢時期的畫像石最為令人稱賞，多樣而繁複的題材，不僅是當時社會風俗的反映，同時，透過圖像的表達，及墓葬制度的架構，更能完整呈現墓主對生死觀念處理的手法及態度。

然而，隨著出土考古的發掘，及坊間書籍對畫像石的重視，研究畫像石的風氣仍然方興未艾，只是，研究的方向和成果鮮少有所突破，大多是圖像的考釋和正名，對畫像石的興衰、演變過程、作用和意義、以及與石構建築的關係，則多簡略而並不深入，甚或有前後因循，人云亦云的現象，是以畫像石的全貌及原始目的，反而遭人忽略，甚或出現難以自圓其說的矛盾現象。

例如：1982 年，李發林著《山東漢畫像石》一書中，即曾指出「漢畫像石在我國的分佈，基本上可以分為四個大區域，就是：山東徐海區、河南地區、四川地區、陝北晉西區。四大地區的畫像石，各有自己的特徵。」又稱「以上四個地區之間都有一些間隔，並不完全連成一片。至於海寧、北京、昭通、當陽、合肥等地，則更遠離畫像石密佈的地區。這種分佈狀況，給人們提出一連串值得研究的問題，例如，為什麼畫像石發生和發展在這四個地

區？四個大區爲什麼不連成一片？它們之中，何者是畫像石的發源地？它們之間的相互關係及影響若何？……等等。這些問題，有待於進一步研究、探討並予以闡明。」〔註1〕

李發林先生的田野調查經驗豐富，長期專注於畫像石研究，卻仍有許多闕疑之處。雖然，李發林先生於文中也曾指出「漢畫像石的分布之所以形成這種狀況，總是有一定的原因的。概括的說，這四個地區具備發展畫像石的物質條件和精神條件。」至於就四大地區分佈的相互關係問題上，也提出兩種狀況：

1. 各個地區的漢畫像石墓是自己產生和發展的，相互獨立的

這可稱之爲獨立發展論。其理由是：

（1）各區之間具有相當廣闊的間隔地帶。

（2）各地區發現的漢畫像石墓，具有各自的特色，這似乎也能說明它們是各自獨立發生的。

2. 四大區的相互關係可能性較大的是

有一、二個地區先出現畫像石墓，然後，通過商業、交通、旅行、游學、官吏調動……等等手段，把這種風俗和雕刻技術傳播到他區去。在當地適宜的條件下，發展起來，在學習中又有自己的創造，形成自己的獨特風格。各區都相互緊密聯繫，相互促進，相互提高。這種情形，可以稱之爲傳播論。理由如下：

（1）各地區間隔的地帶，並不表明他們是閉關自守，並不妨礙人們傳播和學習另一種風俗，另一種技術。傳播可以是間隔式的（或說是跳躍式的），而不必一定是連接式的（或說是無間隔式的）。

（2）從各區的畫像石的最早年代看，山東出過西漢元鳳年間（昭帝年號，西元前80～前75年）的畫像石、河平三年（成帝年號，西元前26年）畫像石和王莽天鳳三年（西元16年）的畫像石。因此，山東最有可能是漢畫像石的發源地。

（3）如果從有漢畫像的石闕看，山東地區也是最早的。莒南縣元和二年闕，平邑縣皇聖鄉闕和功曹闕的銘文都證明它們屬於章帝時期。可以歸於東漢早期。

〔註1〕李發林著，《山東漢畫像石研究》，頁61，齊魯書社，1928年10月。

（4）從雕刻技法的發展和種類來看。一個獨立發展的地區，其技法應該可以分早、晚期，技法種類應該比較齊全。四大區中，目前山東最明顯地具備這些條件。並認爲：山東地區最可能是畫像石的主要「源頭」（也許其次是河南南陽地區），而其他地區則是「流」〔註2〕。

李發林先生如此詳盡的考證，卻仍只是許多「可能」的推測之辭，並無有力的證據可以憑藉，至於其他書籍，言及畫像石之發展，大多是分區研究，並無統合宏觀的概念，遑論其整體性。因此，即使李發林先生提出了許多疑問，卻少見有人就此論點整理，或提出新的觀點解析。

然而，畫像石的研究，難道就此打住，困躓不進嗎？

本書將就早期道教之興起，配合典籍資料，並出土畫像，闡明其間之相互關係及影響，並指出畫像石之興起，其意義及作用即是道教墓葬習俗之反映，是道教思想下的石構建築與藝術。這樣的觀點，不僅可以澈底釐清李發林先生所提之問題，同時，前人書籍中許多似是而非的論點，及畫像中許多難以解析的困厄，都可一併獲得解答。

對眞理之探究與解析，是學術研究的首要目標，也是學術研究成果的終極目的。希望透過本書的完成，能恢復畫像石之原貌及精神。

二、前人的研究

漢代畫像石受到後人的重視並成爲研究的對象，應始於宋朝，及至清朝初年，由於武梁祠的發現，轟動金石學界，收集、考證、研究的工作，蔚爲風潮，再加上出土文物的發掘，引起法國、日本學者的高度重視，並留下許多篇帙浩繁的鉅著。

今據日人土居淑子〈古代中国の畫像石〉一文〔註3〕，及李發林著《山東漢畫像石研究》一書中第一節〈關於漢畫像石的著錄和研究〉〔註4〕，並出土報告、專輯的搜羅，以及前人的研究成果、重要貢獻，略作條理並分析羅列如後：

北宋趙明誠《金石錄》（政和七年，1117）提及「武氏石室畫像」及武氏墓，但只有文字記錄，並無圖錄，也無分析考證。

〔註2〕李發林著，《山東漢畫像石研究》，頁 63～67。
〔註3〕羅偉先、余德章譯，〈古代中国の畫像石〉，《四川文物》，1989，期 4，頁 77 ～80。
〔註4〕李發林著，《山東漢畫像石研究》，頁 1～6。

南宋鄭樵《通志・金石志》中，也提到「武氏石室畫像」，但卻注上「未詳」，連位置在那裏也不清楚。

南宋洪适所著《隸釋》（乾道三年，1167），錄有武梁祠堂畫像題字四百餘字，指出此畫像石室不是《水經注》中所說的魯恭墓或李剛墓，並據文字、圖像定名爲「武梁祠畫像」。此說或恐有誤，本書將於第二章第三節〈史籍文字中畫像石的道教內涵〉一節中詳述。

其後，洪适又作《隸續》（淳熙六年，1179），這是目前所見最早摹刻畫像石的書。除摹刻武梁祠堂畫像外，還摹刻、記錄、描述了別處的畫像石、石闕、石碑上的畫像，所錄者均爲有字的，無字者摒棄，亦無考證。至於武斑祠、武榮祠、武開明祠的畫像，洪适均未提到，應是其所未見。

宋以後相當長的一段時間，未見文獻上有關畫像石的記載。直至清乾隆五十一年（1768），黃易路過嘉祥，從縣志中所載，得知「漢太子墓石享堂三座」而發現武梁祠之外，附近還有武斑、武榮、武開明石祠畫像石（見黃易《修武氏祠堂記略》），並吸引許多金石學家對畫像石的注意和重視，而相關的著述、摹刻和考釋的文字，也大量出現。

翁方綱，《兩漢金石記》（乾隆五十四年，1789）對武梁祠的畫像內容略有描述，並加以簡略的考證，餘則粗述或未提，至於孝堂山石室，及河南嵩山太室、少室、啓母廟諸石，也略提文字，並未涉及畫像內容。

阮元、畢沅，《山左金石志》（嘉慶二年，1797），其中著錄的畫像石，僅山東一地即有 150 餘件。此書雖未傳摹原石畫像，然對畫像內容，均有詳細記述，並加以比較考釋。

黃易，《小蓬萊閣金石文字》5 冊（嘉慶五年，1800），有畫像摹刻並簡單的考釋。

王昶，《金石萃編》（嘉慶十年，1805）則是仿《隸續》之例，摹刻武梁石祠畫像之有題識者，無字者刪之，並詳述畫像內容，附各家考證，收錄黃易《修武氏祠堂記略》，使後人知曉發現經過。

馮雲鵬、馮雲鵷，《金石索》（道光元年，1821），摹刻了武氏祠畫像 50 餘幅，質量優良、內容充實，但敘述畫面內容則比《山左金石志》簡略，長處則是利用一些歷史文獻資料，略有考證。

瞿中溶，《漢武梁祠堂畫像考》6 卷（道光五年，1825），可說是研究武梁祠畫像石的專門著作，描述詳細，考證精深，爲過去所不見，但該書卷 6 摹

刻的圖像，有一部份在場面上與《金石索》所載有出入。

王懿榮，《漢石存目》2 卷（光緒十四年，1888），下卷爲畫像石。對畫像沒有傳摹，但有出土地點，收藏經過。此書搜羅石數大增，包括山東、河南、四川三省，畫像石 150 餘石。

田士懿，《山左漢魏六朝貞石目》所收畫像石數，則又增加，共 23 縣，250 餘石。

1893　夏瓦倫，E.，《中國北方的考古任務》第 1 卷第 1 章，〈兩漢時期中國的石刻藝術〉。

對畫像石別有考釋，且其版圖收錄精緻，原拓現爲巴黎居美美術館所珍藏。

1910　魯迅，開始進行南陽畫像石的收集工作。

1913　大村西崖，《支那美術史雕塑篇》，日本国書刊行會。

介紹了許多大型的畫像石拓片

1916　關野貞，《支那山東省における漢代墳墓の表飾》。

1923　色伽蘭，V.，《中國考古學使命 1914～1917》第 1 卷，〈雕刻和殉葬古跡〉。將畫像石的研究，從山東地區而推廣至陝西、四川等地。

1930　關百益，《南陽漢畫像集》，上海中華書局。

1935　王振鐸，《漢代壙磚集錄》，北京。

1936　孫文青，《南陽漢畫像匯存》，南京燕京大學。

1936　容庚，《漢武梁祠畫像圖錄和考釋》，北京。

對畫像中所載故事、傳說的出典，進行考察。至今，容氏對武氏祠畫像的考釋基礎，仍深受學者們所重視。書末並附〈武梁祠畫像著錄表〉，詳列書目，俾便初學者。整體而言，此階段對畫像石做了一些資料收集，對畫像石的考釋和系統地全面研究，做得仍不多。

1950　傅惜華輯，《漢代畫像全集》兩編。

所輯畫像石爲山東 25 縣，420 餘石，此書僅有畫像、目錄和序言，並未做考釋。

1950　《漢代畫像全集》2 冊，巴黎大學北京漢學研究所。

收錄了武氏祠畫像之外，也收錄了散居山東各地的畫像石拓片。

1955　常任俠，《漢畫藝術研究》，上海出版公司。

1955、1956　聞宥編，《四川漢代畫像選集》，上海聯群出版社北京古典藝術出版社。

1956　曾昭燏、蔣寶庚、黎忠義，《沂南古畫像石墓發掘報告》，文化部文物管理局。

1957　水野清一，《漢代の繪畫》。

1957　重慶市博物館編，《重慶市博物館藏四川漢畫像磚選集》，文物出版社。

1958　《鄧縣彩畫畫像磚墓》，河南省文物工作所出版。

1958　江蘇省文管會、中國科學院考古研究所編，《江蘇徐州漢畫像石》，科學出版社。

1959　陝西博物館、陝西省文管會編，《陝北東漢畫像石刻選集》，北京。

1965　長廣敏雄，《漢代畫像の研究》，日本東京中央公論社。

1969　長廣敏雄，《南陽の畫像石》，東京美術出版社。

1974　《中國河南省碑刻畫像石》，日本共同社。

1975　大阪市立美術館，《漢代の美術》，日本平凡社。

1977　林巳奈夫，《漢代の文物》，日本京都大學人文科學研究所。

1982　山東省博物館、山東省文物考古研究所編，《山東漢畫像石選集》，齊魯書社。

1982　李發林，《山東漢畫像石研究》，齊魯書社。

1982　黃明蘭，《洛陽西漢畫像空心磚》，人民美術出版社。

1983　開封地區文管會、密縣文管會供稿、河南古代藝術研究會編輯，《密縣漢畫像磚》，中州書畫社。

1983　劉志遠、余德章、劉文杰編著，《四川漢代畫像磚與漢代社會》，北京。

1984　吳曾德著，《漢代畫像石》，文物出版社。

1985　徐州市博物館編，《徐州漢畫像石》，江蘇美術出版社。

1985　南陽漢代畫像石編輯委員會編，《南陽漢代畫像石》，文物出版社。

1986　呂品、周到、湯文興著，《河南漢代畫像磚》，丹青圖書公司。

1986　北京魯迅博物館、上海魯迅紀念館編，《魯迅藏漢畫象》一，上海人民美術出版社。

1986　黃明蘭編著，《洛陽漢畫像磚》，河南美術出版社。

1986　土居淑子，《古代中国の畫像石》，東京：同朋舍。

1986　天理大學、天理教道友社編，《畫像博》。
　　　日本天理大學附屬天理參考館藏品。

1987　南陽漢代畫像石學術討論會辦公室編，《漢代畫像石研究》，文物出版社。

1987　高文編，《四川漢代畫像石》，巴蜀書社。

1987　高文編，《四川漢代畫像磚》，上海人民美術出版社。

1988　鄭州市博物館、中原石刻藝術館編著，《鄭州漢畫像磚》，河南美術出版社。

1989　楊清田著，《漢代石刻畫像之研究》。
　　　師大美術研究所碩士論文。

1989　南陽漢畫館閃修山、王儒林、李陳廣編著，《南陽漢畫像石》，河南美術出版社。

1989　李鐵著，《漢畫文學故事集》，中國青年出版社。

1990　南陽文物研究所，《南陽漢代畫像磚》，北京文物出版社。

1991　北京魯迅博物館、上海魯迅紀念館編，《魯迅藏漢畫象》二，上海人民美術出版社。
　　　選編魯迅所藏山東、江蘇、甘肅、四川等地的漢畫像。

1991　肖亢達著，《漢代樂舞百戲藝術研究》，文物出版社。

1992　朱錫祿編著，《嘉祥漢畫像石》，山東美術出版社。

1992　重慶市文化局等編，《四川漢代石闕》，文物出版社。
　　　附錄了四川漢代石闕上的遺文、補文、造像及畫像磚石上的闕形圖。

1992　安丘縣文化局、安丘縣博物館編，《安丘董家庄漢畫像石墓》，濟南出版社。

1992　林巳奈夫著，《石に刻まれた世界》，東京：東方書店。

1993　薛文燦、劉松根編，《河南新鄭漢代畫像磚》，上海書畫出版社。

1993　賈慶超著，《武氏祠漢畫石刻考評》，山東大學出版社。

1994　山東石刻藝術博物館編著，《山東漢畫像石精萃·鄒城卷》，齊魯書社。

1994　山東石刻藝術博物館編著，《山東漢畫像石精萃·滕州卷》，齊魯書社。

1994　永田英正編，《漢代石刻集成：京都大學人文科學研究所研究報告》，日本同朋社。

1994　洛陽市第二文物工作隊編，《畫像磚、石刻、墓誌研究》，中州古籍出版社。

1995　李林、康蘭英、趙力光編著，《陝北漢代畫像石》，陝西人民出版社。

1995　蔣英炬、吳文祺著，《漢代武氏墓群石刻研究》，山東美術出版社。

1995　徐州漢畫像石編委會，《徐州漢畫像石》，中國世界語出版社。

1995　Wu, Hung, *"Monumentality in Early Chinese Art and Architecture"*, Stanford University Press.

1996　山東石刻藝術博物館編著，《山東漢畫像石精萃・沂南卷》，齊魯書社。

1996　高文、高成剛編著，《中國畫像石棺藝術》，山西人民出版社。

1996　山東石刻藝術博物館編著，《山東石刻藝術選粹——漢畫像石故事卷》，浙江文藝出版社。

1996　山東石刻藝術博物館編著，《山東石刻藝術選粹——漢畫像石卷》，浙江文藝出版社。

1996　夏亨廉、林正同主編，《漢代農業畫像磚石》，中國農業出版社。

1996　信立祥著，《中國漢代畫像石の研究》，日本同成社。

1998　龔廷萬主編，《巴蜀漢代畫像集》，文物出版社。

1998　甘肅省文物考古研究所戴春陽主編，《敦煌佛爺廟灣西晉畫像磚墓》，文物出版社。

1999　南陽漢代畫像石編輯委員會編，《南陽漢畫像彙存》，廣陵出版社。

2000　陝西省考古研究所編，《陝西神木大保當漢彩繪畫像石》，重慶出版社。

由於出土考古的發掘，學者專家對畫像石的研究，自有清以來，即蔚然成風，專刊或論著，更是不計其數。然而，就上列書目的內容總括其類，則可大致歸納為：

（1）以畫像墓為中心

描述、考釋、論證該墓畫像石的內容、題材、雕刻技法、年代、歷史藝術價值的。如：《沂南古畫像石墓發掘報告》、《南陽漢畫像石》。

（2）以論著為主

論述漢畫像石、磚產生的歷史背景、社會經濟、思想根源等問題，並附帶部份考釋的，如：《四川漢代雕塑藝術》、《漢畫》。

（3）著重考證畫像磚、石的具體內容的

如：《四川漢代畫像選集》、《重慶市博物館藏四川漢畫像選集》。

（4）冠以簡短序言，扼要敘述各畫像內容的

如：《江蘇徐州漢畫像石》、《嘉祥漢畫像石》。

至於單篇論文，針對新出土的畫像磚石，進行考釋和研究的，也都頗見成績，即以《四川文物》、《考古》、《文物》等刊物，以及日本《古美術》、《東

方學報》、《支那學》、《考古學雜誌》等，都有許多論述畫像石的論文，不僅
承繼前人的研究成果，更在考古的專業中，展現學術的多樣面貌及研究精神。

　　然而，這些國內、外的研究成果，思想略嫌保守，大多因襲舊章，在圖
像考釋上多所著墨，對於歷史背景、思想淵源及畫像分佈及整體面貌，多涉
獵不足，則是引以爲憾，並是前賢難以有所突破及創見的根本原因，而這些
缺失，將在本書中逐一予以釐清，則是本書研究的方向及精神所在。

三、撰述範圍及方法

　　畫像石源起於西漢，盛行於東漢時期，至魏晉以後則又迅速消逝不見。

　　李發林先生在《山東漢畫像石研究》一書中曾指出「山東地區，漢畫像
石早在西漢中晚期就產生了。一個大家早已熟知的例子，便是昭帝時期的元
鳳年間的鳳凰刻石。此外，有成帝河平三年麃孝禹刻石上的立鶴畫像。還有
新發現的肥城北大留帶有五銖錢的西漢刻石。這是漢畫像石的早期階段：漢
畫像石的數量是少的，內容是比較簡單些，刻法是簡樸的，都是細陰線刻。」
〔註5〕這是西漢時期畫像石的源頭，數量不多，刻畫的只是簡單的鳳凰、立鶴、
五銖錢等圖像而已！這些寓意祥瑞的禽鳥和財富圖像，尤其是鳳凰和立鶴，
是道教思想中祥瑞、長生的象徵，與東漢時期畫像的風格與精神，可以說是
一脈相續，至於畫像中常見的「搖錢樹」上繫孔方兄，其意義與源頭也可追
溯自西漢的五銖錢刻石。因此，總括來說，西漢中晚期，道教的思想正在萌
芽階段，並源自於民間，而這些畫像的出土，不僅是東漢畫像的先聲，也爲
東漢道教的發源，提供有力的佐證。

　　先秦、西漢的畫像大多刻於墓門、祠堂及門闕上作爲裝飾，形制有動物、
植物及幾何紋飾，造型極爲簡單，如：朱雀、龍鳳等等；至於磚上也有一些
紋飾與畫像類似，然而，其意義與作用大多只是建築器用，或作爲舖路、砌
牆的裝飾，其淵源並可追溯自周磚〔註6〕，由於功用明確，圖像簡單祥瑞，純
粹作爲紋飾性質而已，並非本書所要探究的主題，是以略而不論。至於本書
研究重點將以東漢時期的畫像爲目標，旁及魏晉時期畫像之流變。並以分析
比較法，分別闡述畫像石分佈四大區與道教早期發展之關係，以及畫像石內
容和道教早期經典《太平經》思想之比較，從而歸納出畫像石之興衰盛亡與

〔註5〕李發林著，《山東漢畫像石研究》，頁17。
〔註6〕劉軍社著，〈周磚雜議〉，《考古與文物》，1993年，期6，頁84～89。

道教勢力消長之密切關係，以及東漢末年，五斗米道衰微後，畫像石之何去何從。

　　另外，本書所要探討的年代範圍，雖以東漢時期的畫像石及道教早期的發源爲基礎。然而，一般坊間書籍論及道教，大多以張陵爲道教的始祖而論述，事實上，道教是因襲民間的信仰而成形，在張陵之前，有一段相當時期的「醞釀期」，至東漢之際張陵始設「五斗米道」，並因此聚徒立眾，行醫救世，初不爲「宗教」而設。至於此段道教發源的「醞釀期」，其資料鮮少並散見於典籍，乏人整理，然而，本書以爲，此段「醞釀期」不僅是道教發源的雛形，並且是畫像石興起的重要依據與思想反映，且二者時、空、內涵的相互契合，有一定的脈絡可循，絕非「巧合」一詞可替代。至於此段「醞釀期」是後起「五斗米道」、「太平道」之濫觴，以行文之便，本書暫以「早期道教」之名而稱之，以示其淵源及傳承。

　　畫像石之內涵，結合了文學、歷史、藝術、建築、宗教思想等範疇，展現瑰麗奇詭的豐富寓意，作爲學科研究，不僅可補足漢代史料之不足，填充早期道教發展之淵源，同時，藉著「二重辯證法」，將出土文物與典籍史料相比較，更是現今學術研究的重要依據，東漢畫像石研究，將更開闊研究視野，擴大學術領域，本書將就東漢時期畫像石與早期道教發展之關係，作詳細之印證與比較，一則還畫像石之原貌，一則也重現早期道教之發源。

第二章 畫像石是道教墓葬思想的反映

　　畫像石是一種呈現墓葬習俗與制度的藝術表現形式。它經常出現在墓室中的墓門、墓壁、柱石、石闕及祠堂等處，是石墓（或磚墓）石構建築的一部份。

　　因此，在尚未證明畫像石與道教墓葬習俗的關係之前，首先，必須就整體畫像石墓中石室、石墓、石祠、石棺以及畫像題記等有所認知，才能真正瞭解「畫像石墓」是具有特殊意義與作用的石構建築，是以，畫像石墓雖也耗資費時，華麗眩目，其目的卻絕非一般儒家思想「未知生，焉知死」的墓葬習俗，或厚葬風氣下奢靡的陪葬墓室可以比擬。而石上刊刻畫像，在石室、石墓、石祠、石棺、石闕、石壁，有其完整而系統的意義與作用，而其消逝頹唐，也和石構建築墓葬的思想有密切的關係，是以不辭羅縷，分述如後，期能完整而澈底地解讀畫像石之奧秘。

一、畫像的意義與作用

　　「畫像石」一詞不見於史載。然而，畫象即畫像，其詞卻普遍見於兩漢書中。若欲瞭解畫像石之意義與作用，則必須先對「畫像」一詞有所認知，始能深入其旨，今就典籍中所載「畫像」之意義，歸納如下：

1. 畫象即罪者之衣

　　古代民風淳樸，於罪民衣上畫五刑之象，使令服之，以示警戒之意。《漢書‧武帝紀》載元光元年，「五月，詔賢良曰：『朕聞昔在唐虞，畫象而民不犯，日月所燭，莫不率俾。』」之句。應劭曰：「二帝但畫衣冠，異章服，而民不敢犯也。」師古曰：「《白虎通》云：『畫象者，其衣服象五刑也。犯墨者

蒙巾,犯劓者以赭著其衣,犯髕者以墨蒙其髕象而畫之,犯宮者屝,犯大辟者布衣無領。』墨謂以墨黥其面也。劓,截其鼻也。髕,去膝蓋骨也。宮,割其陰也。屝,草屨也。」

這種於衣服上畫五刑之象以示有罪之意,可並見於《後漢書・酷吏列傳》「論曰:古者敦痝,善惡易分。至於畫衣冠,異服色,而莫之犯。」以及《三國志・魏書・明帝紀》載青龍四年「六月壬申,詔曰:『有虞氏畫象而民弗犯,周人刑錯而不用。朕從百王之末,追望上世之風,邈乎何相去之遠?』」的記載。可知在唐虞之際,有於衣服上繪五刑之象的習俗,以示眾民,昭炯戒而不使再犯,此意並非本文主旨,是以列而不論。

2. 畫象即圖畫形象之意

兩漢時期有繪於絹帛箋紙者,又有刊石立碑者,都是對人物形象的描繪,使便於取閱,或流傳後世。

當時,畫工競出,最著名的人物圖像,即是昭君和番的事跡,《西京雜記》卷二載「元帝後宮既不多得常見,乃使畫工圖形,按圖召幸之,諸宮人皆賂畫工,多者十萬,少者亦不減五萬,獨王嬙不肯,遂不得見。」其後,元帝窮案其事,畫工皆棄市,籍家資皆巨萬,據載,當時著名的畫工有「杜陵毛延壽,為人形醜好老少,必得其真;安陵陳敞;新豐劉白、龔寬並工為牛馬風鳥眾勢,人形好醜不逮延壽下;杜陽望亦善畫,尤善布色;樊育亦善布色,同日棄市,京師畫工於是差稀!」這樣鉅細靡遺的記載,可見當時圖寫人物禽獸風氣之盛,畫工之受人重視,並累積財富,也由此可見一斑。

另外,《漢書・霍光金日磾傳》載「日磾母教誨兩子,甚有法度,上聞而喜之。病死,詔圖畫於甘泉宮,署曰『休屠王閼氏。』日磾每見畫常拜,鄉之涕泗,然後乃去。」這是藉圖畫肖形以傳神寫照,有思念並因此紀錄描繪的積極作用。而同傳中又載征和二年,武帝以年老,欲畀大任予霍光輔政,「上乃使黃門畫者畫周公負成王朝諸侯以賜光。」師古曰:「黃門之署,職任親近,以供天子,百物在焉,故亦有畫工。」這是藉歷史故實人物以寓意,並用以表心跡的間接手法。

至於《後漢書・蔡邕列傳》有太尉馬日磾謂王允曰:「伯喈曠世逸才,多識漢事,當續成後史,為一代大典。且忠孝素著,而所坐無名,誅之無乃失人望乎?」後邕死獄中,搢紳諸儒莫不流涕,兗州、陳留(聞)〔間〕皆畫像而頌焉。

另外，《後漢書・朱穆列傳》則載及永興元年，「徵穆詣廷尉」句下注載有「《謝承書》曰：穆臨當就道，冀州從事欲爲畫像置聽事上，穆留板書曰：『勿畫吾形，以爲重負。忠義之未顯，何形象之足紀也！』」可知圖畫形象有「紀忠義」之作用。

《晉書・忠義列傳》第五十九有「書名竹帛，畫象丹青，前史以爲美談，後來仰其徽烈者也。」的記載。證諸兩漢書中所言，圖畫肖形的意義與作用可大致歸納爲：

（1）便於取閱

如：昭君畫像。

（2）傳形以爲思念

如：金日磾睹母像。

（3）傳頌後世

如：金日磾其母德及教誨法度，伯喈之逸才及忠孝，朱穆之忠義等。

（4）藉歷史故實以寓意

如：武帝賜畫霍光，欲畀以輔佐重任。

由此可知，畫像的意義與作用，並非只是單純地描模形象而已！畫像的留存，除了絹帛箋紙之外，若想保留長久，則可刊刻立石，並寄予堅固、長久、廣爲流佈之旨。尤其令人值得注意地是：此四類意義作用中，除了（1）、（2）項——便於取閱、傳形以爲思念之意與畫像石毫無關聯外，（3）、（4）項——傳頌後世、藉歷史故實以寓意，都和畫像石之旨雷同，且其內容涵蓋母德（列女）、忠臣、孝子、帝王、歷史故事等，這些也都是畫像石中常出現的主題，可見這樣的題材，不僅民間墓葬中傳頌，史籍中列載，並於西漢時期即已成爲當時之社會習尙，普遍爲大眾所認可。是以畫像石之興起，正是在畫像的基礎上傳衍發展，其意義與作用，社會習尙之呈現，便不言可喻。

雖然，畫像的風氣早在西漢即已成形，然而，畫像的意義和道教思想又有何關聯呢？

懸象、畫象、圖象、畫圖等名詞，在《太平經》中具有特殊用意。這部早期道教的經典中，對於「畫象」的意義與目的敘述甚多，而其作用則是在於——長治久生，並使魂神速還；是以道教主張「懸象」，期使凶神退卻。今據《太平經》中所載，略述如下：

懸象還，凶神往。夫人神乃生內，返遊於外，遊不以時，還爲身害，即能追之以還，自治不敗也。追之如何，使空室內傍無人，畫象隨其藏色，與四時氣相應，懸之窗光之中而思之。上有藏象，下有十鄉，臥即念以近懸象，思之不止，五藏神能報二十四時氣，五行神且來救助之，萬疾皆愈。男思男，女思女，皆以一尺爲法，隨四時轉移。（卷18～34）

夫神生於內，春，青童子十。夏，赤童子十。秋，白童子十。冬，黑童子十。四季，黃童子十二。此男子藏神也，女神亦如此數。男思男，女思女，皆以一尺爲法。畫使好，令人愛之。不能樂禁，即魂神速還。（卷18～34）

欲思還神，皆當齋戒，懸象香室中，百病消亡；不齋不戒，精神不肯還反人也。（卷18～34）

然欲候得其術，自有大法，四時五行之氣來入人腹中，爲人五藏精神，其色與天地四時色相應也；畫之爲人，使其三合，其王氣色者蓋其外，相氣色次之，微氣最居其內，使其領袖見之。先齋戒居閒善靖處，思之念之，作其人畫像，長短自在。五人者，共居五尺素上爲之。使其好善，男思男，女思女，其畫像如此矣。此者書已眾多，非一通也。自上下議其文意而爲之，以文書傳相微明也。吾書雖多，自有大分，書以類相聚從，字以相明，則畢得其要意。（卷72）

上古神人戒弟子後學者爲善圖象，陰祐利人常吉，其功增倍。陽善者，人即相冗答而解。陰善者，乃天地諸神知之，故增倍也。（卷100）

上古神人眞人誡後學者爲惡圖象，無爲陰賊，不好順事，反好爲害嫉妒，令人死凶。（卷101）

故畫象以示後來，賢明得之以爲大誡。（卷101）

順用四時五行，外內思正，身散邪，卻不祥，懸象而思守，行順四時氣，和合陰陽，羅網政治鬼神，令使不得妄行害人。（卷154～170）
古之求壽，不失其道者。天地有常行，不可離本也；故求安而長存者，慎無忘此道本元也。故畫圖以示後來。陳人物生受命之時，久遠以來到今，不失陰陽傳類，更相生而久長，萬萬餘世，不可闕也。
（卷154～170）

從這些文字來看，早期道教思想以爲「人神生於內」，所以必須畫象，使魂神速還；懸象，則使凶神遠離。這是道教畫象、懸象的意義與作用，其旁並以文字書明其旨，使彰顯精神。《太平經》卷99～101 即有〈乘雲駕龍圖〉、〈東壁圖〉、〈西壁圖〉等，其目的即是「陰祐利人常吉，其功增倍。」「故畫象以示後來，賢明得之以爲大誡。」至於有愚者或不信道者，若輕忽畫象一事，或爲惡圖象，也自有其報應。《太平經》言「上古神人眞人誡後學者爲惡圖象，無爲陰賊，不好順事，反好爲害嫉妒，令人死凶。天道不可彊劫，劫必致兵喪威之死，滅世亡道，神書必敗，欲以爲利，反以爲害，此即響應天地之性也。」（卷101）都明確顯示「畫像」所具有的社會教育功能與意義。

至於「古之求壽，不失其道者」，也不可或忘畫象之本元，並使「萬萬餘世，不可闕也。」至此，漢代畫像石的意義，昭然若揭。道教信徒將神仙、人物、宴享、百戲、禽獸等圖象，刻繪於石，祈求長生，以示後來，並可長久流傳，而圖像樹立於壁，也有「懸」之之意，畫像石的興起，是道教思想的反映，證諸典籍，其關係自然是密不可分。

至於，畫像與墓葬發生緊密聯繫的，其文字則可見於《後漢書・趙岐列傳》載趙岐「年九十餘，建安六年卒。先自爲壽藏，圖季札、子產、晏嬰、叔向四像居賓位，又自畫其像居主位，皆爲讚頌。」注曰「壽藏謂塚壙也。稱壽者，取其久遠之意也。猶如壽宮、壽器之類。冢在今荊州古郡城中也。」可知東漢末年，在今湖廣、四川等地區（荊州）。已有於塚壙中豫置畫像的事實。

另外，北魏酈道元《水經注・濟水》引晉人戴延之所作《西征記》，言及焦氏山北數里，有漢司隸校尉魯恭冢，「冢有石祠、石廟，四壁皆青石隱起。自書契以來，忠臣孝子，貞婦，孔子及弟子七十二人形像，像邊皆刻石記之，文字分明。」

又載「黃水東南流，水南有漢荊州刺史李剛墓。剛字叔毅，山陽高平人。熹平元年卒。見其碑。有石闕，祠堂，石室三間，橡架高丈餘，鏤石作橡瓦。屋施平天造方井，側荷梁柱。四壁隱起，雕刻爲君臣官屬，龜龍麟鳳之文，飛禽鳥獸工像，作制工麗，不甚傷毀。」

自北魏酈道元後，有很長的一段時間，不見有關畫像石的記載，直到北宋趙明誠《金石錄》載「右武氏石室畫像五卷。武氏有數墓，在今濟州任城，墓前有石室，四壁刻古聖賢畫像，小字八分書題記姓名，往往爲贊

於上，文詞古雅，字畫遒勁可喜，故盡錄之，以資博覽。」於是，畫像石的整理，終於引起重視，及至清朝，蔚爲風氣，便成爲國內外學者專家研究的標的了。

二、石室、石墓與石祠

「石室」一詞，屢見於道教典籍中，其意義大多是指道者於山中隱居修鍊之所，或神仙所居之處與石墓、石祠並爲道教思想中的重要石構建築。然而，考之典籍文獻中，「石室」一詞作用繁多，其意義並可歸類列舉如下：

（1）宗廟中藏神主之室

《左氏・莊・十四》有言「典司宗祏。」注曰「宗祏，宗廟中藏主石室，言已世爲宗廟守臣。」疏曰「宗祏者，慮有非常火災，於廟之北壁內爲石室，以藏木主，有事則出而祭之，既祭，納於石室。」這樣的習俗，仍可見於《新唐書・禮樂志》「建石室于寢園以藏神主，至禘、祫之歲則祭之。」可見石室因建築材料之因素，具有穩固耐久之作用，可護佑神主。

（2）拘禁之室

《吳越春秋・勾踐入臣外傳》「文王囚於石室，太公不棄其國。」注「地理志，河內湯陰有羑里城，西伯所拘處，此云石室，疑即所囚之處也。」

（3）藏圖書之室

《漢書・高帝紀》「丹書鐵契，金匱石室，藏之宗廟。」師古曰「以金爲匱，以石爲室，重緘封之，保慎之義。」

（4）巖石構成之室

《後漢書・南蠻西南夷列傳》「槃瓠得女，負而走，入南山止石室中。所處險絕，人跡不至。」注曰「黃閔武陵記曰：山高可萬仞，山半有槃瓠石室，可容數萬人，中有石牀，槃瓠行跡。」

（5）石構之墓室

《宋書・禮志》「漢以後，送死奢靡，多作石室、石獸、碑銘等物。」

（6）山中修道之室

《晉書・嵇康傳》「康又遇王烈，共入山，烈嘗得石髓如飴，即自服半，餘半與康，皆凝爲石。又於石室見一卷素書，遽呼康往取，輒不復見。」王烈事蹟，見《神仙傳》卷6。

（7）安全鞏固之所

《三國志・吳書・賀邵傳》「近劉氏據三關之險，守重山之固，可謂金城石室，萬世之業。」

（8）御史之別稱

〈張九齡酬趙二侍御史西軍贈兩省舊寮之作詩〉「石室先鳴者，金門待制同。」《唐詩選箋注》「漢制藏祕書於蘭臺石室，以御史中丞掌之，環濟要略曰：御史中丞，有石室，以藏祕書圖識之屬。」漢代御史掌石室，是以「石室」為御史之別稱。

由典籍中之記載來看，除了作為「御史」之別稱外，「石室」一詞，自先秦兩漢魏晉以來，都象徵隱秘、安全、鞏固意義之所在，無論是藏神主、囚犯、圖書、或作為隔絕人世、墳墓、修道之場所，「石室」都可遠離世俗，不受干擾，這和修道者入山精思沈潛的作用非常類似，而「石室」也成為道教信徒修鍊的場所，以及得道成仙的憑藉所在。因此，「石室」便不只是一個普通的空間而已！而是道教信徒中，具有宗教色彩的靜修場所，可以知神，可以通天。《太平經》中說得好，「或求度厄，其為之法，當作齋室，堅其門戶，無人妄得入；日往自試，不精不安復出，勿強為之。如此復往，漸精熟即安。」（卷154～170）可知精修者唯有在不受干擾的環境下，才能得「入神之路」，而「石室」正是最佳的庇護空間。

另外，《太平經》卷96又有〈守一入室知神戒〉一文，言明「三部界」：守一、得道、得神之理。文中並提及「室」、「茆室」一詞，是為守一得道以知神的靜修場所。

「其二部界者，其讀吾書道文，合於古今，以類相從，都得其要意，上賢明翕然喜之，不能自禁止為善也。乃上到於敢入茆室，堅守之不失，必得度世而去也。」按：茆茅通用，「乃上到於敢入茆室」一句，《太平經鈔》作「乃至於敢入茅室」〔註1〕。

「其三部界者，夫人得道者必多見神能使之。其上賢明者，治十中十，可以為帝王，使辟邪去惡之臣也；或久久乃復能入茆室而度去，不復譽於俗事也。故守一然後且具知善惡過失處，然後能守道，入茆室精修，然後能守神，故第三也。賢者得拘校古今神書以相證明也。真人知之耶？」「唯唯。」

〔註1〕《太平經》，卷96，頁411，王明合校本，注15～17。

「中賢守一入道,亦且自覩神,治十中九,可爲王侯大臣,共辟除邪惡,或久久亦冀及入茆室矣。眞人知之邪?」「唯唯。」此段言及上賢、中賢守一入道,以至於入「茆室」而精修、度去,《太平經》中皆作「茆室」,而合校本則載《太平經鈔》均無「茆」字。及至於文末,又有「爲道乃到于入室,入眞道,而入室必知神,故次之以神戒也。」

是以可知《太平經鈔》除了二部界中言「茅室」一詞外,其餘都稱「室」;而《太平經》中題文,結語稱「室」,文中言二、三部界時都作「茆室」。茆室固然不若石室的堅穩安全,而言「室」則包含了茆室與石室,且不論當時修道者入茆室或石室,然而,歷經歲月,茆室之不存,也必然可知矣!

漢劉向《列仙傳》載古來仙人自赤松子至玄俗凡 71 人,文字簡略,末附讚語,其體例一如《列女傳》,其中述及石室者(或巖居),則有下列 4 人。

(1)赤松子

神農時雨師也。往往至崑崙山上,常止西王母石室中,隨風雨上下。(上:1)。

(2)仇生

不知何所人也,當殷湯時爲木正,在尸鄉北山上自作石室。(上:8)

(3)脩羊公

魏人也,在華陰山上石室中有懸石榻,臥其上,石盡穿陷。(上:18)這種對石室內部的描述,也可見於邛疏者,周封史也,入太室山中,有臥石牀枕焉。(7:9)

(4)毛女

字玉姜,在華陰山中獵師,世世見之,形體生毛,自言秦始皇宮人也。所止巖中有鼓琴聲云。(下:8)

至於晉葛洪《神仙傳》則載仙人八十有四,多隱於山林,或於山中成仙而去,至於仙人所居何處,則可於「彭祖」一文中窺其大要。「又,人苦多事又少能棄世獨住山居穴處者,以順道教之終,不能行是非仁人之意也,但知房中之道、閉氣之術,節思慮,適飲食,則得道矣。」(1:7)則是明確指出「棄世獨住山居穴處」,是「順道教之終」,是習道者修鍊之必要居所。

今即以《神仙傳》中所載爲例,述及仙人所住山居穴處——石室者,可得下列 10 人,餘則不見描述。

（1）廣成子

居崆峒山石室之中。（1：1）

（2）皇初平

有道士見其良謹，使將至金華山石室中四十餘年。（2：1）

（3）太玄女

學道治玉子之術。將弟子行，所到山間，日暮，以杖扣山石，石皆有門戶，開入其中，有屋室、床几、帷帳、廚廩、酒食如常，雖行萬里，所在常耳。（4：10～11）

由此段文字描述，並可使後人明瞭石室內之陳設。

（4）茅君

君遂徑之江南治於句曲山，山有洞室，神仙所居，君治之焉。（5：7）

（5）張道陵

後於萬山石室中得隱書秘文及制命山嶽眾神之術，行之有驗。（5：8）

（6）左慈

精思於天柱山中，得石室內九丹金液經，能變化萬端，不可勝紀。（8：2）

（7）王遙

登小山，入石室。（8：6）

（8）劉根

以漢孝成皇帝綏和二年舉孝廉、除郎中，後棄世道，遁入嵩高山石室中。（8：10）

（9）壺公

明日，又內長房石室中，頭上有大石方數丈，茅繩懸之。（9：2）

（10）王興

昔漢武帝元封二年上嵩山，登大愚石室，起道宮。（10：7）

石室，是神仙所居之所，於山中另闢洞室，並有屋室、床几、帷帳、廚廩、酒食等生活器用，不僅可以專心修鍊，使所需不虞匱乏；同時，石室築於山上，與天相近，可通於天。《茅君內傳》所謂「大天之內，有地之洞天三十六所，乃眞仙所居。」都說明石室（洞天）與道教神仙之關係。當然，更令人值得注意的是，由於石室堅固，不易毀損，可重複使用，是以未必都是

自鑿，此意可見於茅君治於句曲山，以及張道陵、左慈於石室中秘籍與畫像石墓的架構及畫像石上的圖像內容，可說是大同小異（此將於後文詳述），如果說，石室（洞天）是道教神仙所或修鍊之所，那麼，石墓中的石室建築，便是世俗間未得道者死後的精神寄託，冀望藉著道教的墓葬形式，也能尸解登仙；同時，不可或忘的是，「石室」早在春秋時期即有「藏神主」之作用與意義，今存地面上之武氏石室墓群，也同樣具有祭祀「神主」之功能，這和地下石墓中之石室畫像，藉圖像以反映道教思想的內涵，期求成仙或長生的目的，可謂不謀而合。是以道教思想中的石構建築：洞天石室──祠堂石室──畫像石室，這分別代表天──人──地的修道所在，不僅可以是習道者長治久生之所，同時，石室的安穩、堅固，更可流傳久遠，並作為傳佈宗教信仰的具體實踐，因此，山上、地面、地下的石室建築出現，絕非偶然，而是更明確且完整地呈現道教思想的三界，及其架構的完整性。

三、畫像石與道教思想間的關係

前言〈畫像的意義與作用〉一節中，已述及「畫像」一詞與道教早期典籍《太平經》間之關係，並已證明畫像和道教思想密不可分。然而，是否仍可進一步證明畫像石和道教間之關係呢？本節將就史籍文字與畫像題記分別闡述之。

1. 史籍文字中畫像石的道教內容

就史籍文字而言，前言《後漢書》載趙岐於塚壙中自繪畫像居主位，又繪季札、子產、晏嬰、叔向等賢者居賓位，並為讚頌；《水經注》中也曾提及漢司隸校尉魯恭塚，以及漢荊州刺史李剛墓，其間並有石祠、石廟、石闕、祠堂、石室等，這些畫像與石構建築，果真是道教思想的反映嗎？此三人中，除李剛不見於史載，趙岐、魯恭均見於《後漢書》列傳，因此，就史料典籍中所載，考證畫像石與道教思想間之關係，也是重要的依據之一。

按：《後漢書・趙岐列傳》載及「岐少明經，有才藝，娶扶風馬融兄女。」又稱「岐多所述作，著《孟子章句》、《三輔決錄》傳於時。」至於《決錄序》則有言「常以玄冬，夢黃髮之士，姓玄名明，字子真，與余寤言，言必有中，善否之閒，無所依違，命操筆者書之。近從建武以來，暨于斯今，其人既亡，行乃可書，玉石朱紫，由此定矣，故謂之決錄矣！」由此段序文來看，趙岐著《三輔決錄》與夢中所寤黃髮老人有密切的關係，而此老者姓玄名明，字

子眞，雖未可知是否眞有其人，然而，《淮南子・兵略訓》中有言「與玄明通，莫知其門，是謂至神。」「玄明」一詞，在《淮南子》書中，爲「至神」之意，與夢中所寤的黃髮老者，都具有仙家或道教寓意，也與趙岐得重疾時，自稱「漢有逸人」之意，可以相互呼應。因此，史籍中雖不曾言及趙岐是否有道教的信仰，然而，從《三輔決錄》一書的完成以及序文內容、思想言行來看，趙岐的確具有道教信仰的傾向，這和墓中畫像的設置，墓地位於四川（五斗米道的發源地，也是畫像分佈的四大地區之一），無論在信仰上、地緣上，都可密切相合，也明確指出畫像石和道教信仰間之緊密關係。

　　至於司隸校尉魯恭，《後漢書・魯恭列傳》載「魯恭字仲康，扶風平陵人也。其先出於魯（傾）〔頃〕公，爲楚所滅，遷於下邑，因氏焉。世吏二千石，哀平間，自魯而徙。祖父匡，王莽時，爲義和，有權術，號曰智囊。」由這段文字來看，魯氏家族出自陝西，世代居於山東，哀平年間，自魯徙，其所居之地，都是道教早期流佈之處。尤其是其祖父匡，曾爲義和之官，掌理天地四時，而恭父早逝，是以魯恭思想，頗有繼其祖父之意，史書本傳載「恭性謙退，奏議依經，潛有補益，然終不自顯，故不以剛直爲稱。」至於魯恭之思想言行，據《後漢書》本傳疏諫奏議中所載，可列舉如下：

> 臣伏見詔書，敬若天時，憂念萬民，爲崇和氣，罪非殊死，且勿案驗。進柔良，退貪殘，奉時令。所以助仁德，順昊天，致和氣，利黎民者也。

> 夫陰陽之氣，相扶而行，發動用事，各有時節。若不當其時，則物隨而傷。王者雖質文不同，而茲道無變，四時之故，行之若一。月令，周世所造，而所據皆夏之時也，其變者唯正朔、服色、犧牲、徽號、器械而已。故曰：「殷因於夏禮，周因於殷禮，所損益可知也。」易曰：「潛龍勿用。」言十一月、十二月陽氣潛藏，未得用事……。

> 夫王者之作，因時爲法。孝章皇帝深惟古人之道，助三正之微，定律著令，冀承天心，順物性命，以致時雍……。

　　從這些疏諫奏議來看，魯恭爲政之思想在於——敬天時、憂萬民、崇和氣、進柔良、退貪殘、奉時令、助仁德、重陰陽、順物性等等。這樣的觀念普遍見於早期道教典籍中，如《太平經》卷18～34〈和三氣興帝王法〉一文，即有神人對「立致太平」之旨有所闡述；另外，卷93也有〈敬事神十五年太平訣〉一文，揭櫫「謹順四時，愼五行，無使九神戰」，則可致太平之意：

但大順天地，不失銖分，立致太平，瑞應並興。元氣有三名，太陽、
太陰、中和。形體有三名，天、地、人。天有三名，日、月、星，
北極爲中也。地有三名，爲山、川、平土。人有三名，父、母、子。
治有三名，君、臣、民，欲太平也。此三者常當腹心，不失銖分，
使同一憂，合成一家，立致太平，延年不疑矣。

是故欲知將平與未平，但觀五帝神平與未，足以自明，足以自知也。
是故凡象，乃先見於天神也。天神不平，人安得獨稱平乎哉？是故
五帝更迭治，可皆致太平。其失天神意者，皆不能平其治也。是故
謹順四時，慎五行，無使九神戰也。故當敬其行而事其神。

　　早期道教的興起，只是盛行於民間的一種信仰行爲，初不爲「宗教」
之名而設，是以史書列傳中，不見「宗教」之說，即使是〈方術列傳〉中
載及許多儒生、隱者通方術、好圖讖、說災異、辨吉凶、明陰陽，這些言
行思想雖有道教之實，而列傳中卻少見道教之名，只能從文字中窺其大要。
東漢，是道教思想盛行的時期，從畫像石的興盛，證諸史載點滴文字，我
們仍可確定畫像石和道教關係之密切，並是道教思想下所反映出的墓葬習
俗。

2. 畫像題記中的道教思想

　　至於出土文物中，畫像石的本身，除了有石刻圖像之外，部份也有石刻
題記，敘述畫像或墓主的生平事蹟，也可作爲研究畫像石意義的重要依據。

（1）山東蒼山畫像題記

　　1973 年 5 月，山東蒼山城前村發現了一座畫像墓，該墓因早年遭受破壞，
有些隨葬器物已遭毀損，位置也有所移動，現存的隨葬品有青瓷、陶器、銅
鏡和銅錢等。然而，令人注目的是，此墓出土有長篇的畫像題銘，不僅有明
確的年代，且對畫像石內容記述較詳，對於考證墓主的身份、畫像題材的定
名、東漢政治制度、社會生活等各方面都是一批較爲重要的資料。

　　尤其引起爭議的是，此件長篇題銘雖有紀年，然而，其確切年代、釋讀、
內容、墓主身份等，學者專家卻各有不同的看法，今略條理各家說法並列述
如下：

　　① 山東省博物館、蒼山縣文化館協同發掘，對墓葬出土有簡明的報告，
並考定此座畫像石墓是劉宋元嘉元年（424）所修建。同時，文中指示：山東

省是我國畫像石遺存較多的地區之一。據近年來的考古調查,全省散存著一千餘塊畫像石,也清理發掘了一些畫像石墓。然而,有絕對年代可考的卻爲數不多,且均爲東漢作品,蒼山畫像石墓則是首次發現並有紀年的南朝時期畫像石墓,這表明南朝初期,墓石上刻畫的作法仍然存在〔註2〕。

② 方鵬鈞、張勛燎兩位先生則對原報告題記時代的判斷,以及釋文、句讀提出進一步的研究。並指出:整個題記是一篇韻文,每句長短不等。有三言、四言和七言三種句法;同時,就墓葬形制及隨葬器物有魏晉時期的特徵,因而斷定此墓應是東漢桓帝元嘉元年(151)所修建,或是魏晉時期的人,利用東漢元嘉元年畫像石墓埋葬、甚至因此建造新墓,是以蒼山畫像墓第二次入葬、新建的時間不得晚於西晉,更不會晚到劉宋〔註3〕。

③ 王恩田先生則就題銘釋讀、畫像石內容、墓葬年代及墓主身份等,有進一步的說明和闡釋,認爲蒼山墓是西晉人利用東漢畫像石所改建的,並指出整篇題銘非詩詞歌賦,而是敘事散文〔註4〕。

④ 劉繼才先生則就王文斷句不當、釋文牽強處,提出疑義,並將銘文與畫像分組釐清,還其原貌〔註5〕。

以上四篇論述,的確各有發現,頗有見地。然而,就墓葬形制及出土器物而言,蒼山畫像石墓應可斷定是東漢桓帝元嘉元年所建,至西晉時期,則又借此墓二度入葬。山東博物館的出土報告以爲蒼山畫像石墓是山東地區首次發現並有紀年的南朝時期畫像石墓,不僅是孤例,同時,出土器物的時代特徵,也有闡述欠明確處,是以不足採信。

至於整篇題記釋文、斷句,雖仍有可斟酌處,然而,就其形式而言,視爲散文而非韻文寫作方式,應無疑義。尤其是題記銘文起始,即載明刻寫時間及題記的意義與作用,都是散文寫作的基本格套,今依劉繼才先生一文的斷句,將題記列述於後,以爲佐證。

〔註2〕山東省博物館、蒼山縣文化館,〈山東蒼山元嘉元年畫像石墓〉,《考古》,1975年,期2,頁124~134。

〔註3〕方鵬鈞、張勛燎,〈山東蒼山元嘉元年畫像石題記的時代和有關問題的討論〉,《考古》,1980期,期3,頁271~277。

〔註4〕王恩田,〈蒼山元嘉元年漢畫像石墓考〉,《四川文物》,1989年,期4,頁3~10。

〔註5〕劉繼才,〈蒼山元嘉元年漢畫像石墓考讀後淺見〉,《四川文物》,1994年,期6,頁51~53。

① 甲石

元嘉元年八月二十四日。立郭畢成，以送貴親，魂零（靈）有知，拎（怜）哀子孫，治生興政，壽皆萬年。

薄踈（疏）郭中畫觀，後當朱爵（通雀），對游奭（升高也）抽（仙）人，中行白虎，後鳳皇（鳳）。中皂（古皂字）柱只，結龍，主守中雷，辟耶（邪）。夾室上砆（砆、石也）：五子、罍們陣、女，隨後駕鯉魚。前有白虎、青龍，車後即被輪雷公：君從者，推車、平桿、冤廚，上衛橋，尉車馬，前者功曹，後主簿、亭長、騎佐胡便（使）弩。下有深水多魚者，從兒刺（刺）舟度（渡）諸母，使坐上小軿驅馳（馳），相隨到都亭，游徼侯見，謝自便。後有羊車。橡，其蟉（蟉）上即聖鳥乘浮雲。其中畫像，家親。玉女執尊、杯、桉（案）、样、局、林、穩杭好弱几（貌）。

堂抉央外：君出游，車馬、導從、騎吏、留都督在前，後賊曹，上有龍虎街（銜）利來，百鳥共鳴至錢財。

其抉內：有倡家生（起也）許（澵），相和仳（別也）吹廬，龍爵（雀）除央（殃）騙（鶴）囑魚。

② 乙石

堂三柱：中皂，一龍□（鎮）非詳（祥）。左有玉女狐（仙）人。右柱石□（繪）請丞卿：新婦主寺（侍）給水。

拧堂蓋㤥（同慶）好，中氐（底）葉（停尸的苓床）上，□（喜）色，未有盰（病也，憂也）。其當飲食，就天倉，飲江海。學者高遷，宜印綬，治生，日進錢萬信，長就幽冥則決（訣）絕，閔（閉）曠（壙）之後，不復發。

綜觀通篇題記，記敘了墓堂內左、中、右三根柱子的畫面，並明確指出子孫為生前任職高官的貴親興建畫像石墓，若死者魂靈有知，期望能憐愛並福佑後世，使子孫治生或為官，都能順利長久。這樣的祈求，不僅使後人瞭解題記之目的，也使後人對畫像石的意義與作用，有清晰明確的認知。

至於，題記所載則是描述畫像的內容：四靈、車馬、衛橋、仙人、玉女、宴享、庖廚等題材，都是畫像中常出現的圖像，尤其仙人圖像，是明顯的「神仙」題材，而四靈、車馬、玉女、宴享、庖廚等題材，在《太平經》中也都有特定的寓意，可參考本書第六章，將有更完整的闡述。另外，文末並有祝福語，天人永隔，長就幽冥。其內涵及用辭，完全符合道教思想的寓意及行文語氣，作為道教思想的碑銘題記，應無疑義。

（2）山東嘉祥宋山第二批畫像石第二九石題刻

宋山村位於武氏祠西南方，距武氏祠24公里左右。1978年，此地出土墓一，1980年，又出土墓二、墓三，這就是所謂的「第二批」發掘，這三個墓中都有豐富且精美的畫像石。同時，根據出土「這些漢畫像石表面上均塗有一層石灰蓋住畫像。由此可知是漢代之後的人拆掉漢代石祠堂或畫像墓，用來修建自己的墳墓而使用的。」〔註6〕另外，值得注意的是，此石左方有題刻文字10行，共462字，對於死者的生平、言行以及刻石的經過情形及內容，都有詳盡的闡述和說明，是研究畫像題材及作用的重要依據，今略記述如下，以爲佐證。

> 永壽三年十二月戊寅朔，廿六日癸巳，惟許卒史安國，禮性方直，廉言敦篤，慈仁多恩，注所不可，稟壽卅四，遭（第一行）

> □。泰山有劇賊，軍士被病，徊氣來西上，正月上旬，被病在床，卜問醫藥，不爲知聞，閣忽離世，下歸黃泉，古聖所不勉，壽命不（第二行）

> 可諍（增），嗚呼哀哉！早離父母、三弟。其弟嬰、弟東、弟強，與父母並力奉遺，悲哀慘怛，竭孝、行殊、義篤，君子憙（第三行）

> 之，內修家、事親順敕，兄弟和同相事，悲哀思慕，不離冢側，墓廬凶宅，負土成墳，徐養凌柏，朝暮祭祠，甘珍（第四行）

> 滋味嗛設，隨時進納，省定若生時，以其餘財，造立此堂，募使名工高平王叔、王堅、江胡、欒石、連車，采石縣西南小山（第五行）

> 陽山，琢礪磨治，規矩施張，褰帷反月，各有文章，調文刻畫，交龍委蛇，猛虎延視，玄猿登高，陃熊噱戲，眾禽群眾。（第六行）

> 萬狩云布，台閣參差，大興輿駕，上有雲氣與仙人，下有孝友賢仁，遵者儼然，從者肅侍，煌煌濡濡，其色若僥，作治連月，功夫無亟，價錢二萬（第七行）

> 七千，父母三弟，莫不竭思，天命有終，不可復追，憔悴創傷，去留有分，子無隨沒壽，王無復死之理，恩情未返，迫禩有制，財幣務隱藏，魂靈悲（第八行）

〔註6〕朱錫祿編著，《嘉祥漢畫像石》圖版說明25，頁117。

痛夫，夫何涕泣雙並，傳告后生，勉修孝義，無辱生生，唯諸觀者，深加哀憐，壽如金石，子孫萬年，牧馬牛羊諸僮，皆良家子，來入堂宅，（第九行）

但觀耳，無得刻畫，令人壽，無為賊禍，亂及孫子，明語賢仁四海土，唯省此書，無忽矣，別以永壽三年十二月十六日，太歲在矣，一日戊。（第十行）（釋文斷句依李發林：《山東漢畫像石研究》。）

至於這段文字中，最引人注目的，即是第六、七行中，描述畫像的內容及意義，其中並有「上有雲氣與仙人，下有孝友賢仁，遵者儼然，從者肅侍。」之句，則明確指出墓主的神仙思想及與道教信仰的從屬關係，間接說明畫像石和道教早期思想的淵源，同樣的例子，也可並見於武氏墓群的碑銘文字（參第五章第三節〈武氏家族與道教信仰〉）。

這樣明確而又詳盡的題記，與畫像內容相互印證，使東漢時期道教的墓葬形式、內容、意義與作用，更為清晰肯定，而畫像石中所蘊涵的思想及社會反映，也更能幫助我們瞭解東漢時期畫像石與道教發展間之關係。

出土文物（畫像石）與史籍，以及與文物本身的題記印證，不僅相互映發，同時，「二重辯證法」的周密與完備，也使出土文物提供了更多的研究資源與依據，畫像石與道教間的關係，自然也明確而不可分了。

第三章　早期道教發展的源流與典籍

　　道教是中國本土的宗教，來自於民間，初始，多流傳於鄉里百姓，或以符咒、方術等行於世，其後，傳佈漸廣，再加上貴族、士大夫的參與，無論是教義、儀式或所信奉的神祇，均有增減變異，而其間之分合衍化及各地區之盛衰，也因領導人物或時代風尚而或有所不同，是以派別林立，名目繁多，其間之錯綜複雜，的確令人難以釐清，然而，在深究道教思想與畫像石之關係時，必須先對道教之源起及分佈有所認知，並對道教之演化及派別有所涉獵，才能窺其全貌，進而瞭解道教思想的轉化對畫像石之影響，並二者間之相互作用與意義。

一、道教的源流及派別

　　道教的源流，證諸典籍，初始，並不以宗教為名，唯託言黃老而已！其後，則以三洞、四輔、十二類為道藏教義之依歸。

　　《三國志・魏書》載張陵「客蜀，學道鵠鳴山中，造作道書以惑百姓，從受道者出五斗米，故世號米賊。」又言其孫「魯遂據漢中，以鬼道教民，自號師君。」因此，東漢時期，張道陵雖以符籙禁咒之法行於世，其子衡、孫魯相繼遵行其道，然而，《後漢書》中卻不見「道教」之名，〈方術列傳〉也不見張陵事蹟，道教之起，的確是思想駁雜，衍化錯綜。

　　《魏書・釋老志》載「其為教也，咸蠲去邪累，澡雪心神，積行樹功，累德增善，乃至白日昇天，長生世上。所以秦皇、漢武，甘心不息。靈帝置華蓋於濯龍。設壇場而為禮。及張陵受道於鵠鳴，因傳天官章本千有二百，弟子相授，其事大行。齋祠跪拜，各成法道，有三元九府、百二十官，一切諸神，咸所統攝。」

又載，至於北魏太祖好老子之言，誦詠不倦。「天興中，儀曹郎董謐因獻服食仙經數十篇。於是置仙人博士，立仙坊，煮鍊百藥，封西山以供其薪蒸。」世祖時，則有嵩山道士寇謙之受命清整道教，此後「除去三張偽法，租米錢稅，及男女合氣之術。大道清虛，豈有斯事。專以禮度為首，而加之以服食閉練。」使道教完全擺脫民間符咒治病之習氣，並與統治者相結合。始光初年，謙之奉其書而獻，世祖「於是崇奉天師，顯揚新法，宣布天下，道業大行。」其後，世祖將討赫連昌，問幽徵於謙之，謙之奏建「靜輪宮」以彰聖德，世祖不僅從之，且「親至道壇，受符籙。備法駕，旗幟盡青，以從道家之色也。自後諸帝，每即位皆如之。」都明確說明道教在北魏時期之興盛，經寇謙之改革後，以「禮度」作為統治者封建之依據；「服食閉練」作為長生方術之目標；並訂定圖書——《雲中音誦新科之誡》、《錄圖真經》等，使齋戒儀範有所制度；而築天師道場，更擴張道教之規模及傳佈。使道教從民俗信仰進而確立其宗教之嚴密架構，歷經唐宋元明清而不衰。

另外，據《正統道藏》所載〈道教源流章〉一文，說明「道」之為道及命名為「道教」之由來；又有〈道教宗源〉一文，闡述其本原及三洞、四輔、十二類之意義與作用，是《道藏》中論及道教淵源之具體文字，列舉於後，以為佐證。

> 道教之來，自太始、太素之先，鴻蒙未兆之初，天地溟涬混沌，始芽於是時也，必有主乎，造化者存乎其間，方能肇造天地，建立三才。當其日月未生，山川未著，事物未形，理象未顯之時，其為象也，渾渾噩噩，大易所謂未畫之前，即有主宰之者，然而無形無名，杳杳邈邈，畢竟莫知其名。然生天生地，生人生萬物者何物也？老子始發其妙，包羅二儀，乃強立其名曰道。開闢天地，始肇萬有者必有其神，莫得其名，乃強名曰元始，故有元始天尊之名，為開天闢地之祖。按洞元靈寶真誥元符經其略曰：昔天地未分陰陽，未判溟涬，大梵寥廓無光，太上以三炁化生三境，至老君而傳經傳教，然後萬範開張，天真皇人見，八角垂芒，經文麗天，九霄煥然，則而寫之科，始有傳歷古迄今，道教所以垂萬世而無窮焉。凡帝王之所受天命者曰天子，是以子之事天，以天為父。故仲虺之誥有曰：欽崇天道，永保天命。太甲曰：先王顧諟天之明命，以承上下神祇，是以受天明命，奄有四海，上以奉天道，下以治人事。又曰：上天

眷命。又曰：奉天承運。是皆奉天地，故其殿曰奉天門，曰奉天承天，未嘗不以天言也。是以道之爲教，以天爲主，故曰奉天之道，名曰道教〔註1〕。

原夫道家，由肇起自無先，垂跡應感，生乎妙一，從乎妙一，分爲三元，又從三元，變成三氣，又從三氣，變生三才，三才既滋，萬物斯備。其三元者，第一，混洞太無元，第二，赤混太無元，第三，冥寂玄通元，從混洞太無元化生，天寶君從赤混太無元化生，靈寶君從冥寂玄通元化生，神寶君太洞之跡別出爲化主，治在三清境，其三清者：玉清、上清、太清是也，亦名三天，其三天者：清微天、禹餘天、大赤天是也；天寶君治在玉清境，清微天，其氣始青；靈寶君治在上清境，禹餘天，其氣元黃；神寶君治在太清境，大赤天，其氣玄白。故九天生神章經云：此三號雖殊本同一也，此三君各爲教主，即三洞之尊神也，其三洞者：洞眞、洞玄、洞神是也：天寶君說經十二部爲洞眞教主，靈寶君說經十二部爲洞玄教主，神寶君說經十二部爲洞神教主，故三洞合成三十六部，尊經第一，洞眞爲大乘第二，洞玄爲中乘第三，洞神爲小乘：從三洞而又分四輔曰：太玄、太平、太清、正一也：太玄輔洞眞，太平輔洞玄，太清輔洞神，正一通貫洞輔，總成七部，又從三洞，汎開各分十二類者，第一本文，第二神符，第三玉訣，第四靈圖，第五譜錄，第六戒律，第七威儀，第八方法，第九眾術，第十記傳，第十一讚誦，第十二表奏。其本文者，乃經之異稱，生法之本，既生之後，即須扶養，故次以神符、八會、雲篆、三元、玉字，若不諳練，豈能致益，故須玉訣，釋其理事也，眾生暗鈍，直聞聲教不能悟解，故立圖像，助以表明聖功，既顯，若不祖宗物情，容言假僞，故須其譜錄也，此之五條，生物義定，將欲輔成，必須鑒戒，惡法文弊，宜前防止，故有戒律，既捨俗入道，出家遵於師寶，須善容儀，故次明威儀，既前，乃防惡宿罪未除，故須修齊軌儀，悔已生惡也，儀容既善，宿根已淨，須進學方術，理期登眞，要假道術之妙顯乎竹帛，論聖習學以次相從也，學功既著，故次以記傳，始自生物，終乎行成，

〔註1〕　《正統道藏》，冊60，頁386，〈天皇至道太清玉冊〉，卷1，第22，新文豐出版社，1988年12月再版。

皆可嘉稱，故次以讚頌，又前言諸教多是長行散說，今論讚頌，即
是句偈，結辭既切，功滿德成，故須表申靈府，如齊詫言功之例，
故終以表奏也〔註2〕。

在這兩篇敘述道教淵源的文章中，〈道教源流章〉則多祖述老子之言，並
認爲：道之爲教，唯有「奉天之道」是爲道教；至於〈道教宗源〉一文，則
詳述三洞、十二類之內容及演變，尤其令人注意的是，文中有言「眾生暗鈍，
直聞聲教不能悟解，故立圖像，助以表明聖功。」則是明確指出道教和圖像
間之關係，畫像石是道教思想之反映，而道教藉著畫像以表明聖功，二者間
相依相存之密切關係，則更無庸置疑了！

另外《正統道藏》中對道教之派別並未見完整的敘述，坊間書籍也少提
及。今據洪丕謨所著《中國道教十大長生術》一書中所列，我國歷史上曾經
出現過的重要道教派別〔註3〕，並簡略條理如下，以明其衍化。

（1）五斗米道

東漢張陵所創，多流傳於巴蜀地區，以符水爲百姓治病，因入道須奉米
五斗而得名。

（2）天師道

西晉陳瑞在犍爲郡（郡治在今四川彭山江口場）自稱「天師」，聚眾千百，
以鬼道教民。

（3）南天師道

南朝廬山道士陸修靜所創，以便與北方的北天師道有所區別。宋明帝並
於建康築崇虛館以示禮遇，陸修靜即與弟孫游岳等於崇虛館「祖述三張」、「弘
揚二葛」，整理道書，編制齋戒儀範，使道教儀典趨於完備。

（4）太平道

東漢張角所創，奉《太平經》，以符水咒說治病，善道教化天下，信徒遍
及青、徐、幽、冀、荊、揚、兗、豫等八州。

（5）金丹道

東漢魏伯陽所創，會稽上虞人，獨尊丹術而求長生。

〔註2〕《正統道藏·總目錄·道教宗源》，頁1～2。
〔註3〕洪丕謨著，《中國道教十大長生術》，頁15～43，林鬱文化事業有限公司，1996
年11月。

（6）帛家道

東漢帛和所創，倡行氣修煉、祈禱通玄，盛行於江浙地區。

（7）龍虎山派

西晉張盛（張陵四代孫）所創，因移居江西貴溪縣龍虎山而得名，以符籙、驅鬼爲習道之方。

（8）靈寶派（閣皂山派）

三國吳葛玄所創，因在江西清江縣閣皂山靈寶壇修道成仙，白日飛升而得名，以煉氣、煉丹、求長生不老之術。

（9）樓觀派

三國魏梁湛所創，樓觀爲周康王大夫，關尹令尹喜的故宅，其址於今陝西周至縣終南山下，爲「天下道林張本之地」，此派重符籙、煉氣，外丹、內丹兼修。

（10）上清派（茅山道前身）

東晉楊羲所創，因奉《洞眞上清經》而名。

（11）茅山道

南朝梁陶弘景於江蘇句曲山修道所創，重辟穀導引等長生之術。

（12）鍾呂派

唐末自靈寶派衍生，由鍾離權、呂洞賓、劉操等人所開創，重內丹之修習。

（13）西山派

宋鍾呂派南傳而成，西山，於今江西新建縣西，又名南昌山。

（14）清微派

宋代道教的一支，由龍虎天師、茅山上清、閣皂靈寶等三山符籙派分化而出，元代以後即趨式微。

（15）淨明派

南宋靈寶派一支，創於江西南昌山玉隆萬壽宮道士何守證，於服煉齋醮、修仙度人之餘，更宣揚忠君孝親之教義，既合上層口味，又紮根民間，是以自守至清，流傳極盛。

（16）全真道

靖康之變後，在金人佔據的北方，由道士王重陽所創，金世宗大定七年，

於山東寧海崑崳山（今山東牟平縣東南）傳道並因此奠基，元明以來，與南方的正一道各據一方。其宗旨爲：三教合一、性命雙修、先性後命。

（17）太一道

金初蕭抱珍在衛州（今河南汲縣）所創。以老子之道修身，並專以符籙濟人。

（18）真大道教

金初劉德仁所創。教徒遍及黃河流域和江南一帶。以「苦節危行」爲要，而寡言「飛升化煉，長生久視」之道。

（19）正一道

元成宗大德五年授張陵三十八代後裔張與材爲正一教主，總領三山符籙。以驅鬼降妖、祈福禳災的符咒爲歸。

（20）武當道

因湖北武當山煉丹習道而名，因供奉眞武帝君，或以之爲全眞道一派。重煉丹驅邪。

由這些派別來看，道教在東漢時期即已有五斗米道及太平道，後太平道首領張角造反，史稱「黃巾之亂」，平定後太平道即式微；至北魏寇謙之銳意改革道教，確立了道教之規範儀式及地位；唐、宋時期，道教在國君的提倡下，普遍盛行；及至宋、金以降，道教重鍊養的這一支分爲南、北二宗，北宋即全眞教；而另一支重符籙，則演化爲龍虎、閣皂、茅山三派，並以龍虎山派爲張陵之後裔盛所創，勢力最爲強大，後稱爲正一教；元、明之際，道教派別可大分爲——正一、淨明、靈寶、上清四派，明太祖並改封四十二代天師張正常爲「正一嗣教護國闡祖通誠崇道宏德大眞人」，秩二品，子孫衍襲；及至滿清，雖重修北京白雲觀，卻將正一嗣教眞人降爲五品，並停止朝覲、筵宴；民國以還，信仰自由，道教分爲丹鼎、占驗、經典、符籙、積善五派，並成立中國全國道教總會，道教之深植人心，淵遠流長，也由此可見一斑了。

至於就歷史上道教興起的派別及盛行地區來看，根據前文所載，其地域則涵蓋四川、安徽、山東、河南、河北、江蘇、浙江、江西、陝西、湖北等省。而這些重要道教派別出現的地區，也正是畫像石出土的位置所在，說明畫像石的出現與道教發展有其必然之關係。雖然，東漢以後，「五斗米道」與「太平道」式微了！然而，反映道教早期思想的畫像石，卻在墓葬制度的流

傳下早已盛行，而東漢時期畫像石的盛行區，不僅是後代道教派別發展的依據地，同時，東漢時期畫像石興盛的四大地區，也正是道教早期的發源地及重心。其後，畫像石因「黃巾之亂」而日益衰亡，然而，道教的思想卻早已潛入各地，並各自成爲宗派傳衍，由此可知，昔日畫像石盛行的地區都是日後道教發展的重鎮，可見其間關係緊密，因此，作爲地域性之印證及道教發展之比較，本節仍頗具參考價值並以爲後文佐證之用，是以不憚其繁，權且置此，以明其流變。

二、《太平經》一書的淵源與內容

1.《太平經》一書的淵源

《太平經》約成書於東漢中晚期，是現存早期道教的重要經典，也是研究中國早期道教發展及哲學思想的必備典籍。

《後漢書・襄楷列傳》有「臣前上琅邪宮崇受干吉神書，不合明聽。」之句，注曰「干姓，吉名也。神書，即今道家太平經也。其經以甲、乙、丙、丁、戊、己、庚、辛、壬、癸爲部，每部一十七卷也。」又載「初，順帝時，琅邪宮崇詣闕，上其師干吉於曲陽泉水上所得神書 170 卷，皆縹白素朱介青首朱目，號太平清領書。其言以陰陽五行爲家，而多巫覡雜語。有司奏崇所上妖妄不經，乃收藏之。後張角頗有其書焉。」可知《太平經》一書，在東漢順帝時（126～143），即已流傳民間，並成書 170 卷，初號《太平清領書》，至桓帝時則已名《太平經》，其內容多陰陽五行、巫覡雜語，有司以爲妖妄不經，是以「神書」並未受到重視。並言「及靈帝即位，以楷書爲然。」《太平經》始受帝王重視；至明英宗正統九年（1444）修《道藏》所錄《太平經》時，因散亂亡佚，甲乙辛壬癸五部已遺佚，其餘各部也多所闕漏，僅餘 57 卷，是現存孤本。

至於《道藏》中另有《太平經鈔》一書，則是唐末閭丘方遠據《太平經》節錄而成，全書 10 部，每部 1 卷，共 10 卷，是校補《太平經》的重要佐證與依據。今人王明，則據道經類書及古籍徵引補注，完成《太平經合校》一書，編纂考訂較爲詳贍平實，並於〈前言〉中指出「《太平經》先有『本文』若干卷，後來崇道的人繼續擴增，逐漸成爲 170 卷。不能簡單地說這就是于吉（按：鼎文本《後漢書》作干吉）、宮崇或帛和個人所著作。現存的經書裏，固然不免有後人改寫增竄，可是大體說來，它還保存著東漢中晚期的著作的

本來面目。」此說極爲允當,並指出《太平經》非一人一時一地所作。本書引用經文,即以王明校本爲據,並參以畫像石印證,期能對道教的思想及墓葬習俗有所裨補增益,以便還其原貌。

2.《太平經》一書的內容

《太平經》一書卷帙浩繁,非一人一時一地所作,且其內容蕪雜,間或有自相矛盾處。例如:《太平經》卷 56～64 言及「推酒之害萬端,不可勝記。」且無故飲酒、作酒、市酒者明令施以笞杖爲謫,另外,卷 69 也有「斷市酒」之說「以全火德」,都說明酒之爲害並不可任意損耗五穀而釀之。只是,文中或問「或千里之客,或家有老弱,或祠祀神靈如何?」神人曰:「若千里君子,知國有禁,小小無犯,不得聚集;家有老疾,藥酒可通。」此雖爲權宜之方,然而,卻和嚴格的「教勑明令」頗有抵觸,並有疏漏放「水」之嫌(酒者,水之王。水王當剋火。火者,君德也,急斷酒以全火德。)且酒之爲害若如此深重,又何以祠祀神靈?或爲藥酒以助人?其後奉鬼道入教者,又何須奉「酒一斗、魚一頭」以入教?這些難以自圓其說的觀點,則是《太平經》在早期信仰發展中,思想上仍有所牴牾或闕漏處。

《太平經》作爲道教思想的早期經典,雖然和嗣後道教的發展略有出入,卻頗能反映東漢時期以來,道教形成及盛行的重要關鍵;且《太平經》一書的成書時期及流傳年代,和東漢畫像石的興盛及發展,無論在年代、思想及社會反映各方面,都極爲密合。因此,以《太平經》作爲畫像石的典籍資料參證研究,自有其時代性、哲學性、社會性的意義與作用。

《太平經》一書的內容,簡言之,即在於闡明「致太平」之道。其說見於《太平經鈔癸部》卷 154～170 有所謂「大順之道」,即在於解析「太平經」之宗旨及其精義。其內容爲:

> 一曰神道書,二曰核事文,三曰去浮華記,都曰大順之道。太者,大也;大者,天也;天能覆育萬物,其功最大。平者,地也,地平,然能養育萬物。經者,常也;天以日月五星爲經,地以嶽瀆山川爲經。天地失常道,即萬物悉受災。帝王上法皇天,下法后地,中法經緯,星辰嶽瀆,育養萬物。故曰大順之道。

另外,經文中也多所闡明讀此經的作用及好處,是以個人習用,可延命增壽、化爲神靈並尋得其根,君王聖賢得之,則可使天下太平、災害不起。如:卷 112〈有過死謫作河梁誡〉,卷 1～17 文末也詳述讀經之大用。

神人真人求善人，能傳書文知用，則其人可得延命增壽，益與天地合，共化爲神靈。

甲部第一云：「學士習用其書，尋得其根，根之本宗，三一爲主。」

甲部第一又云：「誦吾書，災害不起，此古聖賢所以候得失之文也。」

又云：「書有三等，一曰神道書，二曰覈事文，三曰浮華記。神道書者，精一不離，實守本根，與陰陽合，與神同門。覈事文者，覈事異同，疑誤不失。浮華記者，離本已遠，錯亂不可常用，時時可記，故名浮華記也。」又云：「澄清大亂，功高德正，故號太平。若此法流行，即是太平之時。故此經云，應感而現，事已即藏。」又云：「聖主爲治，謹用茲文；凡君在位，輕忽斯典。」

「致太平」是道教政治思想的最高哲學，也是亂世中，社會動盪不安的必然目標。而道教，源自於民間，並以先秦諸子學說思想爲架構，又融合漢代天人感應、陰陽五行、神仙方術、讖諱迷信等思想，以及原始社會中所信仰的鬼神崇拜、生殖崇拜等觀念，其內容駁雜繁蕪，且盡爲本土所生，長久以來，與民俗信仰的融合，早已根深柢固，深植人心，是以流傳後世，迭有變異，難以窺其原貌。

至於《太平經》一書中的哲學思想，大多吸收先秦諸子之說，尤其是老子的守一抱朴、清淨無爲，孔孟的聖賢禮樂、忠孝節義，墨子的尊天明鬼、節葬互助，鄒衍的陰陽五行、五德終始之說，都是道教早期思想的重要依據，於本章第二節中論述甚詳，此處不擬贅言反覆，多費筆墨。

魯迅（周樹人，西元 1881～1936 年）曾於書信文集中，指出道教對中國文化的影響性，的確具有一針見血的鍼貶功效，足以發人深省，權置於後，以爲解讀《太平經》之印證。

前曾言中國根柢全在道教，此說近頗廣行。以此讀史，有多種問題可迎刃而解。《魯迅全集・書信》〔註4〕

人往往憎和尚，憎尼姑，憎回教徒，憎耶教徒，而不憎道士。懂得此理者，懂得中國大半。《魯迅全集・而已集・小雜感》〔註5〕

〔註 4〕《魯迅全集》，冊 9，頁 285，人民文學出版社，1961 年。
〔註 5〕《魯迅全集》，冊 3，頁 398。

三、《列仙傳》與《神仙傳》的參證研究

長生久視而登仙，這是道教崇尙者的終極目標，也是道教廣被流傳極爲迅速的重要因素。

而道教典籍中，對於神仙的記載，較爲完備而有體系的，則是傳爲西漢劉向著的《列仙傳》，以及晉葛洪所撰的《神仙傳》最爲著名，內容也較爲豐富。不僅對於養生之道、神仙方術、製丹煉丸等方法予以詳加闡發，同時，對於仙人不死之義，也有極精闢的解說。然而，一般人將此二書多視爲神仙異行，荒誕無稽之辭，並未加以重視，以至於忽略了書中所寓意的許多道教思想及習俗，本書則在比較條理後，輔以《太平經》參證研究，略作闡述如下：

1. 仙人的定義

世上有神仙嗎？仙人的定義又是什麼呢？

《列仙傳》卷下讚語中，即載有周書序桑蟜問涓子曰「有死亡而復云有神仙者事兩成邪？」涓子則對曰：

> 言固可兩有耳！孝經援神契言，不過天地造靈洞虛，猶立五嶽，設三台，陽精主外，陰精主內，精氣上下，經緯人物，道治非一，若夫草木皆春生秋落必矣！而木有松柏橿檀之倫，百八十餘種，草有芝英萍實，靈沼黃精，白符竹翼，戒火長生不死者萬數，盛冬之時，經霜歷雪蔚而不彫，見斯其類也，何怪於有仙邪？

這是藉自然宇宙的變化，說明生死之義，而萬物神妙精微，無所不備，因此，於仙又何須棄道乖違，應以貞正爲尙。

及至《太平經》，由於其具備民間信仰之特質，而神仙之說，又是道教思想中積學修鍊的終極目標，其內容自成體系，不可以神怪視之，今就《太平經》中所述，依其定義、作用、分類、成仙之法以及神形等，略作條理如下，以明其宗旨。

> 仙人者象四時，四時者，變化凡物，無常形容，或盛或衰。（卷 56～64）

> 夫神，乃無形象變化無窮極之物也。（卷 98）

> 古者無形之神人也，學求生道也。（卷 112）

> 夫眞道而多與神交際，神道專以司人爲事，親人且喜善，與不視人且驚駭，與不俱爭語言於人旁，狀若群鳥相與往來，無有窮極。（卷 98）

夫無知之人，但獨愁苦而死，尚有過於地下。魂魄見事不得遊樂，身死尚不得成善鬼。今善師學人也，迺使下愚賤之人成善人，善善而不止，更賢；賢而不止，迺得次聖；聖而不止，迺得深知真道；守道而不止，迺得仙不死；仙而不止，迺得成真；真而不止，迺得成神；神而不止，迺得與天比其德；天比不止，迺得與元氣比其德。（卷40）

天者，眾道之精也。賢者好道，故次聖。賢者入真道，故次仙，知能仙者必真，故次真。知真者必致神。神者，上與天同形合理，故天稱神，能使神也。神也者，皇天之吏也。（卷56～64）

神、真、仙、道、聖、賢、凡民、奴、婢，此九人有真信忠誠，有善真道樂，來為德君輔者，悉問其能而仕之，慎無署非其職也，亦無逆去之也。（卷96）

上古第一神人、第二真人、第三仙人、第四道人，皆象天得真道意。（卷137～153）

民多好仙，帝王明也；天見其治，恩下行也，蚑行喘息，皆被光也。（卷73～85）

故人無道之時，但人耳，得道則變易成神仙；而神上天，隨天變化，即是其無不為也。（卷71）

夫人愚學而成賢，賢學不止成聖，聖學不止成道，道學不止成仙，仙學不止成真，真學不止成神，皆積學不止所致也。（卷154～170）

於此畫神人羽服，乘九龍輦升天，鸞鶴小真陪從，彩雲擁前，如告別其人意。（卷102）

天有教使，奔走而行，以雲氣為車，駕乘飛龍。神仙從者，自有列行，皆持簿書，不動自齊。（卷112）

神仙之錄在北極，相連崑崙，崑崙之墟有真人，上下有常。真人主有錄籍之人，姓名相次。（卷112）

　　這樣鉅細靡遺的記載，並可藉積學不止而成仙、而長生，的確為習道者帶來無限的期待與憧憬，是以上自王公貴族、下至升斗小民，無不全力以赴，積極修鍊，期望成仙得道而永生。

　　至於《神仙傳》一書 10 卷，爲晉葛洪所撰，是《抱朴子‧內篇》既成之後，因其弟子滕升問仙人有無而作，所錄凡 84 人，據四庫全書提要載：

> 序稱奏大夫阮倉所記凡數百人，劉向所撰又七十一人，今復抄集古之仙者見于仙經服食方百家之書。先師所說者儒所論以爲十卷，又稱劉向所述殊甚簡略，而自謂此傳有愈于向，今考其書惟容成公、彭祖二條與列仙傳重出，餘皆補向所未載，其中如黃帝之見廣成子，盧敖之遇若士，皆莊周之寓言，不過鴻蒙雲將之類，未嘗實有其人，淮南王劉安謀反自殺，李少君病死，具載史記、漢書，亦實無登仙之事，洪一概登載，未免附會，至謂許由、巢父服箕山名、流黃丹，今在中岳中山，若二人晉時尚存，洪目睹而記之者，尤爲虛誕。然後漢書方術傳載壺公、薊子訓、劉根、左慈、甘始、封君達諸人，已多與此書相符，疑其亦據舊文，不盡僞撰，又流傳既久，遂爲故實，歷代詞人轉相沿用，不必一一核其眞僞也〔註6〕。

可知在《神仙傳》中，除了有傳說附會之類的仙人外，也有許多見於史籍的方術之士，雖未必實有登仙之事，卻也並未虛擬人物。另外，在《神仙傳‧彭祖》一文中，對於仙人的定義及得道之分野，也有明確的闡析如下：

> 仙人者，或竦身入雲，無翅而飛，或駕龍乘雲，上造太堦，或化爲鳥獸，浮遊青雲，或潛行江海，翱翔名山，或食元氣，或茹芝草，或出入人間則不可識，或隱其身草野之間，面生異骨，體有奇毛，戀好深僻，不交流俗，然有此等，雖有不亡之壽，皆去人情、離榮樂，有若雀之化蛤，雉之爲蜃，失其本眞，更守異器，今之愚心未之願也。人道當食甘旨，服輕麗、通陰陽、處官秩，耳目聰明、骨節堅強、顏色和澤、老而不衰、延年久視、長在世間，寒溫風濕不能傷，鬼神眾精莫敢犯，五百兵蟲不能近，憂喜毀譽不爲累，乃可貴耳。人之受氣，雖不知方術，但養之得宜，當至百二十歲，不及此者，皆傷之也，小復曉道，可得二百四十歲，能加之，可至四百八十歲，盡其理者，可以不死，但不成仙人耳。（1：7）

這樣詳盡的闡述並肯定仙人的存在，不僅確立仙人具有長生不死的特性，同時，出入無間，變幻多端，來去自如，茹食元氣芝草，更完整且具體地描繪出仙人的形象與特質。較之《太平經》中所強調的成仙之法及作用，

〔註6〕《神仙傳》，四庫全書本提要，冊 1059，頁 253～254。台灣商務印書館。

以及《莊子‧逍遙遊》所謂「藐姑射之山，有神人居焉，肌膚若冰雪，淖約若處子，不食五穀，吸風飲露，乘雲氣，御飛龍，而遊乎四海之外，其神凝，使物不疵癘而年穀熟。」則不僅見其一脈相承的延續性、周全性及成熟性，且更見仙人的法術神異無常，無所罣礙。

2.《列仙傳》的成書年代及作者

《列仙傳》2卷，據四庫全書提要所載「舊本題漢劉向撰，紀古來仙人自赤松子至玄俗凡七十一人，人係以讚，篇末又爲總讚一首，其體全仿列女傳。陳振孫書錄解題以爲不類西漢文字，必非向撰，黃伯思東觀餘論謂是書雖非向筆，而事詳語約，詞旨明潤，疑東京人作。今考是書，隋志著錄則出于梁前，又葛洪神仙傳序亦稱此書爲向作，則晉時已有其本。然漢志列劉向序六十七篇，但有新序、說苑、世說、列女傳、圖頌，無列仙傳之名。」

此段文字，雖未能明確指出《列仙傳》成於何時？何人？然而，此書簡要賅備，語多可採，其內容與《神仙傳》之描述，頗有差距，仍可作爲參證之依據。唯於解析之前，須先對舊題作者劉向之背景有所認知，始能對此書內容之斷定有助益，今據《漢書‧楚元王傳》列述其事蹟並神仙方術之關係。

> 向字子政，本名更生。年十二，以父德任爲輦郎。既冠，以行修飭擢爲諫大夫，是時，宣帝循武帝故事，招選名儒俊材置左右。更生以通達能屬文辭，與王褒、張子僑等並進對，獻賦頌凡數十篇。上復興神僊方術之事，而淮南有枕中鴻寶苑祕書。書言神僊使鬼物爲金之術，及鄒衍重道延命方，世人莫見，而更生父德武帝時治淮南獄得其書。更生幼而讀誦，以爲奇，獻之，言黃金可成。上令典尚方鑄作事，費甚多，方不驗。上乃下更生吏，吏劾更生鑄僞黃金，繫當死。更生兄陽城侯安民上書，入國戶半，贖更生罪。上亦奇其材，得踰冬減死論。會初立穀梁春秋，徵更生受穀梁，講論五經於石渠。復拜爲郎中給事黃門，遷散騎諫大夫給事中。

從這段正史中之記載，可知淮南王（朝武帝）時期，已知運用方術以冶金、長生。更生不僅自幼誦讀其書並以爲煉金可成，甚至因此而入罪，可見其執著與沈潛。同時，本傳中並載「向乃集合上古以來歷春秋六國至秦漢符瑞災異之記，推跡行事，連傳禍福，著其占驗，比類相從，各有條目，凡十一篇，號曰洪範五行傳論。」又稱「向爲人簡易無威儀，廉靖樂道，不交接

世俗，專積思於經術，畫誦書傳，夜觀星宿，或不寐達旦。」這樣專精致誠，與向父德「修黃老術，有智略。」以及其子「歆及向始皆治易」都有密切之關聯。因此，葛洪書序中稱此書爲向作，並非無的放矢，若因向冶鑄黃金而治罪，是以此書不列史傳，也是自然。

至於《列仙傳》一書之體例全似《列女傳》，則意味著《列仙傳》的成書時期或有兩個可能：

（1）此書爲劉向所撰，則《列仙傳》應是仿或見仿於《列女傳》之體例，則二書之成書時期必然不會差距太遠。

（2）此書非劉向所撰，則《列仙傳》之成書時期必晚於《列女傳》，後人託言劉向所著並仿其體例而行！

按：正史本傳載「向睹俗彌奢淫，而趙、衛之屬起微賤，踰體制。向以爲王教由內及外，自還者始。故採取詩書所載賢妃貞婦，興國顯家可法則，及孽嬖亂亡者，序次爲列女傳，凡八篇，以戒天子。」又「趙、衛之屬」句下並有師古注曰「趙皇后、昭儀、衛婕妤也。」經查趙皇后、昭儀俱爲成帝時后紀，而衛婕妤則爲平帝母；至於劉向，據正史載「年七十二卒，卒後十三歲而王氏代漢。」由此推斷其生卒年應爲昭帝元鳳五年（西元前76年）至哀帝建平三年（西元前 4 年）。是知《列女傳》之成書當是成帝（西元前 22 ～前 7 年）之後，哀帝建平三年以前，也就是成帝時期的可能性最大。

然而，《列仙傳》一書果眞是劉向所著嗎？考其內容，此書多言列「仙」生平及餌食、方術之事，其文字簡約，行事尋常，不若《神仙傳》中仙人道術之奇譎瑰怪，變幻無常；而其述及丸方治病或長生久視之道，也較簡略，並不深入，遑論其交遊及棲止，等而下之者，甚或有乞兒（陰生），或以賣草履（文賓）、刻木羊（葛由）、養雞（祝雞翁）、沽酒（女丸）、磨鏡（負局先生）爲業者，不似《神仙傳》中之仙人則多博通經文，清奇有才。

同時，《列仙傳》中言及「養性交接之術」者唯「女丸」一文，言「女丸者，陳市上沽酒婦人也，作酒常美，遇仙人過其家飲酒，以素書五卷爲質，丸開視其書，乃養性交接之術，丸私寫其文要，更設房室，納諸年少飲美酒，與止宿，行文書之法，如此三十年，顏色更如二十時。仙人數歲復來過，笑謂丸曰：盜道無師，有翅不飛，遂棄家追仙人去，莫知所之云。」（下：14）

另外，《列仙傳》中言及「容成公」只以「能善補導之事，取精於玄牝，其要谷神不死，守生養氣者也。」（上：3）一語帶過；述及「彭祖」，也以「常

食桂芝，善導引行氣。」（上：8）形容，完全不似魏晉以後道書中，視容成、彭祖言房中道術爲長生之方，並《神仙傳》中長篇暢言補養導引之術。

今據典籍中所載之房中術，略述如下，藉以明其梗概。

（1）《漢書‧藝文志》記有「容成陰道二十六卷」，並謂「房中者，情性之極，至道之際，是以聖王制外樂以禁內情，而爲之節文。傳曰『先王之作樂，所以節百事也。』樂而有節，則和平壽考。及迷者弗顧，以生疾而隕性命。」

（2）《樂府詩集‧郊廟歌辭八‧漢安世房中歌》則載《通典》曰：「周有〈房中之樂〉，歌后妃之德。秦始皇二十六年，改曰〈壽人〉。」《漢書‧禮樂志》曰：「漢〈房中祠樂〉，高祖唐山夫人所作。凡樂，樂其所生，禮不忘其本。高祖樂楚聲，故〈房中樂〉，楚聲也。孝惠二年，使樂府令夏侯寬備其簫管，更名〈安世樂〉。」

（3）《琅邪代醉編‧房中》則載「武帝召東方朔問道，朔曰：陛下當自知。」

（4）《魏書‧方技傳》華佗傳注則有「左慈善修房內之術，差可終命，然自非有志至精，莫能行也。」

（5）《抱朴子‧極言》則謂「抱朴子答曰：不得金丹，但服草木之藥及修小術者，可以延年遲死耳，不得僊也。或但知服草藥而不知房中之要術，則終無久生之理也。」

可知房中術於上古之時即已有所記載，至西漢武帝時，其意義與作用，仍未見闡明，是以武帝有所問，東漢末則已大興，左慈並以之終命，降及魏晉，葛洪則極力倡言房中要術以得久生。因此，由「房中術」的興起衍化來看，《列仙傳》之內容及其成書，上可推至西漢中晚期，至遲應是兩漢交替之際，也就是房中要術闡明發揚之時。這和前言推論《列女傳》的成書時期在成帝時期，其體例先於《列仙傳》也極爲吻合！

《列仙傳》一書的成書時期最遲應在兩漢交替之際，而其作者，無論是就成書體例或內容來看，都和晉葛洪的《神仙傳》有極大的差異，不似後人所作，因此，很有可能如葛洪所言，爲向所作，至少也是時人仿向之體例、文字而作。至於漢志列劉向序 67 篇，卻無《列仙傳》之名，此舉則應和劉向生平有關，以煉金不成而入罪，其所著《列仙傳》也有餌食、方術之事，自然不欲人知，甚或不入漢志，這和史載「向爲人簡易無威儀，廉靖樂道，不交接世俗，專積思於經術，晝誦書傳，夜觀星宿，或不寐達旦。」的性格、氣質完全符合，至於漢志是否將《列仙傳》收錄，自然不是劉向所在意的了！

3.《列仙傳》與《神仙傳》中的道書

宗教的傳佈，由早期的口耳相傳以至於著書立說，廣為流佈，並成為經典之作，是必然的歷經過程。

《列仙傳》前已肯定為劉向所作，並成書於兩漢之際，其體例及內容與晉葛洪所撰的《神仙傳》差異頗大，應可作為不同時期道教思想發展的依據。今就二書中所提及的「道書」以及「立祠」問題，排比如後，一則予以比較不同時期的差異，一則也為東漢時期早期道教的發展，提出佐證。

今列述《列仙傳》中所提及的道書如下，71 人中凡六見，且其內容並未切近道教經籍思想，應是其發源期，時序西漢。

（1）老子

姓李名耳，字伯陽，陳人也，生於殷時為周柱下史，好養精氣，貴接而不施，轉為守藏史。後周德衰，乃乘青牛車去，入大秦、過西關，關令尹喜待而迎之，知真人也，乃強使著書作道德經上下二卷。（上：4～5）

（2）關令尹

喜者，周大夫也。老子亦知其奇，為著書授之，尹喜亦自著書九篇號曰關令子。（上：5）

（3）涓子

齊人也。著天人經 48 篇，受伯陽九仙法，淮南王安少得其文，不能解其旨也，其琴心三篇有條理焉。（上：5）

（4）呂尚

冀州人。至武王伐紂，常作陰謀百餘篇。後子伋葬之無尸，唯有玉鈐六篇在棺中云。（上：6）

（5）女丸

陳市上沽酒婦人也，作酒常美，遇仙人過其家飲酒，以素書五卷為質，丸開視其書，乃養性交接之術。（下：14）

（6）陵陽子明

西漢銍鄉人也，好釣魚，於旋溪釣得白龍，子明懼，解鉤拜而放之，後得白魚，腹中有書，教子明服食之法，子明遂上黃山採五石脂，沸水而服之。（下：14）《史記・司馬相如列傳》也有「反太一而從陵陽」的記載。

　　至於《神仙傳》中所見之道書，84 人凡二十一見，且其立意明確，文字詳贍，今列述如後。

　　（1）彭祖

　　姓籛名鏗，帝顓頊之玄孫，至殷末世年 760 歲而不衰老，善於補養導引之術。著九都節解、韜形隱遁，無爲開明、四極九室諸經萬三千首，爲以示始涉門庭者耳。（1：7）

　　（2）白石生

　　中黃丈人弟子也。至彭祖之時已年 2 千餘歲矣！不肯修昇仙之道，但取於不死而已！性好朝拜存神，又好讀仙經及太素傳。（1：8）

　　（3）黃山君

　　修彭祖之術，年數百歲猶有少容，彭祖既去，乃追論其言爲彭祖經。（1：9）

　　（4）玉子

　　姓張震南郡人，周幽王徵之不起，師長桑子，受其眾術，乃造一家之法，著道書百餘篇，其術以務魁爲主而精於五行之意。（4：6）

　　（5）墨子

　　名翟，宋人也。神人授以素書、朱英丸方道、靈教戒五行變化凡 25 卷。（4：3）

　　（6）淮南王

　　劉安，好神仙之道。武帝廣招方士，亦求度世之藥，竟不得。其後王母降時授仙經，密賜靈方，得尸解之道，由是茂陵玉箱金杖，丹出人間，抱犢道經，見於山洞，亦視武帝不死之跡耳。（6：2）

　　（7）李少君

　　字雲翼，齊國臨淄人。就（武）帝求五帝六甲左右靈飛之書凡十二事，帝以元封四年七月以書授少君。（6：4）

　　（8）河上公

　　莫知其姓名，孝文帝時結草爲庵于河之濱。河上公授（文帝）素書、老子道德章句二卷，謂帝曰：熟研究之，所疑自解，余著此經以來千七百餘年，凡傳三人，連子四矣！勿示非人。（8：10）

（9）馬鳴生

本姓和字君賢，東漢齊國臨淄人。因捕賊受傷，得道士神藥遂活，棄職隨師，周遊天下，勤苦備嘗，乃受太清神丹經三卷歸入山。（5：1）

（10）陰長生

新野人，東漢陰皇后之屬，隨馬鳴生執奴僕之役，鳴生乃將長生入青城山，煮黃土而爲金以示之，立壇四面，以太清神丹經受之乃別去。後長生於平都山白日昇天，臨去時著書9篇。（5：1～2）

（11）欒巴

東漢蜀人。所著百章發明道秘，要眇深切，迷途之指南也。（5：9～10）

（12）東郭延

字公游，東漢山陽人。隨李少君乞得執侍巾櫛灑掃之役，少君臨去，密以五帝六甲左右靈飛之術遊虛招眞十二事授延。延臨去，又以神丹方、五帝靈飛祕要傳尹先生。（7：1）《後漢書・方術列傳》亦載有東郭延年。

（13）宮嵩（即宮崇）

大有文才，著道書200餘卷，服雲母得地仙之道後，入芋嶼山中仙去。（7：5）

（14）左慈

字元放，東漢盧江人。見漢祚將盡，天下亂起，乃學道術，尤明六甲，能役使鬼神，坐致行廚，精思於天柱山中，得石室內九丹金液經，能變化萬端，不可勝紀。（8：2）《後漢書・方術列傳》則詳載慈之法術。

（15）劉根

字君安，長安人，以漢孝成皇帝綏和二年舉孝廉除郎中。後入華陰山，神人乃以神方5篇見授。（8：11～12）《後漢書・方術列傳》亦載及根之事蹟。

（16）壺公

不知其姓名，今世所有召軍符、召鬼神治病玉府符，凡20餘卷，皆出於壺公，故捴名爲壺公符。（9：1）《後漢書・費長房傳》載有壺公事蹟。

（17）李根

字子源，東漢許昌人。弟子家有以女給根者，此女知書，根出行，竊視根素書一卷讀之，得根自說其學道經。（10：4～5）

（18）甘始

東漢太原人，善行氣，不飲食，又服天門多，行房中之事，依容成、玄素之法更演益之爲一卷，用之甚有近效。（10：9）《後漢書‧方術列傳》亦曾載及甘始事蹟。

（19）李八伯

蜀人，莫知其名，歷世見之，時人計之已年 800 歲，因以號之。後以丹經一卷授漢中唐公昉。（3：4～5）

（20）絕洞子

姓李名修，其經曰弱能制強，陰能弊陽，年 400 餘歲，著書 40 篇名曰道源。（4：8）

（21）嚴青

會稽人，家貧，常在山中燒炭，忽遇仙人，云汝骨相合仙，乃以一卷素書與之。（7：3）

由這些豐富的記載來看，不僅可推斷出《列仙傳》的成書年代，以及道教思想在先秦、兩漢時期的發展狀況，並可裨補史料及坊間書籍對《太平經》及道教典籍資料之不足。因此，二書中所提及的道書，其篇名、書名或已亡佚，甚且不傳，然而，點滴累積，也頗具參考價值。至少，我們可以肯定：在東漢時期，有關道教的哲學思想、仙經、煉丹、方術、房中、養生等文字，早已架構完成，並普遍流傳，盛行於世。

因此，即使是今日，後人對道教早期的發展和形成，文字所見有限，一般大多以張陵爲始祖。然而，在張陵之前或和張陵同時的其他地區，道教早已流佈傳播，唯有耐性且仔細地查閱史料典籍，才能真正描繪出道教早期發展的真實情狀。

4.《列仙傳》一書中的「立祠」問題

至於《列仙傳》中的文字雖然簡要，然而，與《神仙傳》比擬，其中最大的差異，即在於文中屢見「立祠」之舉。所謂「立祠」，據典籍及史料所載，其意義及作用可大別爲：孝子思親及得福報賽兩類；其目的則是使魂靈有所依庇、或因尊奉而設，是以古人於生前或死後皆可立祠（此意詳見第五章第二節〈立祠的意義與作用〉一文），尤其「立祠」一事在兩漢時期極爲盛行，並於家塋處起祠室，這樣的習俗是其他時期所未見或不曾限制的。同時，兩漢時期的立祠，

多與神仙方術或道教思想有關，由此也可見《列仙傳》必爲兩漢時期的作品。至於《神仙傳》則多言仙人山上仙去或白日昇天而去，文中不見時人或後人有「立祠」之舉，則應是時代風俗有異而致，也可見道教信仰之衍化變遷。今據《列仙傳》所述，錄其文中所載立祠之事於後，以爲參考並佐證。

（1）嘯父

冀州人，少在西周市上補履數十年，人不知也，唯梁毋得其作火法，西邑多奉祀之。（上：6）

（2）師門

嘯父弟子也。爲夏孔甲龍師，孔甲不能順其意，殺而埋之外野，一旦風雨迎之，訖則山木皆焚，孔甲祠而禱之，還而道死。（上：7）

（3）仇生

不知何所人也，當殷湯時爲木正，在尸鄉北山上自作石室，至周武王幸其室而祀之。（上：8）

（4）彭祖

殷大夫也，姓籛名鏗，帝顓頊之孫，陸終氏之中子，歷夏至殷末八百餘歲。歷陽有彭祖仙室，前世禱請風雨，莫不輒應，常有兩虎在祠左右，祠訖地即有虎跡云。（上：8）

（5）馬丹

晉耿之人也。當文侯時爲大夫，至獻公時復爲幕府正，靈公欲仕之，逼不以禮，有迅風發屋，丹入迴風而去，北方人尊而祠之。（上：10）

（6）平常生

穀城鄉平常生者，不知何所人也。後大水出，所害非一，而平輒在缺門山頭大呼，言平常生在此，云復水雨五日必止，止則上山求祠之。（上：10）

（7）葛由

羌人也，周成王時好刻木羊賣之，一日，騎羊而入西蜀，蜀中王侯貴人追之上綏山。隨之者不復還，皆得仙道，山下祠數十處云。（上：11）

（8）琴高

趙人也，以鼓琴爲宋康王舍人。後辭入涿水中取龍子，與諸弟子期曰：皆潔齋待於水傍，設祠，果乘赤鯉來，出坐祠中，且有萬人觀之，留一月餘，復入水去。（上：13）

（9）寇先

宋人也，以釣魚爲業。宋景公問其道，不告，即殺之，數十年踞宋城門鼓琴數十日乃去，宋人家家奉祀焉。（上：13）

（10）王子喬

周靈王太子晉也。道士浮丘公接以上嵩高山 30 餘年，後求之於山上，見栢良曰：告我家七月七日待我於緱氏山巓。至時果乘白鶴駐山頭，望之不得，到舉手謝時人，數日而去，亦立祠於緱氏山下及嵩高首焉。（上：14）

（11）安期先生

瑯琊阜鄉人，賣藥於東海邊。秦始皇東遊，請見，與語三日三夜，安期先生以赤玉舄一雙爲報曰：後數年求我於蓬萊山。始皇即遣使者徐市、盧生等數百人入海，未至蓬萊山輒逢風波而還，立祠阜鄉亭海邊十數處云。（上：15）

（12）蕭史

秦穆公時人也，善吹簫，穆公有女字弄玉，好之，公遂以女妻焉，日教弄玉作鳳鳴，鳳凰來止其屋，公爲作鳳臺，後隨鳳凰飛去，故秦人爲作鳳女祠於雍宮中。（上：17）

（13）稷邱君

太山下道士也，武帝時以道術受賞賜。上東巡太山，稷邱君迎拜武帝，指帝陛下勿上也，上必傷足指，及數里，右足指果折，上諱之，故但祠而還，爲稷邱君立祠焉。（上：19）

（14）鉤翼夫人

齊人，姓趙。殯尸不冷而香一月間，後昭帝即位，更葬之，閣有神祠閣在焉。（下：2）

（15）園客

濟陰人，姿貌好而性良。有好女夜至，自稱客妻，道蠶狀，客與俱收蠶得百二十頭，繭皆如甕大，繰一繭六十日始盡，訖則俱去，莫知所在，故濟陰人世祠桑蠶，設祠室焉。（下：4）

（16）鹿皮公

淄川人，少爲府小吏。岑山上有神泉，人不能至也，小吏白府君，請木工斤斧 30 人，作轉輪懸閣，意思橫生，數十日，梯道四間成，上其巓作祠舍，留止其旁，絕其二間以自固。（下：4～5）

（17）昌容

常山道人也，自稱殷王子。能致紫草賣與染家，得錢以遺孤寡，歷世而然，奉祠者萬計。（下：5）

（18）谷春

櫟陽人也，成帝時為郎，病死而屍不冷，家發喪行服，猶不敢下釘，三年，更著冠幘坐縣門上，邑中人大驚，家人迎之，不肯隨歸。復去之太白山，立祠於山上，時來至其祠中止宿焉。（下：6～7）

（19）子英

舒鄉人也，善入水捕魚，得赤鯉。魚言：我來迎汝。子英上其魚背騰昇而去，歲歲來歸，故舍食飲，見妻子，魚復來迎之，如此七十年，故吳中門戶皆作神魚，遂立子英祠云。（下：8）

（20）服閭

不知何所人也，常止苜，往來海邊諸祠，中有三仙人於祠中博賭瓜，顧閭令擔黃白瓜數十頭，教令瞑目，及覺，乃在方丈山，在蓬萊山南。（下：8）

（21）子主

楚語而細音，不知何所人也。詣江都王，自言：甯先生顧我作客，三百年不得作直，以為狂人也。王遣吏將上龍眉山巔見甯先生，致王命。先生曰：此主吾比舍九世孫，且念汝家當有暴死女子三人，勿預吾事，語竟大風發，吏走下山，比歸宮中，相殺三人，王遣三牲立祠焉。（下：10）

（22）負局先生

不知何許人也，語似燕、代間人，常負磨鏡局。後住吳山絕崖頭，懸藥下與人。將欲去時，語下人曰：「吾還蓬萊山，為汝曹下神水，崖頭一旦有水，白色，流從石間來，下服之。」多愈疾，立祠十餘處。（下：12）

（23）朱璜

廣陵人也。少病毒瘕，就睢山上道士阮邱，病癒，與老君黃庭經，令日讀三遍，通之能思其意，邱遂與璜俱入浮陽山玉女祠。（下：13）

（24）黃阮邱

睢山上道士也。於山上種蔥薤百餘年，人不知也，時下賣藥朱璜發明之，乃知其神人也，地動山崩，道絕預戒，下人世共奉祠之。（下：13）

（25）邗子

自言蜀人也。好放犬子，時有犬走入山穴，邗子隨入十餘宿，行度數百里，見故婦主洗魚，與邗子符一函並藥，便使還。後一年，復送符還山上，犬色更赤，有長翰，常隨邗子往來百餘年，遂留止山上，時下來護其宗族，蜀人立祠於穴口，常有鼓吹傳呼聲，西南數千里共奉祠焉。（下：15）

由這些記述可知，《列仙傳》載仙人71，其中25人與「立祠」有關，而奉祠的對象則是仙人己身，這樣高的比率，可見「立祠」之舉在兩漢之際即已盛行，而東漢時期，石墓中多設祠堂，其意義與作用即應是《列仙傳》中奉祠祈福，望仙人有所庇佑之意，是道教早期發展的習俗之一，至於其後制度奠定，設壇或置宮觀，墓葬習俗也略有增損，是以《神仙傳》中不見立祠之舉，其時代性意義並風格鮮明，便昭然可見了。

綜觀《列仙傳》一書之意義與價值，的確蘊涵豐富，足以為後人參考，今簡要歸納如下：

（1）成書年代

據其體例，及書中對仙人之描述、房中要術之寡例、道書之發源、立祠之普遍，可以確立此書最遲應完成於兩漢之際，最早約可至漢元帝、成帝時期，因立祠之故，並可確定本書絕非魏晉時期所作。

（2）作者

陳振孫以為不類西漢文字，必非向撰；黃伯思則以為雖非向筆，仍疑為東京人作；然葛洪序則稱此書為向所作。個人也以為：據其體例、成書年代以及劉向對神仙方術之專研，本書極有可能為劉向所撰，只因避諱煉鑄黃金之事而正史不載。

（3）立祠

此舉普遍見於《列仙傳》而不見於《神仙傳》，不僅有助判斷成書年代，同時，與武梁祠堂相比擬，是實物與文獻典籍最佳之印證，（另文見武氏墓群一節）並可佐證武梁祠堂與道教墓葬建築間之密切關係。

至於《神仙傳》一書，因有確切的作者、年代，是以爭議不多，而其內容，也非無稽之談，與《列仙傳》、《太平經》等書，都可作為道教思想研究的最佳依據。

第四章　早期道教興起的重要人物與地區分佈

　　早期道教興起的思想、典籍及創始人物，其資料大多散佚，難以考證。即以《列仙傳》中所見，西漢時期，長生久視之說，神仙方術之道，符籙丹藥之方，早已流傳於帝王、百姓間，道教思想的精義已然略見雛形；及至東漢，道教典籍《太平經》的完成，並廣被流傳，使道教的傳佈更為迅速且有依據，因此，揭櫫長生、致太平而又具親和力的道教，便方興未艾，甚至在亂世中有如長江大河，一經流佈，便不可阻遏。

　　《史記‧封禪書》即載秦漢以來，燕齊海上之方士「爲方僊道，形銷解化，依於鬼神之事。」其術雖不能通，然則阿諛苟合之徒自此興，不可勝數，這種神仙方術之說，直接影響道教的隆盛與發展，上自帝王，下至走卒，無不趨之若鶩並勤習丹藥方士之術。及至漢武帝封禪泰山，奉車子侯暴病，一日即死。《史記‧封禪書》則有言「顧胤按：《武帝集》帝與子侯家語云『道士皆言子侯得仙，不足悲。』此說是也。」則是首次出現「道士」一詞，只是，當時所謂的「道士」多指有道術之士，意即「方士」，仍非專指道教之徒而言。

　　至於成帝時，陰陽五行、圖讖內學之說大爲盛行，《漢書‧李尋傳》並有「齊甘忠可詐造《天官曆》、《包元太平經》十二卷，以言『漢家逢天地之大終，當更受命於天，天帝使眞人赤精子，下教我此道。』」的記載。此言不僅提及經書名稱，其用詞遣句並思想，也全然爲道教內涵之實現，具體而微，可知西漢末年，道教已然成形。至於陰陽圖讖之學依然盛行，王莽篡漢，光

武位登九五，都曾假借讖語以為號召，及至東漢末年，農民起義，甚至黃巾亂起，也都與讖諱符命有不可分割的密切關係，而這些神仙思想與方術圖讖，竟全為道教所吸收承襲，並成為亂世中安撫人心的力量。

方僊道的方興未艾，是道教興起的重要原因。許多游仙方士在各地傳授道術，結集成派，祈求成仙，甚或引起帝王的青睞，其巧妙雖各有不同，而目的則是如一。今就典籍經文中，有關早期道教發展及流傳的重要人物，略作搜尋，並條理闡析如後，以明其淵源。

一、山東、徐海地區——早期道教的發源地

（1）甘忠可

西漢成帝時齊人。

《漢書·李尋列傳》載「齊人甘忠可詐造《天官曆》、《包元太平經》12卷，以言『漢家逢天地之大終，當更受命於天，天帝使真人赤精子，下教我此道。』忠可以教重平夏賀良、容丘丁廣世、東郡郭昌等，中壘校尉劉向奏忠可假鬼神罔上惑眾，下獄治服，未斷病死。賀良等坐挾學忠可書以不敬論，後賀良等復私以相教。哀帝初立，司隸校尉解光亦以明經通災異得幸，白賀良等所挾忠可書。事下奉車都尉劉歆，歆以為不合五經，不可施行。而李尋亦好之。光曰：『前歆父向奏忠可下獄，歆安肯通此道？』時郭昌為長安令，勸尋宜助賀良等。尋遂白賀良等皆待詔黃門，數召見。」

由正史之記載，可知西漢成帝、哀帝時期，甘忠可以《天官曆》、《包元太平經》等教夏賀良、丁廣世、郭昌等，其後解光、李尋等亦好此道。可見道教之傳佈，雖有反對之力量，然而，知識份子卻也樂於參與。後哀帝久寢疾，從賀良等議改元太初，而帝疾如故，是以「賀良等皆伏誅。尋及解光減死一等，徙敦煌郡。」

然而，在這段正史文字記述中，最值得注意的是——這些早期道教傳播者其地域籍貫之分佈。

> 甘忠可，齊人，其籍隸屬今山東、河北之地。
>
> 夏賀良，隸籍重平，屬渤海郡，今河北吳橋縣南。
>
> 丁廣世，籍容丘，屬東海郡，今江蘇邳縣北。
>
> 郭昌，籍東郡，今河北南部、山東西北部地區。

　　李尋，籍平陵〔註1〕，其地於今山東歷城縣東，或陝西咸陽縣西北。
就地緣論，應以山東爲佳。

　　解光，其籍則不見史載。

　　這些人，其爲官雖未必同在一處，而其籍貫，卻都是畫像石盛行的山東、
徐海地區，「後賀良等復私以相教」，就地緣關係而言，畫像石的分佈和道教
的興盛流傳，的確有許多重合之處，其間之緊密關係不可不慎思明辨。

（2）董奉

　　字君異，三國侯官縣人。

　　《神仙傳》卷10載君異有道，能爲人治病，致雨解旱。又言「君異居山
間爲人治病，不取錢物，使人重病愈者，使栽杏五株，輕者一株，如此數年，
計得十萬餘株，鬱然成林。」欲買杏者，不須來報，逕自取之，得將穀一器
置倉中，即自往取一器杏云。「君異以其所得穀賑救貧窮，供給行旅，歲消三
千斛，尚餘甚多。」

（3）帛和

　　字仲理，三國遼東人。

　　《神仙傳》卷7載其「師董先生行氣斷穀朮，又詣西城山師王君，君謂
曰：大道之訣，非可卒得，吾暫往瀛洲，汝於此石室中，可熟視石壁，久久
當見文字，見則讀之得道矣！和乃視之一年，了無所見，二年，似有文字，
三年，了然見太清中經、神丹方、三皇文、五嶽圖。和誦之上口。王君迴日：
子得之矣！乃作神丹，服半劑，延年無極，以半劑作黃金五十斤，救惠貧病
也。」《仙苑編珠》則載「干吉從帛和受《素書》2卷，乃《太平經》也。」
〔註2〕

　　遼東，今遼寧省東南部，遼河以東之地，古屬幽州。帛和所有《素書》2
卷，即《太平經》也，應是170卷中之部份，與《包元太平經》12卷，或也
未必完全相合，應是西漢末年，早期道教思想流傳至遼東的佐證，今遼陽市
也有漢末壁畫墓出土。

（4）于吉（或作干吉）

　　三國吳琅邪人。

〔註1〕　《漢書》，卷75，頁3179。
〔註2〕　《仙苑編珠》，《正統道藏》，第18冊，頁411～447。

《三國志‧吳書》曾引《江表傳》、《志林》、《搜神記》等記載，言其神通，受人尊崇，今列述如下：

江表傳曰：時有道士琅邪于吉，先寓居東方，往來吳會，立精舍、燒香讀道書，制作符水以治病，吳會人多事之。策嘗於郡城門樓上，集會諸將賓客，吉乃盛服杖小函，漆畫之，名爲仙人鏵，趨度門下。諸將賓客三分之二下樓迎拜之，掌賓者禁呵不能止。策即令收之。諸事之者，悉使婦女入見策母，請救之。母謂策曰：「于先生亦助軍作福，醫護將士，不可殺之」。策曰：「此子妖妄，能幻惑眾心，遠使諸將不復相顧君臣之禮，盡委策下樓拜之，不可不除也。」諸將復連名通白事陳乞之，策曰：「昔南陽張津爲交州刺史，舍前聖典訓，廢漢家法律，嘗著絳帕頭，鼓琴燒香，讀邪俗道書，云以助化，卒爲南夷所殺。此甚無益，諸君但未悟耳。今此子已在鬼錄，勿復費紙筆也。」即催斬之。縣首於市，諸事之者，尚不謂其死而云尸解焉，復祭祀求福〔註3〕。

于吉，琅邪人，籍隸山東。往來吳、會，並以個人力量將道教傳播於江蘇及浙江會稽山地區。由《江表傳》所載，其受人尊崇程度，甚至在孫策之上；而當時的道教信徒眾多，並不乏王公將領，是以「諸將賓客三分之二下樓迎拜之」，策母也爲于吉說項，可見在三國時期，道教雖仍以符籙治病，然其思想信仰已獲大眾信賴並廣爲流傳，再加上《太平清領書》170卷的完成，道教的勢力益形鞏固，今浙江海寧縣有漢畫像石墓出土，即是明證。

（5）宮崇（或作宮嵩）

後漢琅邪人。

《後漢書‧襄楷列傳》載順帝時，「琅邪宮崇詣闕，上其師干吉於曲陽泉（蓋東海曲陽是也，今江蘇北部）上所得神書170卷，皆縹白素朱介青首朱目，號《太平清領書》。其言以陰陽五行爲家，而多巫覡雜語。有司奏崇所上妖妄不經，乃收藏之。後張角頗有其書焉。」

又《神仙傳》則載「宮嵩者，大有文才，著道書200餘卷，服雲母，得地仙之道，後入苧嶼山中仙去。」（7：5）

〔註3〕《三國志》，卷46，頁1110。
又，《後漢書‧襄楷列傳》，卷30下，頁1084，注一亦引《江表傳》，文字大同小異。

－54－

至於董奉、帛和、于吉等人，由於前後有承續神書之關係，是以依其文字內容爲序，然而，是否都是爲三國時期人物，則仍是可斟酌處，以其人在世長生，或上百歲，見者或以爲是三國時期人物，是以有此出入。

（6）襄楷

字公矩，平原隰陰人也（隰水之南，故城在今齊州臨邑縣西也）。好學博古，善天文陰陽之術。

桓帝時，曾有「琅邪宮崇受干吉神書，不合明聽。」「及靈帝位，以楷書爲然。」（見《後漢書・襄楷列傳》）

從以上這些早期道教的傳播者來看，山東、徐州（江蘇北部）等地，自西漢成帝甘忠可以來，即隱然有道教思想及神書流傳，並由山東地區傳往吳、會及遼東等地，這是現今所見西漢時期有關道教傳佈最早的記載。前言李發林先生就畫像石的雕琢技法、紀年銘、石闕的出現，而推論「山東最有可能是漢畫像石的發源地」，證諸史料文獻，其言果然不虛，山東、徐海地區，的確可以認定是道教早期的發源地。

二、四川地區──五斗米道的發源

五斗米道是東漢後期盛行於巴蜀地區的道教團體。其創始人物最早見於史書者，則有《後漢書・劉焉列傳》載「魯字公旗。初，祖父陵，順帝時客於蜀，學道鶴鳴山中，造作符書，以惑百姓。受其道者輒出米五斗，故謂之米賊。陵傳子衡，衡傳於魯，魯遂自號師君。」其注引《典略》曰：「初，熹平中，妖賊大起，〔三輔有駱曜。光和中，東方有張角〕，漢中有張脩。〔駱曜教民緬匿法，角〕爲太平道，（張角）〔脩〕爲五斗米道。」另外，《三國志・魏書・張魯傳》也有「張魯字公祺，沛國豐人也。祖父陵，客蜀，學道鵠鳴山中，造作道書以惑百姓，從受道者出五斗米，故世號米賊。陵死，子衡行其道。衡死，魯復行之。」的記載，至於其注引《典略》所言，則與《後漢書》所載大同小異，唯〔　〕內之字俱全，並不見（張角）二字，末附有裴松之按語「謂張脩應是張衡，非《典略》之失，則傳寫之誤。」是以後世皆以張陵爲五斗米道的創始人，祖孫三代並於四川地區傳述道教，號稱「三張」。

張陵的生平，正史中所載有限，唯於後起的道教傳記中，則有較詳盡的記述，今據《正統道藏・漢天師世家》一書，節錄並補注時間、地名，附記如後：

祖天師諱道陵，字輔漢，沛豐邑（今江蘇豐縣）人。九世祖（張）良。

母夢神人自北斗魁星中降，至地長丈餘，衣繡衣，授以香草曰蘅薇也。即覺衣服居室皆有異香，經月不散，感而有娠，漢建武十年（東漢光武帝，34）正月十五夜生於吳之天目山（今江蘇海陵縣），黃雲覆室，紫氣盈庭。

七歲讀老子書，即了其義，於天文、地理、圖書、讖諱之秘，咸貫通焉，以及墳典所覽無遺，從學者千餘人，天目山南三十里，西北八十里，皆有講誦之堂。……後自浙踰淮涉河洛入蜀山。永平年二年（59）二十五歲，以直言極諫科中之，拜江州（今四川巴縣）令，謝官歸洛陽北邙山，修煉三年，有白虎銜符至座隅。建初五年（80），章帝徵不起，永元（89～105）初，和帝徵為太傅，冀縣侯，三召不就。游淮，居桐柏（今河南桐柏縣）太平山，獨與弟子王長從淮入鄱陽，登樂平（今江西鄱陽縣東）雩子峰。漢安元年（東漢順帝，142）壬午上元，感太上垂車，駕五白龍降，謂曰：吾昔為尹喜說經，今命汝溥度含靈。吾當於此建立二十四治，分命仙曹主掌世人罪福死生。

漢安二年（143）七月一日登青城山（今四川灌縣西南，亦即正史中所稱之鶴鳴山、鵠鳴山）。

永壽二年（156）游渠亭山，奉太上玉冊，敕命為六合無窮高明大帝，既而太上敕為第六代道之外孫，西東海小童君為保舉師，太上為度師，封道陵為天師〔註4〕。

這樣詳盡的記述，尤其是出生時祥瑞的徵兆，雖有附會之嫌，然而，畢竟為人情之常，其例並屢見於《史記》中歷代帝王之祖。至於其生平活動，與正史相比較，也頗相符合，有可資參考佐證之處，由此可知東漢時期張陵的足跡及活動範圍，遍及江蘇、四川、河南、江西等省，並於 142 年奉太上受命，143 年入蜀登鶴鳴山後，即長久於此傳佈道教。今四川成都東南，簡陽縣之逍遙洞仍保有西元 142 年東漢順帝時期「漢安元年四月十八日會仙友」之題刻〔註5〕，即是最佳明證；另外，今劍閣縣鶴鳴山山頂，也保留了自晉唐

〔註4〕《正統道藏》，第 58 冊，頁 405～448，《漢天師世家》，卷 1～4。
〔註5〕胡文和、曾德仁，〈四川道教石窟造像〉，《四川文物》，1992 年，期 1，頁 31。

以來大規模的道教造像龕窟群，尤其是造像中的「元極演法圖」、「五斗星紋圖」以及「六丁六甲」圖譜，都是早期道教發展所獨有的特殊文化〔註6〕，和「五斗米道」的衍生也有密切關聯（另詳述於後），可視爲「五斗米道」的創始者張陵在此活動的重要遺蹟。

同時，根據張陵的活動範圍來看，其出生地豐縣位於江蘇北部，與山東地區早期道教發展，有地緣上之緊密關係，且其地鄰近琅邪國及東海郡，前言于吉，琅邪人，往來吳、會，順帝時，琅邪宮崇詣闕，上其師干吉所得神書170卷。而張陵「自浙踰淮涉河洛入蜀山」，其間活動範圍頗有重合或鄰近處，可以想見，張陵傳道必然深受山東地區早期道教思想、活動所影響，後見天下大亂，「聞巴蜀沴氣爲災，當往除之，初居陽平山，感太上授以經籙之法，次登西城山，築壇埠以降五帝。」〔註7〕從此自創五斗米道。

五斗米道的創立，不僅在年代先後、地理位置上，都明顯地受山東徐海地區早期道教的影響。同時，在教義上，自西漢成帝甘忠可作《包元太平經》以來，即以「明經通災異」行於世，至帛和以行氣、煉丹救惠貧病，于吉制作符水以治病，宮崇服雲母（襄楷行世，時值桓靈，張陵已入蜀）；這和五斗米道主張以符水治病、修橋築路以驅疾、制作丹藥以行世之觀念，可以說是大同小異，並更可以肯定五斗米道脫胎於山東徐海地區早期道教之淵源。

「五斗米道」名稱之由來，起因於習道者須繳納五斗米以供道或酬謝道師。《後漢書》、《三國志》稱之爲「米賊」，《華陽國志》則又稱之爲「米道」、「米巫」或「鬼道」〔註8〕張陵的活動內容可見於《神仙傳》所載，而記述較詳盡者，則可見於《華陽國志》注釋中的綜合整理。今摘錄於後，以便明其梗概。

> 張道陵者，字輔漢，沛國豐人也。本太學書生，博通五經，晚乃嘆曰：此無益於年命，遂學長生之道。得黃帝九鼎丹法，欲合之，用藥皆糜費錢帛。

〔註6〕蔡運生，〈劍閣縣的道教石刻造像〉，《中國道教》，1994年，期1，頁33～35。

〔註7〕《漢天師世家》，卷2，第三。

〔註8〕晉常璩撰，任乃強校注，《華陽國志》校補圖注，上海古籍出版社，1987年10月第1版，1994年8月2刷。
書中稱五斗米道爲──米道、米巫、鬼道、米賊，其說分別見於頁72，441，483，609。

聞蜀人多純厚，易可教化，且多名山，乃與弟子入蜀，住鶴鳴山，
著作道書二十四篇。乃精思煉志，忽有天人下，千乘萬騎，金載羽
蓋，驂龍駕虎，不可勝數，或自稱柱下史，或稱東海小童，乃授陵
以新出正一明（盟）威之道。陵受之，能治病。於是百姓翕然奉事
之以為師，弟子戶至數萬。即立祭酒，分領其戶，有如官長，並立
條制，使諸弟子隨事輸出米絹、器物、紙筆、樵薪、什物等，領人
修復道路，不修復者皆使疾病。縣有應治橋道，於是百姓斬草除溷，
無所不為，皆出其意，而愚者不知是陵所造。

陵又欲以廉恥治人，不喜施刑罰，乃手書投水中，與神明共盟約，
不得復犯法，當以身死為約，於是百姓愈，邂逅疾病，輒當首過，
一則得愈，二使羞慚，不敢重犯，且畏天地而致。從此之後，所違
犯者皆改為善矣。陵乃多得財物，以市其藥合丹，丹成服半劑，不
願即昇天也，乃能分形作數十人。

東漢末年，瘟疫流行、人們迷信鬼神符咒，應劭的《風俗通義》一書，
即多載精怪鬼魅之事。而張陵棄政傳道，並以治病、修路等造福鄉里，使行
善、丹藥以求長生，而入道者只須付出五斗米即可，這種符合社會需求並滿
足民心的務實作風，在亂世中有如甘霖雨露，絕處逢生，是以一呼四應，傳
佈快速。

張陵傳道，以符籙禁咒之法行於世，其思想因地利之使而受山東徐海
地區早期道教的影響，殆無疑義。且陵於順帝時期（126～143）入蜀，並
於漢安二年（143）登鶴鳴山，同樣在這段時間，琅玡人宮崇上其師于吉於
曲陽泉（今江蘇北部）所得神書 170 卷詣順帝，「有司奏崇所上妖妄不經，
乃收藏之。後張角頗有其書焉。」《後漢書》中此段文字頗堪玩味，不僅有
司視神書（《太平經》）為妖妄不經，順帝不予接納，是以收而藏之，同時，
更令人注意的是「後張角頗有其書焉」一句，說明道教早期的經典在民間
早已盛行，而 170 卷的經籍，無論在當時或兩漢，也都是卷帙浩繁的鉅著
（《史記》只 130 卷），而張角頗有其書，可見取得並非難事，而此意也說
明思想信仰的流佈，除了符咒神水之外，文字經籙，更是重要的依據。史
載張陵「造作符書，以惑百姓。」《華陽國志‧漢中志》也有「沛國張陵學
者於蜀鵠鳴山，造作道書，自稱太清玄元，以惑百姓。」然而，張陵之前，
早已有甘忠可《包元太平經》12 卷、帛和《素書》2 卷、于吉受《太平清

領書》170 卷，都是現今《太平經》之前身，其間或有亡佚增補，然其一脈相承之思想，則不言可喻。

至於張陵所作道書的內容，今據劉鋒《道教的起源與形成》一書中指出「張陵造道書，有關史料記載：張陵所作有《微經》12 卷及《天官章本》和《黃書》。饒宗頤的《老子想爾注校釋》：《張道陵著述考》裡則有《道書》、《靈寶》、《天官章本》、《黃書》和存有不同說法的以下 10 種：《中山玉柜神氣訣》、《剛子丹訣》、《神仙得道靈藥經》、《峨嵋山神異記》、《太上玄靈北斗本命延生真經》、《太上說中斗大魁保命妙經》、《太上三天正法經》、《太平洞極經》、《二十四治圖》、《張陵別傳》。陳國符在他的《道藏源流考》中說：『漢張陵得《九鼎丹經》，以授弟子王長，趙升』；『《上清金液神丹經》3 卷。卷上正一天師張道陵序，經文，及作丹法』。」〔註9〕其餘則多為後人妄題或依託之作，因此，即使是上文所列，亦或有不足或後人贅述處，如：《張陵別傳》，其文字不似為張陵所著，權列於此，以為備考。

然而，值得注意的是，饒宗頤先生所列有《太上玄靈北斗本命延生真經》及《太上說中斗大魁保命妙經》二書，此書是「五斗星紋」圖譜的思想依據，也是四川地區道教發展的獨特文化，為其他地區所不曾見，尤其是陰陽五行的觀念和「五斗米道」的衍生有密切的關聯。

史書謂《太平清領書》「其言以陰陽五行為家，而多巫覡雜語。」（見〈襄楷列傳〉）而所謂的「陰陽」，是對立的統一，「五行」則象徵五色、五方、五星、五常、五帝、五音、五臟等等，自戰國時期鄒衍以來，即提倡五德終始說，闡明萬物相生相剋的道理，並將「陰陽」對立且又統一的學說，融合於「五行」之中，使「五行」外在的呈現，產生內在豐富的蘊涵及力量，這種宇宙自然運行生剋的思想，便是早期道教發展的源由。《太平經》卷 56～64〈闕題〉對「陰陽五行」之理有詳盡的闡述，並揭櫫「天數五、地數五、人數五」的觀念，唯有陰陽和合，萬物始得「生生之效」。是以天有「五神」（卷 72〈五神所持訣〉），持節以守五方；而「四時五行日月星宿皆（主）持命」（卷 111〈善仁人自貴年在壽曹訣〉）；都說明陰陽五行學說對道教思想的影響。

至於「五斗」之說，則是張陵在宣揚老子《道德經》的同時，據五行之理而又衍化《太上說東斗大主算護命妙經》、《太上說南斗六司延壽度人妙

〔註9〕劉鋒，《道教的起源與形成》，頁 112，文津出版社，1994 年 4 月。

經》、《太上說西斗記名護身妙經》、《太上說玄靈北斗本命長生妙經》、《太上說中斗大魁保命妙經》等五部經書，以五方星宿之名說「長生延壽」之方，這樣的觀念與「四時五行日月星宿皆（主）持命」之旨也相符合。今四川劍閣縣鶴鳴山石刻道教造像，在一、三、四號龕主像的頭後，都飾有一特殊的帶狀桃形光環，光環上並有五顆刻紋大小相等的星斗，這就是「五斗星紋」圖譜〔註10〕。

　　另外，「五斗米道」何以須供米「五」斗？且只盛行於四川地區？此說未見有學者質疑或闡述其義。余意以為：「五」斗之意固然與「五行」之數相符，同時，就「五數」而言，東為八、南為七、西為九、北為六、中為五，此數屬土，厚實吉祥，而四川古為「漢中」之地，四周群山環聚，形勢險要，與五之數的方位也相符合。另外，《太平經》卷 56～64 也曾言及「天數五，地數五，人數五，三五十五，而內藏氣動。四五二十，與四時氣合而欲施，四時者主生，故欲施生。五五二十五，而五行氣足而任施，五六三十而強。故天使常念施，以通天地之統，以傳類，會三十年而免。」而卷 71 也言及「五為大道神與四時五行相類。」都可見道教思想對「五」數之重視。至於何以供「米」？而非錢財或蜀地盛產的絲帛、井鹽？固然，在東漢中期，連年災荒、穀貴人飢的年代裏，賑濟米飯是最為實際的手段，《後漢書・劉焉傳》即載魯行道「縣置米肉以給行旅。食者量腹取足，過多則鬼能病之。」然而，若從「五行」的角度來看，物從「五土」的觀念而制宜，不僅符合時代潮流且早已深入人心。《後漢書・馮衍傳》謂「循四時之代謝兮，分五土之刑德。」注曰「《周禮》五土，一曰山林，二曰川瀆，三曰丘陵，四曰墳衍，五曰原隰。《家語》曰：『地東西為緯，南北為經。山為積德，川為積刑。』《穀梁傳》曰：『林屬於山曰麓。』《周禮》曰：『山林動物宜毛，植物宜皁。』《淮南子》曰：『汾水濁宜麻，濟水和宜麥，河水調宜菽，洛水輕利宜禾，渭水多力宜黍，江水肥宜稻。』」四川境內，江水充沛，物產富饒，就「五土」之利而言，自然非「米」莫屬，而非其他穀物。

　　任乃強校注《華陽國志》，言及陳瑞以鬼道教民，入道者須奉「酒一斗、魚一頭」。並於其後之校注中詳述入道之制，文辭精要不繁，附錄於後，以為五斗米入道淵源之佐證，並藉此再度確定「五斗米」並非只是外在入道之形式，而是有其內在「尊視勞動」意義之蘊涵。

〔註10〕《四川文物》，1992 年，期 2，頁 36～39。

五斗米制，自張魯失敗後，固當不可復用。且張陵父子之教，但徵
人民信道者實物一次，名為祀神而已，原不定為五斗米，關中之王
國、中原之張角、江南之于吉等所徵，皆不為五斗米。故時人但稱
魯等為「米賊」、「米巫」，而於張角等則但稱「黃巾」或「太平道」。
然其於入道者之有所徵取則為必然，只不皆為五斗米耳。漢五斗，
約合今五市升，貧農或不能辦。此時蜀農人更貧，米糧多為寄生於
農民之官吏地主輩所奪，故改為酒一斗、魚一頭。酒一斗約合耗糧
一斗，相當於原取五分之一，且可以濃度加減，從入道者之力。魚
則農民可以勞力取得之者，農民易辦，而非農民則不可倉卒得之。
與五斗米教尊視勞動之旨相符也。（卷 8：大同志・3・註 2）

　　張陵創五斗米道於蜀，陵死，子衡行其道，衡死，魯復行之，益州牧劉
焉並以魯為督義司馬，焉死，子璋代立，以魯不順，盡殺魯母家室。魯遂據
漢中，以鬼道教民，自號師君，皆教以誠信不欺詐，有病自首其過，大都與
黃巾相似，雄據巴、漢垂三十年。漢末，力不能征，遂就寵魯為鎮民中郎將，
領漢寧太守，通貢獻而已。建安二十年，太祖乃有散關出武都征之，至陽平
關。魯欲舉漢中降，其弟衛不肯，率眾數萬人拒關堅守，太祖攻破之，遂入
蜀。魯盡將家出，太祖逆拜魯鎮南將軍，待以客禮，封閬中侯，邑萬戶，封
魯五子及閻圃等皆為列侯，為子彭祖取魯女。其事蹟俱載於《後漢書・劉焉
列傳》，及《三國志・魏書・張魯傳》。

　　至於《華陽國志・漢中志・四》所載略同，唯多所增益補注。如：張衡
的布道處，已經自蜀巴移至漢中。大概關隴羌漢人民已多信奉道教〔註 11〕。
又言，李賢《後漢書》注引《典略》一文，與《三國志》裴松之注引劉艾《典
略》略有小異，並以為：惟「自至漢中」之一自字，足以證明漢人原只張脩，
魯是脩死後至，且足說明魯、脩為一家人的關係，《後漢書》謂「魯殺脩」，
謬。至於張角與張魯祖孫間之關係，舊史家咸認為魯與張角無關，茲判張角
祇是陵之徒孫，不過失敗速，從者罪重，莫能詳傳其事以資勘合，祇從官書
得其鱗爪耳〔註 12〕。

　　余意以為：舊史家其說甚是，張角與張魯未必有祖孫關係，亦不必分隔
二地行道，張角只是張陵徒孫，隨其習道而已！

〔註 11〕《華陽國志》，頁 74，「子衡傳其業」句注二。
〔註 12〕《華陽國志》，頁 74～75，「云鬼病之」句注六。

《三國志・魏書》卷 8 載有張燕其人，謂「張燕，常山眞定人也，本姓褚。黃巾起，燕合聚少年爲群盜，在山澤閒轉攻，還眞定，眾萬餘人。博陵張牛角亦起眾，自號將兵從事，與燕合。燕推牛角爲帥，俱攻癭陶。牛角爲飛矢所中，被創且死，令眾奉燕，告曰：『必以燕爲帥。』牛角死，眾奉燕，故改姓張。燕剽捍捷速過人，故軍中號曰飛燕。」由此可知，燕因崇道起義而改姓，至於張角又何須必與張魯爲祖孫？

三、河南地區——太平道的興起

前文言《後漢書・劉焉傳》引《典略》之文，謂「角爲太平道」，是爲早期道教之一支，其後因引發黃巾之亂而被討伐，今據史載略述其事蹟如後。

《後漢書・皇甫嵩列傳》載「初，鉅鹿張角自稱大賢良師，事奉黃老道，畜養弟子，跪拜首過，符水咒說以療病，病者頗愈，百姓信向之。角因遣弟子八人使於四方，以善道教化天下，轉相誑惑。十餘年閒，眾徒數十萬，連結郡國，自青、徐、幽、冀、荊、楊、兗、豫八州之人，莫不畢應。遂置三十六方。方猶將軍號也。大方萬餘人，小方六七千，各立渠師。訛言『蒼天已死，黃天當立，歲在甲子，天下大吉。』以白土書京城寺門及州郡官府，皆作『甲子』字。中平元年，大方馬元義等先收荊、楊數萬人，期會發於鄴。元義數往來京師，以中常侍封諝、徐奉等爲內應，約以三月五日內外俱起。未及作亂，而張角弟子濟南唐周上書告之，於是車裂元義於洛陽。」「角等知事已露，晨夜馳勅諸方，一時俱起。皆著黃巾爲標幟，時人謂之黃巾，亦名爲蛾賊。殺人以祠天。角稱天公將軍，角弟寶稱地公將軍，寶弟梁稱人公將軍。」黃巾事起，後爲皇甫嵩所平。

另外，〈朱儁列傳〉中也載「自黃巾賊後，復有黑山、黃龍、白波、左校、郭大賢、于氐根、青牛角、張白騎、劉石、左髭丈八、平漢、大計、司隷、掾哉、雷公、浮雲、飛燕、白雀、楊鳳、于毒、五鹿、李大目、白繞、畦固、苦哂之徒，並起山谷閒，不可勝數。」又稱「賊帥常山人張燕，輕勇趫捷，故軍中號曰飛燕。善得士卒心，乃與中山、常山、趙郡、上黨、河內諸山谷寇賊更相交通，眾至（伯）〔百〕萬，號曰黑山賊。河北諸郡縣並被其害，朝廷不能討。燕乃遣使至京師，奏書乞降，遂拜燕平難中郎將，使鎮河北諸山谷事，歲得舉孝廉、計吏。」

　　由以上這些記載可知，當時太平道活躍於河南地區，眾徒數十萬，連結郡國，其勢力範圍並可至青、徐、幽、冀、荊、楊、兗、豫等八州（今山東、江蘇、河北、四川、河南等地），可見當時流佈之廣。其後黃巾黑山賊的勢力也廣被河北諸郡縣，朝廷甚至無力討伐。

　　至於〈朱儁列傳〉中載及儁「與左中郎將皇甫嵩討潁川、汝南、陳國諸賊，悉破平之。」又有「南陽黃巾張曼成起兵，稱『神上使』，眾數萬，據宛城。」後爲儁所大破，賊遂解散，太平道的勢力與組織也由此受挫潰敗，一蹶不振。

　　前節曾言，張角與張魯並無祖孫關係，只是張陵信徒，隨其習道而已！這從其間稱謂，也可窺見一斑。《後漢書・楊震列傳》載「先是黃巾帥張角等執左道，稱大賢，以詿燿百姓，天下繩負歸之。」〈皇甫嵩列傳〉中則自稱「大賢良師」、「天公將軍」，〈孝靈帝紀〉則載「中平元年春二月，鉅鹿人張角自稱『黃天』。」這和張魯自號「師君」、張陵稱「天師」，在職級稱謂上仍有差距，顯示張角的身份地位仍不可與張陵相提並論，是以張角雖也「符水咒說以療病」、「以善道教化天下」，其手法與張陵同出一轍，然而，細究其職稱，張角勢力實爲張陵道教信仰之分支，並於河南地區發揚壯大。至於其號「太平道」，則無論是宗《太平經》爲本而命名，或於亂世中揭櫫「致太平」之意，都能迅速號召群眾，進而發揮持竿起義的凝聚力量。而其勢力遠達八州，這些地區，也都是畫像石分佈的重要區域，因此，即使是黃巾之亂平定後，以「太平道」爲旗幟的道教組織雖然潰敗，然而，誰也不能確定，這些民間信仰的勢力，是否就此煙消雲散，或是流竄到別的地區與其他勢力暗中連結，持續發展。

　　黃巾之亂平息了！留存在人們心中的思想信仰，也能因此而平靜沈寂嗎？

四、陝北地區──駱曜及太平道餘緒

　　陝西省位於中國中部北境，黃河之西，古雍州及梁州之地。戰國時爲秦國，故別稱爲秦，漢則爲三輔之地，晉爲雍、梁二州。其地東界山西、河南，東南界湖北，南界四川，西界甘肅，北界綏遠，省會則爲長安。

　　本章第二節中，曾以《後漢書・劉焉列傳》與《三國志・魏書・張魯傳》引《典略》之文作比較，二者內容大同小異，不同處唯《三國志》〔　〕內之

字俱全，並不見（張角）二字。其文為「初，熹平中，妖賊大起，〔三輔有駱
曜。光和中，東方有張角〕漢中有張脩。〔駱曜教民緬匿法，角〕為太平道，
（張角）〔脩〕為五斗米道。」裴松之並謂張脩應是張衡，非《典略》之失，
則傳寫之誤。同時，若依《後漢書》所引，並將〔　〕內之文字省略刪除，
其文字則是「漢中有張脩，為太平道，張角為五斗米道。」與史載不符，是
以本書不依《後漢書》而據《三國志》所引《典略》之文，並同意裴松之所
注「張脩應是張衡」之誤。

　　於是，《典略》之文所謂：三輔（長安京城附近）有駱曜，東方（河南，
長安東）有張角，漢中（陝西南部、湖北西北之地）有張衡，則是可以確立。
張角據河南而有太平道，張衡據漢中而發展五斗米道，都能符合史籍所載，
唯有駱曜，其事蹟不見史載，不知何許人也，然而，也因此文所引，可知東
漢靈帝熹平年間，陝西長安附近，有「妖賊」駱曜在此傳佈道教，並以「緬
匿法」（隱身也）教民。同時，《典略》有言「及魯在漢中，因其民信行脩業，
遂增飾之。教使作義舍，以米肉置其中以止行人；又教使自隱，有小過者，
當治道百步，則罪除。」按：駱曜與張衡時代近似，傳道的地理位置也相接
近，駱曜教民緬匿法，其後張魯也於漢中之地教民自隱，可見其間先後主從
關係及影響，而駱曜於三輔之地傳佈道教，並與張角、張衡鼎立而三，則是
可以確定之事實。

　　陝西地區的道教傳播，固然不止於駱曜，據《華陽國志・漢中志・四》
所載「陵之教，實為漢末黃巾之本源。黃巾組織遍十三州，如冀兗張角、青
州昌霸、豫州波才、雍州王國、宋建、益州張脩、馬相、幽州張純等均是。
他若馬騰、韓遂、張燕、張牛角、韓暹、楊奉等，亦依民眾以武力據地自擅，
實皆黃巾之遺也。荊州則有所謂『宗賊』，漫入揚州。揚州則為于吉佈道之區。
揚州漢民富樂厭亂，未有叛者。惟山越奉之，叛亂數十年。其後孫恩、盧循，
亦黃巾之遺也。其教徒或稱『太平道』，或稱『五斗米道』，或稱『魔法』，或
作其他稱。其實皆張陵所傳之道教。故漢中張魯為十三州道徒所共奉之『天
師』。」其中，黃巾遺緒存於陝西者，也有雍州長安縣西北王國、宋建等人，
其勢力雖未必有深遠影響，卻說明早期道教的發展在此留下足跡，又因地緣
關係所及，並可明確指出其源自四川、河南地區的道教信仰痕跡。今陝北地
區的米脂縣、綏德縣，仍保有大量東漢時期的畫像石，製作精美，雕琢紋飾
繁複，並少見山東地區所常見的帝王圖像及歷史人物，題材內容的簡化，雕

琢具裝飾性，也說明隨著時間的流動，以及距離的遙遠，道教思想的傳播有所增損變異，是以畫像石的流傳製作，也有所更迭。

　　總括來說：今日所熟悉的道教，是經過北魏寇謙之所修訂後的制度，而早期道教的發源，則始於西漢時期的山東，其時並已有甘忠可作《天官曆》及《包元太平經》，其思想並流傳至遼東及吳、會地區；後經張陵傳而入蜀，並創立五斗米道，其勢力遍及十三州，爲道教信徒尊奉爲天師，並世代尊顯；其後，道教的發展，又以河南地區的張角，組織最爲壯盛，號稱太平道，並引發黃巾之亂，雖爲皇甫嵩所平定，然而，太平道的勢力或流竄或乞降，已無法發揮其影響力；至於陝西地區也有道教勢力發展，除了駱曜，並也有黃巾餘緒，而其教民也止於緬匿法，少見有所作爲，自然也較不受人重視。

　　道教的發展，以登仙、除災而深入民間，雖信徒眾多，遍及十三州，然而，黃巾之亂，卻也阻遏了道教勢力的繼續擴張，甚或達成「政教合一」的理想境界。至於道教的分支聚眾，雖也能擴大道教的組織範圍，然而，卻也造成各自分道揚鑣的歧異派別，這種地域性、演化性的道教信仰和思想，以及道教分支的聚合或萎縮，都會形成道教勢力的消長。反映在畫像石上，自然出現四大畫像石分佈密集區，和許多零星散佈點；而其分佈並不完全連成一片，則是隨著道教勢力的強弱及範圍大小而有所區分，其淵源並有先後承續的關係，分別是山東——四川——河南——陝北。這是道教勢力發展的次序及路徑，也是畫像石發展的接續狀況，及風格形成的首要原因，與物質條件、技術基礎並無直接之關聯。

　　李發林先生的田野調查經驗豐富，因此，經由畫像石所歸納的結論，認爲「山東最有可能是漢畫像石的發源地」，這是以實物爲證，本章再證之以文字資料，則更可以確認此觀點；至於畫像石的發展，李發林先生就雕刻技法認爲「也許其次是河南南陽地區」，而「四川畫像磚的雕刻技法分期問題，還未很好解決，因爲缺少可靠的年號作依據。」〔註13〕可知若單純只是以出土文物辯證，仍有失之偏頗，或證據不足處，仍須結合「二重辯證法」，才是根本解決問題的良方。當然，蔡運生〈道教發源地新考〉一文，指出「道教發源地在四川省劍閣縣鶴鳴山」〔註14〕，則是忽略早期道教形成的社會因素及歷史淵源。

〔註13〕李發林著，《山東漢畫像石研究》，頁 64，66。
〔註14〕《四川文物》，1994 年，期 1，頁 34～36。

　　畫像石是道教墓葬思想的反映，道教發展的社會因素及歷史淵源，錯綜複雜，同時，在張陵自創五斗米道之前，道教的信仰，早已在民間流傳多時，並普遍爲大眾所接納，因此，唯有釐清早期道教發展的淵源，才能眞正瞭解畫像石的興衰及其原本意義，畫像石的許多疑點，也才能由此迎刃而解。

第五章 武氏墓群的探討

一、山東的祠堂畫像

　　山東省，在現今考古遺址中，是出土畫像石最多的一個省，全省發現畫像石的縣市即有 60 餘，在半數以上，其分佈並以濟寧地區、臨沂地區、泰安地區及昌濰地區為最密集，而著名的畫像石墓則有：沂南北寨村畫像石墓、安丘董家庄畫像石墓、徐州茅村漢墓等。至於磚墓，則多分佈於山東北部，魯南及徐海地區也都曾出土。

　　另外，山東畫像石除了分佈於地下石墓內，最特殊且引人注目的，就是存在於祠堂中的畫像石，這是其他地區所少見的現象，也充份反映山東地區畫像石的地域性特色及發源地。

　　祠堂畫像石，目前主要見於山東地區。這類的祠堂是蓋在墓前供人祭祀祖先而用，屬於地上建築，其目的是為活人而設，和一般地下石墓中的畫像石是專為死者、墓葬所置有所不同，其刻繪內容、方位、形制，也頗有差異。這樣的祠堂，以目前考古所見，其型式有二：

　　（1）大型祠堂

　　可供人出入，並有祭臺可供人祭拜，放置祭品者。目前仍保存於地面上的漢代墓地祠堂有山東長清縣孝堂山郭氏墓石祠，這也是中國地上保存最早、最完整的一座祠堂建築，其畫像石雕琢手法並多為線刻，形制較為簡單；另外，著名的嘉祥武氏祠畫像石也可以配置復原起來，其建築形制、體積大小和郭氏石祠也相近似。

　　（2）小型祠堂

　　此類祠堂小至無法容身，在山東地區已不見完整的建築物，蔣英炬先生根據山東嘉祥宋山出土的漢畫像石考證其復原形態（此地北距武氏祠所在的

武宅山約十公里），認為此種祠堂近似於農村所常見的土地廟，其形制大小和武氏祠前石室的後龕相近。其為大祠堂的後龕，或是獨立的小祠堂？日人藏田信吉氏以為無法辨證，美人費尉梅女士則以為是後壁小龕；然而，蔣氏以兩批出土的畫像石材料，認定是小祠堂的建築構件〔註1〕，並舉安徽褚蘭出土，墓冢南側的漢代小祠堂為例〔註2〕，印證此類祠堂的獨立存在。

祠堂畫像石是山東地區最特殊、也最著名的文化資產，尤其是座落在嘉祥縣紙坊鎮武翟山北麓的武氏祠堂畫像石，其題材之廣博深邃，雕刻之精美繁複，引起海內外學者及社會大眾的關注，聯合國文教組織曾讚美它超過了同時期埃及的石刻和希臘的瓶畫，堪稱為世界一絕，可見其重要性。是以本章將以武氏祠堂為例，說明其意義及特色。

二、立祠的意義與作用

祠，為祭祀之意。然而，這樣的祭祀，與天子諸侯祭祀天地山川或宗廟之旨仍有差距；祠，除了祭祀神明之外，更是指孝子思親或為求得福報賽而祭祀。典籍中有云：

（1）春祭曰祠

《公羊·桓·八》有「春曰祠」之句，注曰「祠猶食也，猶繼嗣也。春物始生，孝子思親，繼嗣而食之，故曰祠，因以別死生。」

（2）得福報賽曰祠

《周禮·天官·女祝》謂「女祝，掌王后之內祭祀，凡內禱祠之事。」注曰「內祭祀，六宮之中，灶門戶、禱疾病，求瘳也。祠，報福。」又，《周禮·春官·小宗伯》也有言「大裁及執事禱祠于上下神示。」注曰「求福曰禱，得求曰祠。」則是指國遭水火或年穀不熟，則禱祠於上下天地神祇。另外，《周禮·春官·喪祝》則謂「掌勝國邑之社稷之祝號，以祭祀禱祠焉。」疏曰「祭祀謂春秋正祭，禱祠謂國有故祈請。求福曰禱，得福報賽曰祠。」則更明確指出禱祠與祭祀之差異，而「祠」則是在病、災之餘，為得福報賽而設。

「祠」的意義與作用已如前述。然而，禱祠的場所卻並未明確描述，直到兩漢，始見「立祠」之舉，不僅在《列仙傳》中普遍載及，即使是史籍中，

〔註1〕蔣英炬，〈漢代的小祠堂——嘉祥宋山漢畫像石的建築復原〉，《考古》，1983年，期8，頁741～751。

〔註2〕王步毅，〈褚蘭漢畫像石及有關物像的認識〉，《中原文物》，1991年，期3，頁60～67。

也頗見「起祠室」一語，可見「立祠」一事已非尋常祭祀而已！而是有迫切
或特殊之需求而設，今據史載，就「立祠」之目的略分類如下：

（1）生時立祠

《漢書・于定國傳》載「于定國字曼倩，東海郯人也。其父于公爲縣獄
史，郡決曹，決獄平，羅文法者于公所決皆不恨。郡中爲之生立祠，號曰于
公祠。」

（2）豫設爲祠

《漢書・張禹傳》載「禹年老，自治冢塋，起祠室。」按：張禹，佐成
帝爲相六歲，幼時即喜觀於卜相者前，後從沛郡施讎受《易》，爲天子師，國
有大事，必與定議。史載「禹見時有變異，若上體不安，擇日絜齋露著，正
衣冠之筮。」可知張禹善卜筮之術，又精通《易經》，其信仰趨於道教思想，
是以生前即「自治冢塋，起祠室。」便也不足爲奇了。

（3）尊奉爲祠

《後漢書・方術列傳》載高獲善天文，曉遁甲，能役使鬼神，並可致雨。
後「卒於石城，石城人思之，共爲立祠。」又載王喬有神術，「百姓乃爲立廟，
號葉君祠。牧守每班錄，皆先謁拜之。吏人祈禱，無不如應。若有違犯，亦
立能爲祟。」也都說明「立祠」與神仙方術間之關係，並藉立祠而報福。

（4）魂依爲祠

《後漢書・清河孝王慶傳》載「清河埤薄，欲乞骸骨於貴人冢傍下棺而
已。朝廷大恩，猶當應有祠室，庶母子并食，魂靈有所依庇，死復何恨？」
則是指孝子思親，繼嗣而食，是以立祠。

另外，《漢書・霍光傳》載禹嗣爲博陸侯，太夫人自改塋制而侈大之，並
「盛飾祠室」。又，司馬光〈文潞公家廟碑〉也曾述及「漢世多建祠堂於墓所。」
都說明「立祠」一事在兩漢時期極爲盛行，並是於冢塋處起祠室，及至後世，
則無此習氣。

「立祠」雖爲孝親、報福而設，然而，與神仙方術、《列仙傳》也有密不
可分的關係，同時，更令人注意的是，《太平經》卷114有〈不可不祠訣〉一
文，詳載「祠」之作用，今擇要列述如下：

> 生時皆食有形之物，死當食其氣而反不食。先人自言，生子但爲死
> 亡之後，既得食氣與比等，而反不相食，生子如此，安得汝久有子
> 孫相視乎？亦當亡其命，與先去等，饑餓當何得，自在天官重孝順，

當祠明白，何可所疑。死後三年，未葬之日，當奉禱賽，不可言地上有未葬者而不祠也。不食益過咎，子孫無傷時也。是爲可知當祠，常苦富時奢侈，死牛羊豬豕六畜，祠官浸疏，後當見責，不顧有貧窮也。財產不可卒得，行復無狀，財不肯歸，便久不祠，爲責安可卒解乎？宜當數謝逋負之過，後可有善，子孫必復長命。

天原其貧苦，祠官假之，令小有可用祠，乃責是爲天所假，頗有自足之財，當奉不疑也。不奉，復見先人對會，祠官責之不祠意，使鬼將護歸家，病生人不止。先人復拘閉祠，卜問不得，得當用日爲之。天聽假期至，不爲不中。謝天下地，取召形骸入土，魂神於天獄考，更相推排，死亡相次。是過太重，故下其文，使知受天誅罰不怨，可轉相告語，可令不犯先。古已有書，犯者不絕。以棺未藏者，不可不祠也。

由這些文字並典籍史料中所謂之「祠」來看，《太平經》中對「祠」的定義與功效，可大致歸納如下：

（1）祠以別生死

因生時皆食有形之物，死則當食其氣，是以祠之。

（2）祠之目的在於孝親

以天官重孝順，且生子但爲死亡之後，是以當祠明白，不可未葬而不祠，亦不可傷時。

（3）不祠之惡果

將使生人病不止，並受天誅罰。

（4）祠之福報

在於使令子孫不犯先祖，使子孫長命、有善，是以不可不祠。

《太平經》中對「祠」的意義與目的，闡述甚詳，祠與不祠的後果，也說明詳盡。可見「立祠」一事，在道教的觀點中，的確是結合了孝子思親、得福報賽的原始意義，予以融合並發揚光大。

同時，就出土文物武氏祠碑文來看，除了前言已肯定碑文中的道教思想之外，立祠的作用也在碑文中顯示無遺，如：

（1）武梁碑

其爲人「體德忠孝」，至於其孝子仲章、季章、季立，孝孫子僑，躬脩子道，竭家所有而立祠；使「垂示後嗣，萬世不亡。」

（2）武開明碑

此碑漫患，不可盡讀。然而，武開明於永和二年舉孝廉，也可因此知其人善事父母，品格清潔而有廉隅。

（3）武斑碑

其爲人「慈惠寬□，孝友玄妙。」立碑以「垂□後昆，億載歎誦。」

（4）武榮碑

其人「廉孝相承，亦世載德」。死後則「遠近哀同，身沒□□，萬世諷誦。」

可知武氏兄弟廉孝相承，子孫爲之立祠，除了孝親並有萬世諷誦之意，完全符合道教思想對人品的要求，以及墓葬制度在於傳頌久世的長生需求，文物與文獻之相互映發，也說明了「立祠」之舉是道教墓葬的特有習俗之一了。

三、武氏家族與道教信仰

武氏家族，雖不見於史載。然而，據武氏祠堂碑銘及石闕銘文所載，仍可窺其大要，得其譜系。今就武氏兄弟四人，依序列其世系，並據洪适《隸釋》〔註3〕所存碑銘略述武氏家族與道教信仰間的關係。

1. 武氏兄弟世系

（1）武始公

（2）武梁（字綏宗，西元 77～151 年，章帝建初二年至桓帝元嘉元年）

子——仲章、季章、季立

孫——子僑

（3）武景興

（4）武開明（西元 91～148 年，吳郡府丞）

子——武斑（字宣張）

　　　武榮（字舍和）

2. 武氏墓群碑銘全文

[1] 武梁碑　今佚

□故從事武掾，掾諱梁，字綏宗。掾體德忠孝，岐嶷有異。治韓詩經，闕幘傳講，兼通河雒，諸子傳記。廣學甄微，窮綜典□，靡不□覽。

〔註 3〕洪适，《隸釋》，四庫全書本，冊 681，卷 6，頁 12～24。

州郡請召，辭疾不就。安衡門之陋，樂朝聞之義。誨人以道，臨川不倦。恥世雷同，不闚權門。年踰從心，抱節抱介，終始不僈。彌彌益固，大位不濟，爲眾所傷。年七十四，元嘉元年季夏三日，遭疾隕靈，烏虖哀哉。孝子仲章季章季立，孝孫子僑，躬脩子道，竭家所有，選擇名石，南山之陽。攈取妙好，色無斑黃。前設壇砠，後建祠堂。良匠衛改，雕文刻畫，羅列成行。攄騁技巧，委虵有章。垂示後嗣，萬世不亡。其辭曰：懿德玄通，幽以明兮。隱居靖處，休曜章兮。樂道忽榮，垂蘭芳兮。身歿名存，□□□□。（隸釋 6：13）

在這段碑文中，對於武梁的思想、品德以及祠堂的建立，有簡約而完整的描述，今舉其大要以闡明：

（1）兼通河雒的武梁

碑文中述及武梁「治韓詩經，闕幘傳講，兼通河雒，諸子傳記。」說明武梁學識淵博，然而，「兼通河雒」一句則揭櫫其思想信仰。按：河圖洛書爲仙家道術典籍，《後漢書‧方術列傳》有言占卜之事「至乃河洛之文，龜龍之圖，箕子之術，師曠之書，緯候之部，鈐決之符，皆所以探抽冥賾，參驗人區，時有可聞者焉。」同時，《太平經》中也常言及「河洛神書」的重要性。如：「天知其不具足，故時出河雒文圖及他神書，亦復不同辭也。」（卷 41）「天地六方八極大諫俱欲正河雒文出。」（卷 43）「河洛尚復時或勑之，災害日少，瑞應日來，善應日多，此即其效也。」（卷 47）「今天師言，乃都合古今河洛神書善文之屬。」（卷 88）都可見河雒圖書是爲「神書」、「天師之書」，和早期道教思想關係之密切。是以〈方術列傳〉載李郃「通五經，善河洛風星。」樊英「習京氏易，兼明五經。又善風角、星等、河洛七緯、推步災異。」公沙穆「長習韓詩、公羊春秋，尤銳思河洛推步之術。」而《神仙傳》也載尹軌「博學五經，尤明天文理氣、河洛讖緯，無不精微。」（9：4）都說明河洛圖書是道教神仙方術內涵之反映，而武梁「兼通河雒」，也可見其道教思想之信仰。

（2）誨人以道的武梁

碑文載「州郡請召，辭疾不就，安衡門之陋，樂朝聞之義。誨人以道，臨川不倦。恥世雷同，不闚權門。年踰從心，抱節抱介，始終不僈。」可見武梁不樂仕進，以「傳講」、「誨人以道」而明志。然而，又言「彌彌益固，大位不濟，爲眾所傷。」可知武梁所授之道，非儒家經籍思想，而是有組織、有信仰之「道」，否則，何須言「大位不濟」？又何以「爲眾所傷」？

（3）躬脩子道

這個「道」絕非儒家思想所謂之道（前言武梁「兼通河雒」），且「脩道」一詞，也非儒家之徒習用之語，應是屬於道教思想範疇。碑文上明列子孫之名，並謂「躬脩子道」，可見後世子孫對武梁之尊崇，家族中並爲同修。由此句及上下文意來看，武梁雖然不曾作官，卻是道教體系中，負責傳講，及擁有崇高身份、地位的重要人物。

（4）竭家所有，選擇名石

其目的在於設礓砠、建祠堂，如此耗費鉅資、心力，只是爲了「垂示後嗣，萬世不亡。」也可見武氏家族對「立祠」一事之愼重，並因此建構武氏家族墓群。按：以石室爲葬，是道教的墓葬制度，與儒家思想中，以棺槨入葬，積土爲墳的手法，大異其趣。

（5）前設礓砠，後建祠堂

司馬光〈文潞公家廟碑〉有言「先王之制，天子至官師皆有廟，秦尊君卑臣，無敢營宗廟者，漢世家建祠堂於墓所。」這種將祠堂建於墓室的風俗，前所未見，也與儒家思想中只有諸侯王室始可立宗廟之制有所差異；至於後世，祭祀祖先或往哲之祠，則多建於宗族聚居之近地，並歲時致祭。因此，可以肯定的是，於墓室中前設石壇，後建祠堂的風俗，始於漢朝，其意義、作用與儒家禮制有別，應是民間盛行的禮俗──道教所致。

（6）良匠衛改，雕文刻畫，羅列成行。攄騁技巧，委蛇有章

則不僅有良匠之名，且雕文刻畫，極盡能事，其目的爲：垂示後嗣，萬世不亡。這樣的墓葬手法，並以石室及華麗的人物、神仙石刻爲祠，是強調「始作俑者，其無後乎，爲其象人而用之也。」（《孟子・梁惠王》上）的仲尼，所不樂於見到的景像；也是崇尚節儉，拒絕賣車以葬顏回（《史記・仲尼弟子列傳》）的孔子，「有棺無槨」以葬鯉的眞正原因。因此，且不論畫像石刻的圖像內容爲何，即以武梁碑文所載，亦可知此刻畫絕非儒家思想禮制。至於石室、懸像，屢見於《太平經》及道教典籍，「垂示後嗣，萬世不亡。」的觀念，也是道教「立祠」的意義與作用（見本章第二節），是以「攄騁技巧，委蛇有章。」其刻繪之精緻富麗，深具內涵，是爲宗教而設立，「躬脩子道，竭家所有。」則是後世子孫敬愼細密，使武梁後事備極哀榮，彰顯其「大位」，立祠一事，自然是不可等閒而視之了！

[2] 武開明碑　今佚

右漢吳郡丞武開明碑云：「君字開明」，而其名已殘缺。又云：「永和
二年舉孝廉，除郎謁者。漢安二年，遷大長秋丞，長樂大僕丞。永
嘉元年，喪母去官，復拜郎中，除吳郡府丞。壽五十七。建和二年
十一月十六日遭疾卒。」其可見者如此。其他摩滅不能盡讀。(金石
錄十四‧九)

　　武開明（西元 91～148 年），為武氏兄弟中之么弟，以其碑文漫漶，不能
盡讀，權置於此。然而，「永和二年舉孝廉」，也可見其為人孝順廉潔，符合
道教思想對人品之要求。

[3] 武斑碑　在武氏石室今漫滅

故敦煌長史武君之碑　碑額

建和元年大歲在丁亥二月辛巳朔廿三日癸卯，長史同□□□□□□
□□。

敦煌長史武君諱斑，字宣張。昔殷王武丁克伐鬼方，元功章炳，勳
藏王府。官族分析，因以為氏焉。武氏益其後也。商周假藉，歷世
壙遠，不隕其美。漢興以來，爵位相踵，□朝忠臣。君幼□顏閔之
懋質，長敷游夏之文學。慈惠寬□，孝友玄妙。苞羅術藝，貫洞聖
□。博兼□□，耽綜典籍。□□□純，求福不回。清聲美行，闡形
遠近。州郡貪其高賢，□□請以□□。歲舉□翼紫宮，□□詔除，
光顯王室。有□於國，帝庸嘉之。掌司古□，領校祕鄭。斫□幽微，
追昔劉向辯賈之徒，比□萬矣。時我□□，匡正一□，□朝廷惟憂
□□，有司□□舉君。斑到官之日，□癘吏士。嗥虎之怒，薄伐□
□□□□□□並，百姓賴之。邦域既寧，久榮于外，當還本朝，
以敘左右。以永嘉元年□月□日遭疾不□，哀□。於是金鄉長河間
高陽史恢等追惟昔日同歲郎署，感□為自古在昔，先聖與仁。□□
興替，□□人存。生榮死哀，是□萬年。伊君遺德，□孔之珍。故
□石銘碑，以旌明德焉。其辭曰：

於惟武君，允德允恭。受天休命，積祉所鍾。其在孩提，岐嶷發蹤。
謙□守約，唯誼是從。孝深凱風，志絜羔羊。樂是□□，恬此□光。
摯摯臨川，闚見□廧。庠仰箕首，微妙玄通。□然清邈，□□□□。

□□升□，爲帝股肱。扶助大和，萬民迺蒙。顯宗□□，史官書功。
昊天上帝，降茲鞠凶。晻忽徂逝，□□□□。不享□者，大命□□，
百遼惟□，后帝感傷。學夫喪師，士女悽愴。□表金門，令問不忘。
垂□後昆，億載歡誦。尚書丞沛國蕭曹芝□宣。

成武令中山安憙种□□。

豐令下邳良成徐崇□□。

故陳留府丞魯國魯□□□□。

防東長齊國臨菑□紀伯允書此碑。嚴祺字伯曾。

（案此據黃易釋文，以隸釋 6：11 補其缺。）

在這段文字中，詳載武斑思想背景及仕宦歷程，其中，雖未言其宗教信仰，文字間卻透露出道教之思想。如：

（1）慈惠寬□，孝友玄妙，苞羅術藝，貫洞聖□

前兩句言其品德孝友慈惠，重道德，這是道教信奉者所強調的基本要素。《太平經》卷 111 所謂「窺見大德之人，延命久長生。」至於苞羅術藝，貫洞聖□。所謂「術藝」一詞，可指① 技術與文藝——如《列子・周穆王》「魯之君子多術藝。」② 經書與藝術——見《文選・班固・答賓戲》「婆娑乎術藝之場，休息乎篇籍之囿。」③ 歷數卜筮之術——《魏晉・術藝傳》「蓋小道必有可觀。」注曰「往聖摽歷數之術，先王垂卜筮之典，論察有法，占候相傳。」這些不同的說法若與下句「求福不回，清聲美行，闡形遠近。」等意對照來看，「苞羅術藝」一詞則指兼通道術之意爲佳。

（2）掌句古□，領校祕鄭，斫□幽微，追昔劉向辯賈之徒

此意則言武斑職務性質，文字雖有闕漏，仍應是掌理祕籍之屬，以便和下句「追昔劉向、辯賈之徒」相呼應，至於辯賈（人名？）者，不知何許人也，賈字或爲「章」之誤，以其字形近似而訛，且《漢書・敘傳》也有「劉向司籍，辯章舊聞。」之句。按：劉向好神僊方術之事，並得淮南之祕書而觀。今武斑職務內容與性質都與劉向近似，甚或以劉向爲本，「鎮校祕鄭，斫□幽微。」都顯示與神僊方術有關，其間的道教信仰，便不言可喻了。

[4] 武榮碑　今存濟寧州學

漢故執金吾丞武君之碑碑額

君諱榮，字含和。治魯詩經韋君章句，闕幘傳講。孝經，論語，漢
書，史記，左氏，國語，廣學甄微，靡不貫綜。久遊大學，藹然高
屬。蠡於雙匹，學優則仕。爲州書佐，郡曹史，主簿，督郵，五官
掾，功曹，守從事。年卅六，汝南蔡府君察舉孝廉。□□郎中，遷
執金吾丞。遭孝桓大憂，屯守玄武。感哀悲慟，加遇害氣。遭疾隕
靈，□□□□。君即吳郡府卿之中子，敦煌長史之次弟也。廉孝相
承，亦世載德。不悉□□，□□命□，不竟台衡。蓋觀德於始，述
行於終。於是刊石勒銘，垂示無窮。其辭曰：

天降雄彥，資才卓茂。仰高鑽堅，允文允武。內幹三署，外□師旅。
□勸屯守，舊威□武。□旗絳天，雷震電舉。軟燿赫然，陵惟哮虎。
當遂股肱，□之元輔。天何不弔，降此□答。慟乎我君，仁如不壽。
爵不副德，位不稱功。威裏傷愴，遠近哀同。身沒□□，萬世諷誦。

案此據余藏舊拓本錄文，以隸釋 12：7 補其缺。

此段文字則述及武榮學優則仕，廉孝相承，是以刊石勒銘，垂示無窮。
然而，值得注意的是，其銘辭有「軟燿赫然，陵惟哮虎。」之句。

按：《列仙傳·彭祖》有言「彭祖者，殷大夫也。姓籛名鏗，帝顓頊之孫，
陸終氏之中子。歷夏至殷末八百餘歲，常食桂芝，善導引行氣。歷陽有彭祖
仙室，前世禱請風雨，莫不輒應，常有兩虎在祠左右，祠訖，地即有虎跡云，
後昇仙而去。」讚曰「遐哉碩仙，時維彭祖。道與化新，綿綿歷古。隱倫玄
室，靈著風雨。二虎嘯時，莫我猜侮。」

可知「軟燿赫然，陵惟哮虎。」之意，其典源出於彭祖——常有兩虎在
祠左右。以及二虎嘯時，莫我猜侮——這種神仙思想，在桓靈之時，極爲盛
行，而武榮資才卓茂，允文允武，其爲道教信徒，不僅反映於碑文中「藹然
高屬，蠡於雙匹。」之清越卓絕，而「陵惟哮虎」之句，則更是假彭祖典故，
間接說明武榮的道教信仰了。

[5] 武氏石闕記　原拓本載該書頁 10～11

建和元年大歲在丁亥，三月庚戌朔四日癸丑，孝子武始公弟綏宗景
興開明使石工孟李，李弟卯造此闕，直錢十五萬。孫宗作師子，直
四萬。開明子宣張，仕濟陰。年廿五，曹府君察舉孝廉，除敦煌長
史，被病天沒，苗秀不遂，嗚呼哀哉（哉），土（士）女慟傷。

　　總括來說，就武氏兄弟碑銘文字來看，武氏家族的確有信奉道教的傾向，只是，道教源自於民間信仰，兩漢書中不見「道教」一詞，是以碑文中不見其詞，也是自然。然而，東漢時期，道教的思想與典籍早已盛行，《後漢書・孝桓帝紀》也載延熹「八年春正月，遣中常侍左悺之苦縣，祠老子。」其注引「《史記》曰『老子者，楚苦縣厲鄉曲仁里人也。』有神廟，故就祠之。」同年十一月，「使中常侍管霸之苦縣，祠老子。」一年之內兩度祭祀老子，都說明桓帝對道教思想的信奉。上行下效，道教思想的盛行，自然普遍流佈，不可阻遏了。

四、武氏祠堂畫像的內容與特色

　　武氏祠堂，是武氏家族墓群地面上的石構建築。西元 1786 年，黃易任濟寧運河同知時，前往調查，與李東琪等人共同發掘整理，總計清理出：四個祠堂——武梁祠、武榮祠（前石室）、武斑祠（左石室）、武開明祠（後石室），一對石獅、一對石闕、五塊石碑，及祠堂內壁和石闕上五十餘方畫像石。據石闕上的銘文和四處碑文所載，這組墓群和祠堂的建立完成，大約是在東漢桓帝初以至於靈帝初年，也就是西元 145～175 年間。

　　武氏祠堂畫像，構圖嚴謹，排列有序，圖像之宏偉壯觀，線條之沈雄樸茂，題材之奇譎瑰麗，充份體現漢代之藝術風格及社會思想。然而，武氏祠堂畫像的整理，過去，大多是依據黃易等人對畫像的分組編號而進行，只是，這樣零散的編號，實在看不出畫像在石構建築中的既有位置與意義，徒然造成許多混亂和錯誤；現今，武氏祠堂畫像已恢復了原有的建築配置，可以依序瞭解其內容與位置，是以本書根據蔣英炬、吳文祺著《漢代武氏墓群石刻研究》〔註4〕，賈慶超著《武氏祠漢畫石刻考評》〔註5〕，以及《魯迅藏漢畫像》等書，略作綜合整理並簡要敘述，同時仍注明黃易等人的原石編號，相互對照，以便明其梗概。

1. 武梁祠

　　組成武梁祠堂的建築石伴基本齊本齊備，現存畫像石六塊，主要畫像六幅。

〔註4〕蔣英炬、吳文祺著，《漢代武氏墓群石刻研究》，頁 52～82，山東美術出版社，1995 年 9 月。

〔註5〕賈慶超著，《武氏祠漢畫石刻考評》，頁 323～350，山東大學出版社，1993 年 5 月。

（1）西壁畫像（原石編號——武梁祠三，過去著錄有稱為——武梁祠畫像第一石）

西面山牆，山形頂。高 1.83 米、寬 1.40 米。畫分 5 層【圖 1】。

① 西王母圖像，正中端坐，肩生兩翼，旁有玉兔司藥、蟾蜍、人首鳥身的神醫扁鵲及各種山神海怪。

② 帝王遠祖圖像—伏羲、女媧、祝融、神農、黃帝、顓頊、帝嚳、唐堯、虞舜、夏禹、夏桀。上並有榜題。

圖 1　山東嘉祥武梁祠西壁畫像（原石編號——武梁祠三）1.83*1.40 m

（1）西王母（2）帝王圖（3）曾母投杼、閔子騫御車失棰、老萊子娛親、丁蘭刻木（4）曹子劫桓公、專諸刺王僚、荊軻刺秦王（5）車騎出行

③ 孝子圖像——曾母投杼、閔子騫御車失棰、老萊子娛親、丁蘭刻木。

④ 俠義刺客圖像——曹沫劫桓公、專諸刺王僚、荊軻刺秦王。

⑤ 車騎出行。層次間隔飾以卷雲紋、菱形紋、連弧紋、絢紋。

（2）東壁畫像（原石編號——武梁祠二）

形制、規格與西壁相同且對立。高 1.83 米、寬 1.63 米，右下有斜紋龜裂，畫分 5 層【圖 2】。

① 東王公圖像，正中端坐，肩生兩翼，旁有仙人及各種珍禽異獸。

② 列女圖像——代趙夫人、梁節姑姊、齊義繼母、京師節女。

圖 2　山東嘉祥武梁祠東壁畫像（原石編號——武梁祠二）1.83*1.63m

（1）東王公（2）列女圖（3）孝子圖（4）俠義刺客圖（5）庖廚車騎

③ 孝子圖像——三州孝人、羊公義漿、魏湯報父、趙□□、孝孫。

④ 俠義刺客圖像——要離刺慶忌、豫讓刺趙襄子、聶政刺韓王、鍾離春說齊王。

⑤ 庖廚車騎。層次間隔飾以卷雲紋、菱形紋、連弧紋、絢紋。

（3）後（南）壁圖像（原石編號——武梁祠一）

高 1.64 米、寬 2.40 米。右上角殘裂。畫分四層【圖 3】。

① 列女圖像——梁寡高行、秋胡戲妻、魯義姑姊、楚昭貞妻。

② 孝子圖像——韓柏榆傷親、邢渠哺父、董永賣身、朱明讓財、李善保主、金日磾拜關氏。

③ 俠義刺客圖像——藺相如完璧歸趙、魏須賈謝范睢、樓閣燕居、迎賓。

④ 車騎出行。層次間隔飾以卷雲紋、菱形紋、連弧紋、絢紋。

圖 3　山東嘉祥武梁祠後（南）壁畫像（原石編號——武梁祠一）
　　　1.62*2.40m

（1）列女圖（2）孝子圖（3）俠義刺客圖（4）車騎出行

（4）屋頂前坡（原石編號——祥瑞圖 1）

石斷裂，畫面磨泐難辨，大多數畫像、榜題已不清晰，約略可分為上下三層，以橫欄間隔【圖 4】。

圖 4　山東嘉祥武梁祠屋頂前坡（原石編號──祥瑞圖一）

（5）屋頂後坡（原石編號──祥瑞圖 2）

石斷爲三，畫面磨泐剝蝕，上下分三層，層間有橫欄相隔【圖 5】。

① 祥瑞圖像十二種──比目魚、比翼鳥、木連理等。

② 祥瑞圖像五種（殘）

③ 人物、車騎，畫面甚殘。

圖 5　山東嘉祥武梁祠屋頂後坡（原石編號──祥瑞圖二）

（6）前檐下東邊條石殘柱（「武家林」斷石柱）

此柱前刻連弧紋和線刻波浪紋，左（外）側面有後刻「武家林」三字，右（內）側上部刻二人相迓，下部刻一昂首的翼龍，間飾鳥首雲紋【圖 6】。

圖 6　山東嘉祥武梁祠前檐下東邊條石殘柱（「武家林」斷
　　　石柱）

2. 前石室

前石室現存 16 石，主要畫像 19 幅。

（1）西壁上石畫像（原石編號——前石室五）

畫面上下分三層，一、二層間飾雙菱紋和連弧紋，二、三層間隔一橫欄，畫面下邊飾鳥、獸、雲龍紋和連弧紋【圖 7】。

① 山牆銳頂部分，中部西王母端坐，左右有羽人侍奉，又有蟾蜍、玉兔、魚、鳥、游龍、異獸等。

② 人物 22 人，皆冠服左向恭立，應是孔門弟子。

③ 車騎人物，畫面殘泐。

圖 7　山東嘉祥武榮石室西壁上石畫像（原石編號——前石室五）

（1）西王母（2）孔門子弟 22 人（3）車騎人物

（2）西壁下石畫像（原石編號——前石室六）高 0.92 米、寬 2 米

畫面分上下兩層，有橫欄相隔，畫面下邊飾雙菱紋和連弧紋【圖 8】。

① 車騎出行。

② 水陸攻戰。畫面中部有一帶欄的大橋。

圖 8　山東嘉祥武榮石室西壁下石畫像（原石編號——前石室六）0.92*2m

（1）車騎出行（2）水陸攻戰

（3）東壁上石畫像（原石編號——前石室二）高 1.12 米、寬 2.02 米

山形頂，畫面分上下三層，一、二層間飾以雙菱紋和連弧紋，二、三層間隔一橫欄，下邊飾以鳥、獸雲龍紋和連弧紋【圖 9】。

① 東王公圖像，中部端坐於榻上，戴山形冠，肩生雙翼，旁有仙人及異獸。

② 聖賢圖像——孔門弟子 19 人。

③ 車騎出行。

圖 9　山東嘉祥武榮石室東壁上石畫像（原石編號——前石室二）
　　　1.2*2.02m

（1）東王公（2）孔門弟子 19 人（3）車騎出行

（4）東壁下石畫像（原石編號——前石室七）高 0.93 米、寬 2 米

畫面分上下四層，左邊並剝蝕殘泐嚴重【圖 10】。

圖 10　山東嘉祥武榮石室東壁下石畫像（原石編號——前石室七）
　　　0.93*2m

（1）列女孝子圖（2）孝子及歷史人物圖像（3）生活宴享（4）庖廚圖

① 列女孝子圖像——魯義姑姊、邢渠哺父、趙宣孟車、趙盾喂靈輒。

② 孝子及歷史人物圖像——伯游孝母、老萊子娛親、文王十子。

③ 生活宴享——樂舞宴享、六博棋藝、車騎。

④ 庖廚圖。左段殘泐。

（5）後壁（南壁）東段承檐枋畫像（孔子見老子畫像）

畫面上邊飾雙菱紋和連弧紋。畫面應是孔子問禮於老子及項橐辯難孔子的故事。

（6）後壁西段承檐枋畫像（原石編號——前石室一）

畫面上邊飾雙菱紋和連弧紋。畫面刻人物一列 14 人，均殘泐，應是孔門弟子圖【圖 11】。

圖 11　山東嘉祥武榮石室後壁西段承檐枋畫像（原石編號——前石室一）

孔門弟子圖 11 人

（7）後壁橫額畫像（原石編號——前石室四）高 0.52 米、寬 3.5 米

畫面下邊飾鳥、獸、雲龍紋和連弧紋。畫像刻車騎出行圖【圖 12】。

圖 12・1　山東嘉祥武榮石室後壁橫額畫像：車騎出行圖（1）
　　　　　（原石編號——前石室四）0.52*3.5m

圖 12・2　山東嘉祥武榮石室後壁橫額畫像：車騎出行圖（2）

圖 12・3　山東嘉祥武榮石室後壁橫額畫像：車騎出行圖（3）

（8）後壁下部小龕東側畫像（原石編號——「前石室十一」的正面，
**　　過去著錄有稱為——前石室第十四石）**

畫面分為左右兩段【圖 13・1】。

左段，畫面上下分四層。

圖 13・1　山東嘉祥武榮石室後壁下
　　部小龕東側畫像（原石編
　　號
　　——「前石室十一」的正
　　面）

左：（1）演奏圖（2）宴享圖
　　（3）宴享圖（4）庖廚圖

右：樓屋三層及人物

圖 13・2　山東嘉祥武榮石室後
　　壁下部小龕東壁畫
　　像（原石編號——
　　「前石室十一」的左
　　側面）0.68*0.72m

（1）羽人、鳥獸（2）羽人與莫莢
（3）孝子圖（4）車騎出行

① 演奏圖。

② 宴享圖，殘泐。

③ 宴享圖，殘泐。

④ 庖廚圖。

右段，刻樓屋三層及人物。

（9）後壁下部小龕東壁畫像（原石編號——「前石室十一」的右側面，

過去著錄有稱為──前石室第十三石，或稱──前石室十二）

高 0.68 米、寬 0.72 米

畫面上下分四層【圖 13・2】。

① 羽人、鳥、獸、卷雲紋。

② 羽人與蓂莢。

③ 孝子圖像──邢渠哺父、李善拜泣李元冢。

④ 車騎出行。

（10）後壁下部小龕東壁畫像（原石編號──前石室三）

高 10.7 米、寬 1.68 米

畫面分上下兩層。間隔橫欄【圖 14】。

① 樓閣人物。

② 車騎出行。

圖 14　山東嘉祥武榮石室後壁下部小龕東壁畫像
　　　　（原石編號──前石室三）0.7*1.68m

（1）樓閣人物　　（2）車騎出行

（11）後壁下部小龕西壁畫像（原石編號──「前石室十」的左側面，
　　　過去著錄有稱為──前石室第十二石）

畫面上下分四層，層間以橫欄相隔【圖 15・1】。

① 刻鳥首、獸首和羽人身的卷雲紋。

② 婦女左右各四人，分別執鏡、奉盂等。

③ 車騎出行。

④ 車騎圖。

圖15‧1　山東嘉祥武榮石室後壁下部小龕西壁畫像（原石編號──「前石室十」的左側面）

圖15‧2　山東嘉祥武榮石室後壁下部小龕西側畫像（原石編號──「前石室十」的正面）

（1）卷雲紋（2）荊軻刺秦王

（1）鳥首、獸首等（2）人物圖（3）車騎出行（4）車騎圖

（3）車騎出行（4）車騎圖

（12）後壁下部小龕西側畫像（原石編號──「前石室十」的正面，過去著錄有稱為──前石室第十一石）

畫面上下分四層，層間以橫欄相隔【圖15‧2】。

① 刻卷雲紋，左殘泐。

② 歷史故事──荊軻刺秦王。

③ 車騎出行。

④ 車騎圖。

（13）後壁下部小龕下供案石（原石無編號，亦無著錄）

前面兩側刻出弧形牙板几案形成，內飾鳥首、獸首和羽人身的勾連卷雲紋，並有一翼虎奔騰。

（14）前壁西段承檐枋裏面畫像（原石編號──前石室十二，過去著錄有稱為──前石室第十五石）

刻車騎出行。背面（外面）飾雙菱紋、雲龍紋和連弧紋。

（15）前壁東段承檐枋裏面畫像（原石編號──前石室九，過去著錄有稱為──前石室第十石）

刻車騎出行。背面（外面）飾雙菱紋、雲龍紋和連弧紋。

（16）隔梁石東面畫像（原石編號──「前石室八」的背面，過去著
　　　錄有稱為──前石室第九石）

畫面磨泐剝蝕嚴重，上下分為三層，層間以橫欄相隔。

① 銳頂部份。中間一人，肩有雙翼生榻上，座下飾卷雲紋。

② 歷史人物──管仲箭射桓公的故事。畫面殘泐。

③ 車騎出行，殘泐嚴重。

（17）隔梁石西面畫像（原石編號──「前石室八」的正面）

畫面磨泐剝蝕嚴重，上下分三層，層間以橫欄間隔。

① 銳頂部份。左邊存兩龍昂首右向，餘均殘泐。

② 人物畫像，殘泐。

③ 車騎出行。

（18）屋頂前坡西段畫像（原石編號──後石室四）

畫面分上下四層，層間以橫欄相隔【圖16】。

① 神人出行，畫面有殘泐。

② 神人出行，似為雷神出行。

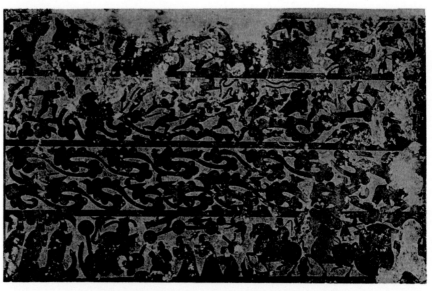

圖 16　山東嘉祥武開明石室屋頂前坡西段畫像（原石編號──後石室四）

（1）神人出行（2）神人出行（3）上下二列鳥首、龍首、獸首和羽人身的勾
連雲紋（4）北斗七星圖

③ 上下二列鳥首、龍首、獸首和羽人身的勾連雲紋。右端一巨人左向半
　　蹲，瞪眼張口，似在吹風。

④ 北斗七星圖。

（19）屋頂前坡東段畫像（原石編號──後石室五）

畫面上下分四層，層間以橫欄相隔【圖17】。

① 神人出行。

② 伏羲女媧。

③ 神人出行。

④ 羽人、異獸。

圖17　山東嘉祥武開明石室屋頂前坡東段畫像（原石編號──後石室五）

（1）神人出行（2）伏羲、女媧（3）神人出行（4）羽人、異獸

3. 左石室

左石室現存17石，主要畫像16幅。

（1）**西壁上石畫像（原石編號──後石室九，過去著錄有稱為──後
　　石室第十石）**

畫面上下分三層，一、二層間飾雙菱紋和連弧紋，二、三層間有一橫欄
相隔【圖18】。

① 山牆銳頂部分。中間西王母端坐生塌上，肩生雙翼，身旁有羽人、玉兔等。

② 人物一列 20 人，應是孔子見老子及孔門弟子畫像。

③ 車騎人物，殘泐嚴重。

圖 18　山東嘉祥武開明石室西壁上石畫像（原石編號──後石室九）

（1）西王母　　（2）孔子見老子人物 20 人　　（3）車騎人物

（2）西壁下石畫像（原石編號──後石室七）

上邊餘雙菱紋、絢紋和連弧紋。

畫像刻水陸攻戰【圖 19】。內容與前石室第二幅畫像第二層相似。

圖 19　山東嘉祥武開明石室西壁下石畫像（原石編號──後石室七）水陸攻戰圖

（3）東壁上石畫像（原石編號──左石室二）

畫面上下分三層，一、二層間飾雙菱和連弧紋，三、四層間隔一橫欄。

① 出牆銳頂部份。中部東王公戴山形冠，端坐榻上，兩肩有翼，身旁有羽人、異獸等。

② 孔門弟子像。人物一列 18 人。

③ 車騎出行。

（4）東壁下石畫像（原石編號——左石室三）

畫面分左右二段【圖 20】，中一豎欄相隔。上邊飾雙菱紋和連弧紋、絢紋、和連弧紋。左段，上下分三層，層間隔有一橫欄相隔。

① 樂舞圖。

② 車騎出行。

③ 庖廚圖。

右段，刻升鼎圖。

圖 20　山東嘉祥武斑石室東壁下石畫像（原石編號——左石室三）

左：（1）樂舞圖（2）車騎出行（3）庖廚圖；右：升鼎圖

（5）後壁東段承檐枋畫像（原石編號——左石室六）

畫像上邊飾雙菱紋和連弧紋。畫面殘泐。刻人物一列 13 人，應是孔門弟子像【圖 21】。

圖 21　山東嘉祥武斑石室後壁東段承檐枋畫像（原石編號——左石室六）
　　　　孔門弟子人物 13 人

（6）後壁橫額畫像（原石編號——後石室六）

畫面殘泐。畫面下邊飾雙菱紋、絢紋和連弧紋。刻車騎圖。

（7）後壁下部小龕東側畫像（原石編號——左石室五）

　　畫面下邊飾波浪紋、雙菱紋和連弧紋。畫面上下分三層，層間以一橫欄相隔【圖22】。

　　① 歷史人物，畫面殘泐。

　　② 似為趙盾喂靈輒的故事。

　　③ 似為歷史故事，不詳。

圖22　山東嘉祥武斑石室後壁下部小龕東側畫像
　　　　（原石編號──左石室五）

（1）歷史人物　（2）歷史人物　（3）歷史人物

（8）後壁下部小龕西側畫像（原石編號──左石室四）

畫面上下分三層，層間隔以橫欄，下邊飾波浪紋、雙菱紋和連弧紋【圖23】。

① 畫面似爲管仲射公子小白的故事。

② 畫面應是荆軻刺秦王的故事。

③ 伏羲女媧圖。

圖23　山東嘉祥武斑石室後壁下部小龕西側畫像
　　　（原石編號——左石室四）

（1）管仲射公子小白（2）荆軻刺秦王（3）伏羲、女媧

（9）後壁下部小龕東壁畫像（原石編號——「左石室七」的正面）

畫面上下分三層，層間隔以橫欄【圖24】。

① 畫像似爲虞舜登梯治廩的故事。

② 畫像應爲二桃殺三士的故事。

③ 車騎圖。

圖 24　山東嘉祥武斑石室後壁下部小龕東壁畫像
　　　　（原石編號——「左石室七」的正面）

（1）虞舜登梯治廩（2）二桃殺三士（3）車騎圖

（10）後壁下部小龕東壁畫像（原石編號——左石室九）

畫面上下分二層，層間隔以橫欄【圖 25】。

① 重檐雙闕樓房，有仙人、異獸等。

② 車騎出行。

（11）後壁下部小龕西壁畫像（原石編號——「左石室八」的正面）

畫面上下分四層，層間隔一橫欄【圖 26】。

① 孝子忠義圖像——季札掛劍、邢渠哺父、丁蘭刻木。

② 節義故事——梁寡高行、趙氏孤兒。

③　周公輔成王。

④　車騎出行。

圖25　山東嘉祥武斑石室後壁下部小龕東壁畫像
　　　　（原石編號──左石室九）

（1）重檐雙闕樓房、仙人、異獸（2）車騎出行

圖26　山東嘉祥武斑石室後壁下部小龕西壁畫像
　　　（原石編號——「左石室八」的正面）

（1）孝子忠義圖像（2）節義故事（3）周公輔成王（4）車騎出行

（12）隔梁東面畫像（原石編號——「後石室八」的正面）

畫面上下分二層，層間隔一橫欄。畫面殘甚。

① 銳頂部分，刻龍身和鳥身的雲紋，二卷尾羽人拊雲飛行，下刻畫像似
　 為閔子騫御車失棰、梁寡高行的故事。

② 殘泐嚴重，似為車騎圖。

（13）隔梁西面畫像（原石編號——「後石室八」的背面，過去著錄
　　　　有稱為——後石室第九石，或——後石室第十）

畫面殘泐嚴重。刻車騎出行圖。

（14）屋頂前坡東段畫像（原石編號——後石室二）

畫面上下分二層，層間隔一橫欄【圖27】。

① 刻仙人出行圖。

② 上下分刻人物、車騎、異獸圖。

圖27　山東嘉祥武開明石室屋頂前坡東段畫像（原石編號——後石室二）

（1）仙人出行　　（2）上下分刻人物、車騎、異獸

（15）屋頂前坡西段畫像（原石編號──後石室三）

畫面上下分四層，層間隔一橫欄【圖28】。

① 刻仙人出行圖。

② 刻雷公出行圖。

③ 刻人物、熊、鳥等。

④ 刻力士獵獸圖。

圖28　山東嘉祥武開明石室屋頂前坡西段畫像(原石編號──後石室三)

（1）仙人出行　　（2）雷公出行　　（3）人物、熊、鳥等　　（4）力士獵獸

（16）屋頂後坡東段畫像（原石編號──後石室一）

畫面上下分三層，層間以橫欄相隔，下兩層殘泐尤爲嚴重【圖29】。

① 刻海靈出征。

② 刻人物、飛鳥圖。

③ 刻人物。畫面殘泐。

至於另有部份畫像石脫落或流散於國外，形制、內容多大同小異。例如：

（1）其他第十二石

拓本高 0.615 米、寬 0.53 米

此石於民國初年流散到國外。原石左方殘泐，畫面分兩層。

① 孔子擊磬遇何饋。

② 柳下惠覆寒女、趙氏孤兒。上方飾以菱形紋、連弧紋。

此石上方有清人陳錦志題字「新出土第二石，爲軒轅華所藏。光緒庚辰四月丁客江增入。」

圖 29　山東嘉祥武開明石室屋頂後坡東段畫像（原石編號──後石室一）

（1）海靈出征　　（2）人物、飛鳥　　（3）人物圖

（2）其他第十三石

此石流散到國外，畫分兩層。

① 王陵義母。

② 靈公縱狗咬趙盾。上方飾以菱形紋、連弧紋。

（3）東闕頂柱畫像

南面──青龍。高 0.37 米、寬 0.46 米。

北面──白虎。上方及左右飾以連弧紋。高 0.39 米、寬 0.70 米。

（4）西子闕闕斗南面畫像

朱雀、玄武。高 0.39 米、寬 0.66 米。上方飾以連弧紋。

從這些畫像的分佈配置及內容來看，可以歸納出以下幾點重要特色：

（1）武氏墓群中的畫像，以武梁祠東、西壁的圖像最爲高大，且內容繁

複，層次間隔也最多。

（2）武梁、武榮、武斑、武開明的石祠中，都有西王母、東王公等神仙道教人物。

（3）多層次的畫面分隔中，明顯寓意著「天人合一」的思想。例如：武梁祠東、西壁的西王母與東王公象徵著天界，泛指神仙世界；而帝王遠祖、列女、孝子、忠義、刺客等歷史人物，無論其中可敬或可警惕的人物故事，則都象徵著人界，並寓意唯有多行善才能久生的道教思想。

（4）西王母、東王公都是道教中的神仙人物，墓葬中的位置也都是立於山形牆的中央部份，不僅地位最高、最醒目，且山形頂也有「神山」的寓意，符合神仙所居之處，可說是道教墓葬思想的顯現。

（5）西王母、東王公的地位，不僅正中端坐，肩生雙翼，身旁的陪襯也極為華麗繁複，同時，其方位分別坐向西壁、東壁，也符合其五行、方位。

（6）武梁祠東、西壁的畫像，形制、規格相同且相對立。西王母對東王公（第一層）、車騎對庖廚（第五層），天界對天界、人界對人界；尤其是在人界中，所反映出的思想是帝王遠祖對列女圖像（第二層）、孝女對孝子（第三層）、俠義刺客對俠義刺客（第四層），其中對人物圖像的重視程度，可依次排列為－帝王遠祖、列女、孝子、俠義刺客，另外，令人注意地是，將「列女」的地位與「帝王遠祖」等同，重「孝子」更甚於「俠義刺客」，這樣的觀念，可說是道教思想的反映，不僅印證道教和畫像石的關係，更顯示道教思想的社會意識（參本書第六章第二節），這樣的次第關係，可同樣見於武梁祠後壁、東壁——武梁祠一、二，武榮祠——前石室七，武斑祠——左石室七、武斑祠——左石室八等等。

（7）至於車騎和庖廚，則仍應是神界思想的反映，表示恭敬以事神之旨。坊間書籍多以「車騎」之形制，表示死者生前的官秩或地位，並以「庖廚」之豐盛，寓意死者生前的富饒，然而，這樣的推測並不符合墓主真實的身份，本書將另行討論（參本書第六章第三節），以明其源委。

（8）武氏墓群祠堂畫像的內容，在孝子圖像方面的質量極為豐富，並遠超過四川、河南、陝北地區，這和道教早期思想的發展應有密切的關係，今《太平經》卷114有〈不孝不可久生誡〉一文，說明早期道教思想對「孝道」之重視。同時，從武氏墓群碑銘文字內容來看，武氏兄弟在操守言行上，也

都具備「孝順」的特質。如：武梁——體德忠孝、武開明——舉孝廉、武斑——孝友玄妙、武榮——舉孝廉，也都說明道教思想重視「孝道」，而武氏兄弟也都尊奉不渝，自然反映在碑銘及畫像石上了。

武氏墓群的畫像，典雅莊重，繁複壯麗，作為石構墓葬建築的一部份，不僅反映了早期道教的思想與內涵，更凝聚了令人眩目的藝術特色與風格。

畫像石，值得我們深入研究。

第六章　畫像石是道教長生、
　　　　致太平思想的反映

一、神仙圖像

1. 西王母與東王公

西王母與東王公，是中國上古神話傳說中的神祇之一，其圖像並出現於東漢畫像石上，尤其是西王母，寓意長生、子孫繁殖的象徵，是人們崇敬禮拜的對象，也是後人研究的標的，今略歸納整理如下：

（1）西王母為古部族的稱謂

西王母，據典籍所載，其意義可為神人，或古部族的稱謂，這兩種不同的說法。

西王母的神人形像，本文將稍後探討，至於「西王母」是為古部族的稱謂，此說意見雖仍紛歧，然而，鱗光片羽，語仍可探，今據劉映祺〈西王母與涇川回山〉一文，條列其意如後：

> 古籍載上古中國有神人，名西王母，其狀如人，虎齒豹尾，蓬髮戴勝。此實乃西王母古部族崇拜之圖騰。西王母古部族為「四荒」之一，居於中國西部，故被中原民族稱為西王母之國。上古部族當為古戎狄族先人。隨著歷史發展，西部民族與東部民族逐漸融為一體，中國道教按天理演變學說演繹，而有天分兩半之說，即「西華為天帝之女西王母子孫所居之西土，東華為天帝之子黃帝子孫所居之東土」，概言「西王母」、「東王公」。此二神陰陽化一，表達天帝之意，化育萬物，佑民生息，是中華民族崇拜祭祀之緣由〔註1〕。

〔註 1〕《中國道教》，1991 年，期 3，頁 48～50。

在這段文字及整篇文章中,作者經考證後並指出:

(1)西王母爲中國西部戎狄先人的古部族。

(2)其狀如人,虎齒豹尾,蓬髮戴勝。此乃西王母古部族崇拜之圖騰。

(3)西王母、東王公是依道教「天理演變學說」演繹而生,分別代表天帝之子。

(4)西王母、東王公二神是陰陽化一,代表天帝,並有化育萬物,佑民生息的寓意。

(5)西王母古部族,經作者多年探索、考證,其地位於今甘肅省涇川回山西王母聖地四周地域。

(6)涇川回山四周的涇、渭、洛三河上游地區即是古西王母之邦。回山有王母宮,是因周穆王、漢武帝在此會西王母之故。

這樣詳盡的文字考證,並引道教學說印證,較爲少見,權置於此,以爲參考。

(2)西王母的神性與神形

有關「西王母」的文字記載,篇幅不在少數。而其中對西王母的神人形象與神性,典籍記述略有不同,也可因此說明西王母在人們心目中,由原始的人獸形貌以至於莊嚴華麗,是一段曲折的演變過程,今略析如下:

(1)《山海經・西山經》載「西王母其狀如人,豹尾、虎齒而善嘯,蓬髮戴勝,是司天之厲及五殘。」另外,〈海內北經〉載其「梯几而戴勝」,〈大荒西經〉則稱「有人戴勝,虎齒,有豹尾,穴處,名曰西王母。」這是西王母的原始形象。

(2)《穆天子傳》則載穆王十七年,天子西征,賓於西王母,「乙丑,天子觴西王母於瑤池之上。西王母爲天子謠曰『白雲在天,山陵自出,道里悠遠,山川間之,將子無死,尚能復來。』」此時的西王母則是人形能歌,並且以歌謠賜福他人。

(3)《淮南子・覽冥訓》則稱「羿請不死之藥於西王母,姮娥竊以奔月。」則是知西王母已有不死仙藥。

(4)《漢武帝內傳》載「王母唯扶二侍女上殿」,又言王母「修短得中,天姿掩藹,容顏絕世,眞靈人也。」西王母並仙桃四顆與帝,又言「夫欲修身,當營其氣,太儇眞經所謂行益易之道。益者益精,易者易形,能益能易,名上仙籍,不益不易,不離死厄,行益易者,謂常思靈寶也,靈者神也,寶

者精也。……」由此段文字則可見西王母之威儀及容顏絕世，並藉此說明修身成仙之道。

（5）至於《太平經》卷 38 有言「樂莫樂乎長安市，使人壽若西王母，比若四時周反始，九十字策傳方士。」則是言明西王母長壽的象徵。

總括說來，西王母的神性由「司天之厲及五殘」，以至賜福他人「將子無死」，甚或擁有「不死之藥」而長生，並行「益易之道」而成仙，都說明西王母神性的去災、賜福、長生、成仙的能力，是以受後人重視並祭拜。

（3）畫像中的西王母與東王公

畫像中的西王母有獨坐，或與東王公對坐的現象，而畫像中東王公的出現，並有意與西王母配對，則是因為西王母具有長生的能力，是以與東王公同時出現或對坐，不僅符合道教富饒多子的觀念，且「陰陽相合」，更能突顯西王母的神性。

談到東王公的形象，《神異經·東荒經》也曾載及「東荒山中有大石室，東王公居焉，長一丈，頭髮皓白，人形鳥面而虎尾，載一黑熊，左右顧望，桓與一玉女投壺，每投千二百矯，設有入不出者，天為之噓嘘，矯出而脫悞不接者，天為之笑。」也可見東王公的原始形象。

至於西王母和東王公的配對，也可見於《神異經·中荒經》載「昆侖之山，有銅柱焉，其高入天，所謂天柱也，圍三千里，周圓如削。下有回屋，方百丈，仙人九府治之。上有大鳥，名曰希有，南向，張左翼覆東王公，右翼覆西王母。……西王母歲登翼上，會東王公也。」今日，漢代銅鏡鑄刻中，有西王母、東王公相會的圖像，也可見此傳說有所淵源，並非憑空杜撰。

今畫像石中的西王母，其石構建築位置、配備、以及周圍的景物烘托都各不相同，略舉例如下：

（1）嘉祥武氏祠畫像（武梁石室）──西王母兩肩有翼，端坐正中，身邊有羽人圍繞，以及玉兔、朱雀等珍禽異獸。【圖1】

（2）河南南陽市熊營出土的西王母、東王公，對坐中央位置的豆形玄圃上，上有一乘鹿仙人及三青鳥，下刻玉兔擣藥。【圖30】

（3）四川省博物館藏西王母畫像磚，正中坐龍虎座上，左側有一九尾狐，右側有三足鳥，座前有一蟾蜍，蟾蜍兩旁有跪拜者，應是求藥者或祈福者。【圖31】

（4）陝西米脂縣博物館藏 1981 年由米脂縣官莊徵回的墓室豎柱，柱上

分別刻西王母與東王公端坐樹形懸圃，上有華蓋，旁有玉兔、羽人、樹座下有九尾狐、鹿等異獸。【圖32】

　　西王母的地位崇高，神性祥瑞，置於畫像石墓中，頗能寄托墓主長生、求仙的寓意，高高位於山形牆或玄圃上，也更突顯西王母、東王公的神仙地位了。

（左）圖30　西王母、東王公畫像，130*32cm，河南南陽市熊營出土

（右）圖31　西王母畫像磚拓片，29*49cm，四川省博物館藏

圖32　1981年陝西米脂縣官莊徵集品，墓石豎柱，原石現藏於米脂縣博物館

2. 伏羲與女媧

畫像石中出土伏羲、女媧的圖像不在少數，然而內容上多大同小異。總括說來，伏羲、女媧都呈現人首蛇身狀，有的兩兩相對，有的兩嘴相親，有的舉日、月輪及規、矩等，至於其身軀或作蛇身、或龍身，有的兩尾卷曲、有的兩尾相交，形象生動而富變化。

伏羲與女媧，都是上古時期神話傳說中的帝王。伏羲、女媧、神農並稱爲「三皇」（見《陔餘叢考・三皇五帝》）。

按：伏羲又作伏戲、伏犧、虙戲、宓犧、包犧、庖犧。《白虎通・三皇》稱「伏羲仰觀象於天，俯察法於地，畫八卦以治天下，天下伏而化之，故謂之伏羲氏。」

至於女媧，司馬貞《補史記・三皇本紀》載「女媧氏，亦風姓，蛇身人首，有神聖之德，代宓犧立，號曰女希氏，無革造，惟作笙簧，故易不載，不承五運。一曰：女媧亦木德王，蓋宓犧之後，已經數世，金木輪環，周而復始，特舉女媧，以其功高而充三皇，故頻木王也，當其末年也，諸侯有共工氏，任智刑，以強霸而不王，以水乘木，乃與祝融戰，不勝而怒，乃頭觸不周山，崩，天柱折，地維缺，女媧乃鍊五色石以補天，斷鼇足以立四極，聚蘆灰以止滔水，以濟冀州，於是，地平天成，不改舊物。」也可見女媧的神性。

說到伏羲和女媧的關係，大約有二種說法。其一是兄妹關係，其二則是夫婦關係。

按：東漢應劭《風俗通義》佚文稱「女媧，伏羲之妹，禱神祇，置婚姻，合夫婦也。」可見伏羲、女媧是以兄妹關係合婚，這在原始社會中也是常有的現象。

另外，《風俗通義》佚文又云「俗說天地開闢，未有人民。女媧摶黃土作人，劇務，力不暇供，乃引繩於絚泥中，舉以爲人。故富貴者，黃土人也；貧賤凡庸人絚人也。」同時，《路史・後記》注引譙周《古史考》云「伏羲制嫁娶，以儷皮爲禮。」由此段文字，則可知開天闢地，女媧摶黃土作人，意味著「女媧」是中國歷史神話中的始祖，是生命繁衍的源頭，而伏羲「制嫁娶」也是掌理婚姻之神。是以畫像石中常見二者兩兩相對、相親，或交尾，都是突顯生命繁殖的象徵，這和道教思想中強調長生、豐饒多子的宗旨也相符合，因此，伏羲、女媧的圖像出現於畫像石中，並受人禮敬祭祀，寓意極爲鮮明並具象徵性。

今畫像石中的伏羲女媧，形象極為活潑生動。如：

（1）徐州出土的伏羲、女媧交尾圖【圖33】及伏羲捧日【圖34】，形象對稱而莊重。

（2）南陽出土的伏羲，人首蛇軀，頭梳高髻，上身著襦，有雙爪，左手執物，右手執排簫，下部刻龜蛇交體的玄武【圖35】。線條修長飄動，極為流暢。

（左）圖 33　伏羲、女媧畫像，徐州出土
（中）圖 34　伏羲捧日畫像，徐州出土
（右）圖 35　伏羲圖，112*38cm，河南唐河縣針織廠出土，下刻龜蛇交體的玄武

（3）四川成都畫像磚上則有伏羲左手執規，右手執輪，圓輪中有金烏，為「日」的象徵；女媧則雙髻雲鬟，戴耳璫，右手持矩，左手持輪，輪中有蟾蜍、桂樹，為「月」的象徵。二人蟠尾未交，衣袂舞動，形象極為雅緻秀麗，是刻畫極佳的圖像【圖36】。

圖36 伏羲、女媧畫像磚，40*48cm，四川成都市郊出土，四川成都市
博物館藏

伏羲、女媧，且不論是否為兄妹關係，卻都是夫婦之實，具有生殖、多
產的象徵，這和「高禖」祭祀也有相當淵源，看來，生命的繁衍，種族的流
傳，的確是先民極為重視的重要課題。

3. 扁鵲神醫

山東微山縣兩城公社曾出土一塊畫像石，上刻圖象三層：第一層刻有一
龍、三獸，左一虎頭；第二層則刻五人魚貫而列，左一神醫人面鳥身，手持
石針作診治狀；第三層則刻一大樹，上有鳥雀，樹下懸豬腿，有四人在燒杜、
切肉、提水等【圖37】，中間這層，刻的就是扁鵲針灸的故事。

按：扁鵲者，春秋時良醫，勃海郡鄭人也，姓秦氏，名越人。少時為人
舍長，舍客長桑君過，知扁鵲非常人也，出入十餘年，乃悉取其禁方書盡與
扁鵲。「扁鵲以其言飲藥三十日，視見垣一方人。以此視病，盡見五藏癥結，
特以診脈為名耳。」事見《史記‧扁鵲倉公列傳》。

「扁鵲為能生死人」，此事史載甚詳，然而，畫像石中何以刻繪此圖？其
意義與作用又是為何？扁鵲何以成為人首鳥身的神物？則是坊間書籍所未提
及處。

圖37　扁鵲針灸圖，山東微山縣兩城畫像石第二層

　　本文以為：畫像石是道教思想之反映。即以「扁鵲針灸圖」為證，此圖含意明確，眾所周知，只是，一般人忽略了道教典籍中對「針灸」一事之尊重，並將扁鵲奉為神明而禮遇之的事實。《太平經》有言：

> 針刺者，所以調安三百六十脈，通陰陽之氣而除害者也。三百六十脈者，應一歲三百六十日，日一脈持事，應四時五行而動，出外周旋身上，總於頭頂，內繫於藏。衰盛應四時而動移，有疾則不應，度數往來失常，或結或傷，或順或逆，故當治之。灸者，太陽之精，公正之明也，所以察姦除惡害也。針者，少精之陰也，太白之光，所以用義斬伐也。（卷50）

夫天與道，不好施好生好稱邪，爲之何不卜卦賦藥，有益於民人，而使神治人，病固止也。此三人也，皆得稱師，不利天道，不敢淹污辱天道。（卷 117）

古者聖賢，坐居清靜處，自相持脈，視其往來度數，至不便以知四時五行得失，因反知其身衰盛，此所以安國養身全形者也，可不慎乎哉！（卷 50）

《正統道藏・元始天尊說藥王救八十一難眞經》也載有天尊告眞人曰「昔有秦神，時爲國醫，源洞曉醫，深明脈理，號稱神應王，扁鵲爲神，最罪積功無量，勅封靈應藥王眞君。玄默通乎天地，妙用動乎鬼神，普濟群生，名傳天下，有救八十一難眞經當傳世人，流通看誦，可免患難。」〔註 2〕則已將扁鵲奉爲神明，是「使神治人」，可見扁鵲行醫，是功德無量，是行善之事；而普濟群生，也是爲求長生之旨，二者都是道教思想中所尊奉之法則。是以早期道教傳播者如張陵，也都是以符水治病行於世，由此可見道教對醫事長生之看重。

至於畫像石中，將扁鵲刻繪成人首鳥身之圖像，則是表示其爲神物，不與人同。按：《太平經》卷 50 有〈生物方訣〉一文，謂「生物行精，謂飛步禽獸跂行之屬，能立治病。禽者，天上神藥在其身中，天使其圓方而行。」《史記・扁鵲倉公列傳》正義則言「〈黃帝八十一難序〉云：秦越人與軒轅時扁鵲相類，仍號之爲扁鵲。又家於盧國，因命之曰盧醫也。」可見「人首鳥身」之形，是依「扁鵲」之名而繪，喻其爲名醫，並與《太平經》中所稱「禽者，天上神藥在其身中。」之意相吻合。望圖生義，則更見此圖寓意豐富，簡要明暢。

另外，就此塊畫像石之製作及內容排列而言，第一層刻的是龍虎等瑞獸；第二層是扁鵲針灸圖，爲神仙之屬，並寓意行善、長生之意；第三層則刻繪「命樹」，此樹則象徵長生之旨（見〈寓意長生的命樹〉一節），同時，樹上有許多鳥雀，爲天上差遣，可以爲人治病（見〈畫像中的生物方〉一節），樹下則是庖廚活動，也具備行善有功，受天衣食而獎賞之意（見〈樂舞百戲與庖廚──樂合陰陽以長生〉一節）。

因此，就整體而言，此塊畫像石的三層圖像，其刻繪題材是以扁鵲行醫救世內容爲主體，輔以神獸、鳥雀、命樹、庖廚活動等象徵寓意，將扁鵲之善行、有功、助長生，以至奉爲人面鳥身的神明，都鮮明而生動地予以烘托，這種受重視的現象，也同樣見於武梁祠西壁畫像第一層【圖 1】，扁鵲與西王

〔註 2〕《正統道藏》，第 58 冊，頁 286～289，新文豐出版社，1988 年 12 月再版。

母、瑞獸及各種山神海怪並列，同為神仙之屬，其地位並在帝王遠祖之上，即可見其端倪。而道教精義的闡揚，思想的探微，證諸此畫像石，又再度得以肯定二者間相互映發之緊密關係。

4. 闕——迎神的門戶

闕，是宮門兩旁所設的二臺。在畫像石中是常見的建築圖像，並有單闕、雙闕、鳳闕等形制。

圖38　天門石棺畫像，四川簡陽縣崖墓三號石棺出土，簡陽縣文物管理所藏

《說文》載「闕，門觀也。从門欮聲。」段注曰「釋宮曰：觀，謂之闕，此觀上必加門者，觀有不在門上者也，凡觀與臺在於平地，則四方而高者曰臺，不必四方者曰觀，其在門上者則中央闕然，左右為觀曰兩觀。周禮之象魏，春秋經之兩觀，左傳僖五年之觀臺也。若中央不闕則跨門為臺，禮器謂之臺門，左傳謂之門臺是也。此云闕，門觀也者，門有兩觀者偁闕。」（12篇上）

另外，《淮南子‧天文訓》也有「天阿者群神之闕也。」注曰「闕，猶門也。」至於天阿者，為天九野之一。《淮南子‧天文訓》有言「何謂九野，九

千八百九十九隅，去地五億萬里。」注曰「九野，九天之野也，一野，千一百一十一隅也。」

1975 年成都市郊出土一件畫像磚，現藏成都市博物館，其拓片則藏於大邑縣文化館。釋文曰「圖上畫的兩闕，頂有瓦棱，檐下椽柱顯然，闕間連以罘罳，上栖一鳳。罘罳又叫著『桴思、復思』，它是附在門闕前的建築。劉熙《釋名》『罘罳在門外。罘，復也，罳，思也。臣將入請事於此，復重思之也。』」

尤其令人注意地是，四川地區簡陽縣董家埂鄉深洞村鬼頭上崖墓出土的三號石棺，在石棺右側中部刻單檐式素面雙闕，闕上有鳳凰挺立，雙闕中央上方有榜題「天門」二字，闕下有一人迎門拱手而立【圖38】。在雙闕上榜題「天門」的畫像，是全國首見，不僅明確顯示雙闕的作用與意義，也彌補典籍記載的不足。

另外，四川大邑縣也有出土「單闕」畫像磚【圖39】，並以為「此圖上邊之執楯者，可能是亭長。左邊執戟而立者，可能就是亭卒。又稱「可見這種在墓門的亭長畫像磚，是有著衛士作用的。近幾年來很多這種磚，都在墓門兩旁。」

圖39　單闕畫像磚，38*46cm，四川大邑縣出土，大邑文化館藏

　　至於徐州地區，也出土許多「門闕」圖像的畫像石。例如：十里舖有「雙闕建築」【圖 40】，圖錄說明「畫面分上下二格。上格刻二人在堂室內對飲。下格重檐雙闕，闕前有二衛士擁彗肅立，雙闕間豎有『門闌』，即擋車馬的一種木石障礙物。」又，銅山縣漢王也出土「門闕」，「畫面刻一重檐單闕，闕上有二鳥銜魚，闕身有門吏一人，畫框外有紀年銘文。」【圖 41】

（左）圖 40　雙闕建築，63*120cm，徐州十里舖出土
（右）圖 41　門闕，27*79cm，江蘇銅山縣漢王出土

　　另外，南陽市趙寨漢墓也出土「闕」畫像，其上分三層，闕下兩旁各有一樹直立。

在這些文字、圖像中，值得注意的是，十里舖「雙闕建築」，闕前有二衛士擁彗蕭立。按：《說文》「彗，埽竹也。从又持𥱥。彗或从竹。」《莊子・達生》載田開之見周威公語「開之操拔篲以侍門庭，亦何聞於夫子！」可知「持彗」是侍門庭之意；這和高文先生在四川大邑出土「單闕」畫像釋文中所謂「近幾年來很多這種磚，都在墓門兩旁。」這樣的說法和畫像磚的出土位置、作用和意義，可以說不謀而合。

至於四川大邑出土「單闕」上的畫像人物，執楯（盾）者，可能是亭長，執戟者，可能就是亭卒。這樣的推測自然是毫無依據且不合事實。因爲《太平經》卷 72 有〈五神所持訣〉一文，謂「東方者物始牙出頭，盡生利，刺土而出，其精象矛，故爲矛；其神吏來，以此爲節。南方萬物垂枝布葉若戟，故其精神而持戟；其神吏來，以此爲節。西方爲弓弩斧，西方者天弩殺象，夫弓弩斧，亦最傷害之長也；故其神來，以此爲節。北方爲鑲楯刀，北方者物伏藏逃，鑲楯所以逃身者也；刀者，小人所服，亦常以避逃以害人，非上君子之有也；故其神來，亦以此爲節。中央者，爲雷爲鼓爲劍；中央者，土也，五行之主也，鼓亦五兵之長也，劍亦君子道德人所服也，亦五兵之長也；故中央神來，以此爲節。是天地自然實信之符節也。」由此也可知畫像中執楯、執戟的人物，並非亭長、亭卒之流，而是天上神吏，手持符節，曲身或直立候於神闕旁，恭迎神人駕臨。「頂檐兩旁似爲兩猴」，雖未能確定爲何物，也必然是天上神獸，至於《太平經》卷 1～17 曾數度言及「金闕」一詞，如「金闕有四天帝，太平道君處其左右。居太空瓊臺洞眞之殿，平玉之房。」則都是描述仙人所居之處所。

因此，畫像中的「神闕」，其正確意義與作用應是指迎神的門戶；闕上有鳳鳥或似猴的祥瑞禽獸，也寓意此闕是仙人所棲止處，而非一般尋常臺闕；至於其中人物則是神吏之屬，持彗或執符節，絕非一般亭役之流。高文編《四川漢代畫像磚》簡論曾有言「有些墓門前沒有石闕的，以墓內的雙闕畫像來代替，這也是常見的。」〔註3〕則是以刻繪神闕的畫像石，象徵墓室中迎神的門戶，因此，其位置多設於墓門兩旁，是合理且必然的現象，榜題爲「天門」，作用極爲明確。

張衡〈西京賦〉有言「圓闕竦以造天，若雙碣之相望。鳳騫翥于薨標，咸溯風而欲翔。」造天，謂至天也。圓闕直立而至天，也說明圓闕欲與上天相通之意，至於鳳鳥欲翔，其羽化而仙之意，也就瞭然於衷了。

〔註3〕高文編，〈四川漢代畫像磚簡論〉，《四川漢代畫像磚》七、建築藝術。

5. 星宿圖——天上眾神的代表

畫像石中有許多描繪星宿的圖像，這固然是天文星象或陰陽五行思想的反映，在東漢時期也極為盛行，然而，更值得注意的是，在早期道教思想中，日月星辰是天上眾神的代表，不僅各有所主，且繫命有常，唯有「行善可盡年命，行惡失長就短。惡惡不止，禍及未生，何可希望，行自得之。」(《太平經》卷111) 因此，唯有努力行善，才能長壽，並使子孫延年。

這種「籍繫星宿，命在天曹」，勸人行善以戒後世的觀念，在《太平經》中屢見不鮮，尤其是卷111中，〈有德人祿命訣〉及〈善仁人自貴年在壽曹訣〉等文，都有明確而詳盡的記載。是以言及惟太上有德之人「篤達四方，意常通問，正其綱紀，星宿而置，列在四維。羅列各有文卓，所行目有其常，繫命上下，各有短長。生命之日，司候在房，記著錄籍，不可有忘。命在子午，其命自長。丑未之年，不失土鄉。」又言「故今大德之人并領其文，籍繫星宿，命在天曹。外內有簿，上下八方，皆有文理，何得自從。」至於回應太上善人之行，則須「令得天心地意，從表定裏，成功於身，使得長生，在不死之籍，得與大神從事對職。卻知是非，忠誠於天，照見日月星宿，不失法度，不失志意。」是以「行少惡貪，見大神之戒，閔傷未知，照其不逮，使及長生之錄，見天君蒙其生活，久在不死之籍。」這種藉日月星宿圖像以戒人行善的文字，散見於《太平經》中，也可見其思想之普遍。如：

> 今日月星曆，親天之列宿神也，尚相畏：是故日出，星輒逃匿，不敢見畏其威。(卷86)

> 列星守度，不亂錯行，是天喜之證也。(卷86)

> 夫星者，乃人民凡物之精光。故一人不得通於帝王，一星亦不得通也。(卷102)

> 故言四時五行日月星宿皆持命，善者增加，惡者自退去，計過大小，自有法常。(卷111)

> 眾神共治，務取合天心者。先生之人，皆心明視，無有界意，所行所生，人未知之。皆先天地，變化上下，皆不失其道，神不悉具。乃置綱紀，歲月偏傍，各置左右，星辰分別，各有所主，務進其忠，令使分部。(卷112)

> 惟有善行之人，自不犯天地四時五行日月星辰諸神之禁。畏其所施，恐犯之，輒有上姓名，以故自欲為善行孝順之義。(卷114)

故數者，從天下地八方，十而備；陰陽建破，以七往來，還復其故。

隨天斗所指以明事，故斗有七星，以明陰陽之終始。（卷137～153）

由這些記載看來，可知在早期道教思想中，天上星宿是親天之列宿神，不僅持命，且各有所主，不可隨意錯亂，唯有善行之人，不犯其禁，隨天斗以明事，才是天喜之證也。

今日，畫像石中有「北斗七星圖」，如：山東嘉祥武開明石室屋頂前坡西段畫像第四欄【圖16】，畫面中央四人，面向北斗七星及神人，或跪或揖，態度極為恭敬，正是《太平經》中「隨天斗所指以明事，故斗有七星，以明陰陽之終始。」的最佳寫照；另外，南陽地區也有許多描繪星象的畫像石，如：「金烏星宿」【圖42】、「白虎星座」【圖43】以及日月同輝、牛郎織女、蒼龍等星象的刻繪，尤其是「金烏星宿」圖像，自左至右分別是：太白星、負日輪的金烏、三星連成河鼓、四星成菱形狀疑為女宿、七星是為北斗、斗柄下有相、柄上三星為天槍〔註4〕，都可見眾星羅列的嚴密氣象。

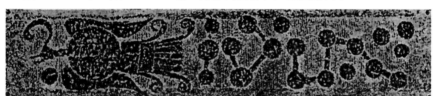

圖42　金烏星宿，135*29cm，河南南陽縣西丁鳳店出土

圖43　白虎星座，120*60cm，河南南陽縣出土

〔註4〕南陽漢代畫像石編輯委員會編，《南陽漢代畫像石》，圖版釋文520，文物出版社，1985年10月。

至於南陽地區畫像重視星宿描繪的現象，考之太平道起義時，即是託言「蒼天已死，黃天當立，歲在甲子，天下大吉。」的名義而發兵，並謂「殺人以祠天」（參第四章第三節），這種假藉日月星曆移轉而「變天」的觀念，甚而一呼四應，引發八州起義，造成黃巾之亂的動盪，都可見當時民間信仰對道教敬奉之深，對日月星辰的羅列變化也有莫名的尊崇，因此，星宿圖的確立與流傳，也就別具寓意，不可等閒而視之了！

二、人物圖像

1. 師——天道的闡揚者

畫像石中，常有後人考釋為「問禮圖」、「孔子見老子」、「講經圖」、「傳經講學」等圖像，表現請益或傳道等故事，這樣的題材，的確有成人倫、助教化的社會意義與作用。

1955 年四川德陽縣出土「講學」圖畫像磚【圖 44】，四川省博物館藏。釋文謂「四川在東漢時文翁興學之後，學校之盛比于齊魯，至東漢時講學之風更盛，門生弟子，有多至百餘人。」另外，四川博物館又有「傳經講學」圖【圖 45】，釋文曰「有人認為：此畫係表現西漢成都文翁石室授經（講學）的情況。」

圖 44　講學畫像磚，24*38.5cm，1955 年四川德陽縣出土，四川省博物館藏

圖 45　傳經講學畫像磚，39*45cm，四川省博物館藏

　　至於山東地區，武氏祠堂有「孔子見老子」圖像（其他第八石），原石嵌
於濟寧市鐵塔寺東院。另外，朱錫祿先生編著《嘉祥漢畫像石》一書，於「概
論」中曾提及：

> 　　嘉祥漢畫像石，除武氏祠以外，歷史故事畫不是太多。最常見的是
> 孔子見老子畫像和周公輔成王圖像。齊山一石上的孔子見老子圖像
> 大約是最完全的，最複雜的，人物最多的。孔子和老子稍靠左方，
> 老子手中柱一拐杖，他身後有弟子七人。孔子面對老子，袖筒中有
> 兩只作為見面禮的雁，地上也站著一只雁。孔子和老子之間的小孩
> 項橐，手推獨輪，仰著臉和孔子說話。孔子和老子見面時，並未提
> 到項橐在場，這是石刻作者把不同時間的事情和人物攪在一起了。
> 孔子弟子在此幅圖中有二十人之多。其中顏回和子路皆有榜題。子
> 路的姿勢和裝束特別引人注目，他頭戴雄雞冠，腰拴小野豬，顯出
> 一副勇武有力的樣子〔註5〕。【圖 46】

〔註 5〕朱錫祿編著《嘉祥漢畫像石》，頁 5，山東美術出版社，1992 年 6 月。

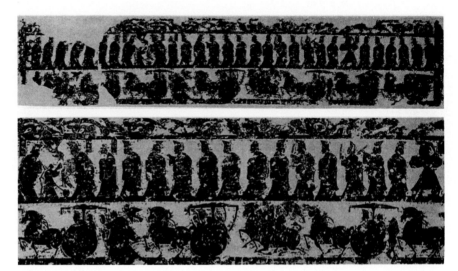

圖 46　山東嘉祥齊山畫像第三石，56*263cm

（1）孔子見老子　　（2）軺車圖

　　另外，1978 年宋山村出土畫像第五石第二層【圖 47】、第七石第三層【圖 48】，以及 1980 年出土第二批畫像第一石第二層【圖 49】，都刻繪有孔子見老子圖像，其釋文解說也大同小異，不予贅述。

圖 47　山東嘉祥宋山畫像第五石，74*68cm，1978年出土

（1）東王公
（2）孔子見老子
（3）庖廚圖
（4）軺車

圖 48　山東嘉祥宋山畫像第七石，
　　　　70*66cm，1978 年出土

（1）西王母
（2）六博、飲酒
（3）孔子見老子
（4）軺車

圖 49　山東嘉祥宋山第二批畫像
　　　　第一石，114*67cm，1980
　　　　年出土

（1）男子面左而立
（2）孔子見老子
（3）驪姬的故事
（4）車馬大樹

至於河南地區，《南陽漢代畫像石》一書也收錄有「講經圖」，釋文並謂「圖右刻一翁扶台而坐，面前立一笞者，右手握一便面，左手持箠助教狀。右刻七人，皆戴冠著袍跪於老者面前，捧牘聽其教誨。刀、箠當施於違犯學規者。」〔註6〕【圖50】

圖50　講經圖，149*34cm，河南南陽市東關出土

且不論這些釋文的準確性如何！然而，根據圖像內容或人物榜題來看，這些畫像石的故事的確相當程度地反映了講學或請益的姿態，只是，一般論述者如河南美術出版社所出版之《南陽漢畫像石》一書，也只是將此類題材歸之於「社會現實生活」一類而已〔註7〕！並未有深入闡述。然而，在道教思想中，「師」的地位尊崇，並有合和天地之功，今據《太平經》中所述，略條理如下：

> 天地之性，蚑行萬物悉然，故在師學之，壽可得也，在學何道，天地可按也。聚眾人億萬，不若事一賢也。（卷92）
>
> 學而不力問，與不學者等耳。是故古聖賢之學，旦夕問於師，不敢懈也，故遂得知天之道也。（卷93）
>
> 當教授之時，真人宜以其俗語習教其言，隨其俗使人自力記之。如是者，天下悉知用之，無有疑也。（卷93）
>
> 夫師，開矇為道之端，君父及師，天下命門，能敬事此三人，道乃大陳。不事此三人，室閉無門，福德皆逃，禍亂為憐。（卷94～95）
>
> 人安得生為君子哉？皆由學之耳。學之以道，其人道；學之以德，其人得；學之以善，其人善；學之以至道善德，其人到老長，乃復大益善良。（卷97）

〔註6〕南陽漢代畫像石編輯委員會編，《南陽漢代畫像石》，圖211，文物出版社，1985年10月。

〔註7〕南陽漢畫館閃修山、王儒林、李陳廣編著，《南陽漢畫像石》，頁8，河南美術出版社，1989年6月。

夫道之生天，天之有道也，乃以爲凡事之師長。正道者，所以興善，
主除惡也。是故古聖賢帝王將興，皆得師道，入受其策智，以化其
民人，師之貴之，乃言其能知天心意，象天爲行也。（卷117）

先生爲師，尊之爲君，稱之爲父。故師君父不可不明，臣不可不忠，
弟子不可不順。敬從其上，轉上及。故天不忘先生之恩，地不忘先
生之養，人不忘先生之施。故有忠孝信，思生不惡以自近以自明，
天明下照黃泉之下，土明照上天間，中和之明上下合同。故三明相
得乃合和。（卷112）

夫爲人師、爲人上者難。（卷119）

自古至今，凡文皆出天地也，故天地先出之：明之者師也，故夫文
出皆有師，行之者縣官也。古者帝王承天意，受師教，力行以除去
災害，以稱天心，得延年益命，此之謂也。造之者天，明之者師，
行之者帝王，此三事者相須而成。（卷137～153）

由這些文字記載來看，可知「師」在道教思想中具有特殊的意義與作用。如：
（1）師所學爲天地之性，並可因此得壽。
（2）從師之道爲力問，並因此知天。
（3）爲師教授之方，須隨俗使知之。
（4）人之所以爲君子，皆因學所致。
（5）師之貴，乃因知天心意，是以帝王興，皆因師道。
（6）師如君如父，天地人三者均受先生之恩。
（7）師承天心以教帝王，三者唯相須而成。

韓愈所謂「師者，所以傳道、授業、解惑也。」至於道教中的師，並非
只是侷限於授業、解惑，而是在於傳授「天道」以知天。《太平經》卷 1～17
有《太平部》卷第8〈老子傳授經戒儀注訣〉云「老子者，得道之大聖，幽顯
所共師者也。」今畫像石上人物「齊山畫像第三石」【圖46】有榜題「老子也、
孔子也、顏回、子路」，則明確刻繪孔子問老子之意；至於「講經圖」或「講
講傳道」等畫像題材，除了藉以彰顯「師」之重要，其目的更在於宣揚道教
精義，圖說道教經典，而非只是儒家思想中所謂「尊師重道」的倫理觀念了！

2. 帝王圖

帝王圖像，在畫像石中除武氏祠外，其餘則較爲少見。

　　武梁祠西壁畫像的第二層，有整齊的帝王圖像，其遠古帝王群像，自右至左分別為：伏羲、女媧、祝融、神農、黃帝、顓頊、帝嚳、唐堯、虞舜、夏禹、夏桀等帝王，其旁並有榜題說明【圖1】。

　　帝王，在道教思想中，是得天之力以治民。《太平經》卷18～34有謂：

> 吾欲使天下萬神和親，不復妄行害人，天地長悅，百神皆喜，令人無所苦。帝王得天之力，舉事有福，豈可問哉？

> 王者行道，天地喜悅；失道，天地為災異。夫王者靜思道德，行道安身，求長生自養。和合夫婦之道，陰陽俱得其所，天地為安。天與帝王相去萬萬餘里，反與道相應，豈不神哉？

> 真人問神人曰「吾欲使帝王立致太平，豈可聞邪？」神人言「但大順天地，不失銖分，立致太平，瑞應並興。……」

> 帝王，天之子也。皇后，地之子也，是天地第一神氣也。天地常欲使樂，不得愁苦，憐之如此，天地之心意氣第一者也。故王者愁苦，四時五行氣乖錯，殺生無常也。

　　帝王，天之子也。其責任如此重大，是以當「行道」，始能天地為安，若失道，則天地為災異。今畫像中所列，除了神話傳說中的帝王外，也包含了三皇五帝以及夏桀等，是以有警惕世人為惡，並勸人行道為善之旨，列帝王圖像，其意義自然明確無誤了！

3. 聖賢種民──附與郵亭官舍的關係

　　畫像石中有許多聖賢圖像，是後人學習的典範或精神的依歸。

　　嘉祥劉村洪福院畫像第一石第三層即有「周公輔成王」的故事【圖51】，成王作兒童狀，立於中央，頭上刻有「成王」二字，左二人戴斜頂高冠，拱手作揖，近成王者頭後方刻「周公」，最左者頭後方刻「魯公」，至於右二人頭戴平頂冠，也曲身向成王行禮，前者並手執傘蓋，置於成王頭上〔註8〕，這是經由榜題文字而論斷圖像人物的身份和故事。同樣的圖像題材和表現手法也見於嘉祥縣蔡氏園畫像第六石第一層〔註9〕【圖52】，只是人物較多，也不見文字榜題，然而，卻已能使觀者意會，可見畫像石的圖像製作，已有一定的「格套」。

〔註8〕　《嘉祥漢畫像石》，圖1。
〔註9〕　《嘉祥漢畫像石》，圖12。

圖51　山東嘉祥劉村洪福院畫像第一石，94*43.5cm

（1）門樓人物（2）飲酒（3）周公輔成王（4）樹下馬匹

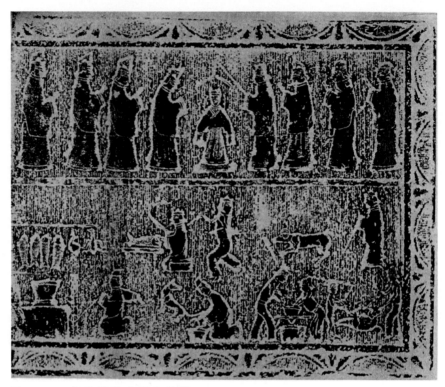

圖52　山東嘉祥蔡氏園畫像第六石，61.5*74.5cm

（1）周公輔成王圖（2）庖廚圖

　　《太平經》中論聖賢，有「種民」、「簡士」之稱。地位崇高，知天地之事。如：

> 天地混齏，人物糜潰。唯積善者免之，長爲種民。種民智識，尚有
> 差降，未同決一，猶須師君。君聖師明，教化不死，積鍊成聖，故
> 號種民。種民，聖賢長生之類也。（卷1～17）

> 聖人職在理陰陽；賢人職在理文書，皆授語。（卷42）

> 有上古大眞道法，故常教其學道、學德、學壽、學善、學謹、學吉、
> 學古、學平、學長生。所以盡陳善者，天之爲法，乃常開道門：地
> 之爲法，常開德户。古之聖賢爲法，常開仁路。故古者聖賢與天同
> 心，與地合意，共長生養萬二千物，常以道德仁意傳之，萬物可興
> 也；如以凶惡意傳之，凡物日衰少。（卷49）

> 天明知下古人且愚難治，正故故爲其出券文名爲天書也。書之爲法，
> 著也，明也。天下共以記事，當共所行也，可以記天下人之文章也。

故文書者，天下人所當共讀也，不爲一人單孤生也。故天下共以記
凡事也，聖人共以記天地文理，賢者用記聖人之文辭。凡人所當學
而共讀之，乃後得其意也。書之爲類，乃當共原共策共記共誦讀之，
乃以無奸也。（卷96）

夫聖人尚不而獨畢知天地之道，故聖賢前後生所作各異，天上言其
各長於一分，不能具除災，故教吾都合集校之。（卷96）

是故古者聖賢觀天意深，故常象天而爲行，不敢失銖分也。故而常
獨與天厚，得天心也；如不與天心合，不得天心則大凶矣。人行尚
如此，何況今乃當爲天上簡士哉？天上簡士，乃當與天共事，治無
窮極之術也，長相與并力同心調氣。（卷117）

天上官舍，舍神仙人。地上官舍，舍聖賢人。地下官舍，舍太陰善
神善鬼。八表遠近名山大川官舍，以舍天地間精神人仙未能上天者，
雲中風中以舍北極崑崙。官舍郵亭以候聖賢善神有功者。道爲首，
德爲腹，仁爲足而行之。天設官舍郵亭，得而居之。欲得天力者行
道，欲得地力者行德，欲得人力者行人。此三者，無窮之路；失此
三者，亂之本也；不循此三者，名逆天。故聖人苞道德行仁，過此
而言，屬萬物之行矣。（卷120～136）

是以在道教思想中，所謂的聖、賢是：

（1）聖人共以記天地文理，賢者用記聖人之文辭。是以皆能長壽。

（2）聖賢獨與天厚，得天心，故常象天而行，苞道德而行仁。

（3）官舍郵亭以候聖賢善神有功者。

尤其是第三點，最爲引人深思。聖賢的地位崇高、責任重大，上天是以
「官舍郵亭以候聖賢善神有功者。道爲首，德爲腹，仁爲足而行之。天設官
舍郵亭，得而居之。」這樣的敘述，和畫像石又有何關聯？

當然，經由這段文字和畫像石比對時，首先，必需先瞭解「官舍郵亭」
之意涵爲何？

按：《漢書・薛宣傳》有言「始惠爲彭城令，宣從臨淮遷至陳留，過其縣，
橋梁郵亭不修。」師古注曰「郵，行書之舍，亦如今之驛及行道館舍也，音
尤。」又，《漢書・循吏傳》則載「太守霸爲選擇良吏，分部宣布詔令，令民
咸知上意。使郵亭鄉官皆畜雞豚，以贍鰥寡貧窮者。」師古注曰「郵行書舍，

謂傳送文書所止處，亦如今之驛館矣。鄉官者，鄉所治處也。」《漢舊儀‧下》也有「十里一亭，五里一郵。」的記載。

今檢閱畫像石中，有許多由人物、車馬、建築、樹木所結構而成的畫像，一般學者對其意義不甚明瞭。如：山東嘉祥武氏墓群中，武梁石室第三石【圖1】、武斑石室左石室九【圖25】以及武榮石室前石室三【圖14】，這些題材類似的圖像，可分爲上下兩層，下爲車馬圖，暫不討論。上有樓觀，分上下二層，樓下應是聖賢圖，樓上則是西王母，左有許多人跪拜問道，右則多爲侍者，並因此區分爲天上、人間，地就是《太平經》所謂「天上官舍，舍神仙人。地上官舍，舍聖賢人。」至於左方，有一棵大樹（或以爲桑樹、連理枝；個人以爲應是命樹，象徵長生）貫通天界、地界，應寓意長生久視，與天地相通，有成仙之意。至於左上方有一排人物，最右者似執筆書寫，應是天上神吏；而神樹的天界左、右方，有一持弩者，爲西方神吏；右上方則爲瑞獸禽鳥，象徵仙界（參〈五神所持訣〉、〈草木方訣〉、〈生物方訣〉）；至於樹下有車馬等候，則是接送聖賢的交通工具，與「郵亭」爲驛站或行道館舍之意也相符合。

這類的圖像，在《魯迅藏漢畫像》一書中並無考釋；賈慶超《武氏祠漢畫石刻考評》一書中則訂名爲「樓閣燕居」，對於內容則無所考釋；個人則以爲，本圖應考訂爲「聖賢種民」或「郵亭化育」圖。不僅符合《太平經》所述，也是宣揚教義、敬重聖賢的極佳典範，考之圖像，也能盡如人意了。

4. 孝子圖──不孝不可以久生

漢代，是個重視孝道的時期。

所謂的「孝」，《禮記‧中庸》說得好「夫孝者，善繼人之志，善述人之事者也。」這樣的觀念，參證兩漢書中，所有皇帝的諡號，除了高祖及光武皇帝之外，都冠以「孝」字爲尊奉便可知。是以《漢書‧霍光傳》載田延年曰「今群下鼎沸，社稷將傾，且漢之傳諡常爲孝者，以長有天下，令宗廟血食也。」《後漢書‧荀淑列傳》載其子荀爽舉至孝，拜郎中。對策陳便宜曰「故漢制使天下誦孝經，選吏舉孝廉。」都明確指出漢代以「孝」傳家的宗旨，並訂定制度，說明當時崇尚孝道的風氣。據史載，當時的制度有：

（1）《漢書‧惠帝本紀》載四年「春正月，舉民孝弟力田者復其身。」

（2）《漢書‧高后紀》元年春二月「初置孝弟力田二千石者一人。」

（3）《漢書‧文帝本紀》載十二年詔曰「孝弟，天下之大順也。力田，爲生之本也。三老，眾民之師也。廉吏，民之表也。朕甚嘉此二三大夫之行。」

（4）《漢書‧武帝紀》載「元光元年冬十一月，初令郡國舉孝廉各一人。」
又載，元狩元年夏四月丁卯詔曰「朕嘉孝弟力田，哀夫老眊孤寡鰥獨或匱於
衣食，甚憐愍焉。」

（5）《漢書‧宣帝紀》載地節三年十一月詔曰「其令郡國舉孝弟有行義
聞于鄉里者各一人。」

（6）《後漢書‧孝安帝紀》載永初五年戊戌詔曰「其令三公、特進、侯、
中二千石、二千石、郡守、諸侯相舉賢良方正、有道術、達於政化、能直言
極諫之士各一人，及至孝與眾卓異者，拜遣詣公車，朕將親覽焉。」

（7）《後漢書‧孝順帝紀》載陽嘉元年冬十一月「辛卯，初令郡國舉孝
廉，限年四十以上，諸生通章句，文吏能牋奏，乃得應選。」

（8）《後漢書‧孝桓帝紀》載建和元年夏四月「詔大將軍、公、卿、郡、
國舉至孝篤行之士各一人。」

（9）《後漢書‧孝獻帝紀》載建安五年九月「詔三公舉至孝二人，九卿、
校尉、邵國守相各一人。」

　　這種重視「孝道」的氛圍，是儒家思想奉爲圭臬的根本，《論語‧學而》
所謂「孝弟也者，其爲仁之本與！」漢代畫像石中出現了許多以孝道故事爲
圖像的內容，後世觀者自然極易和當時的社會習尚作結合，並認爲此類畫像
石是儒家思想的反映，是漢代厚葬風氣下的產物。

　　李發林先生在其所著《山東漢畫像石研究》一書中即言「厚葬儘管遭到
廣大農民的反對，但在官吏、貴族、皇族中，以及在一般地主階級成員中，
卻是風行的。他們以厚葬爲德，爲孝，薄葬就是無德不孝，是被他們認爲不
光采，不體面的。他們不但從過去的帝王將相的厚葬事實去找歷史根據，而
且還從封建的倫理道德當中去找理論根據。儒家所倡導的『孝悌』，就是這樣
一個理論核心。」〔註10〕

　　賈慶超先生在其所著《武氏祠畫像石刻考評》一書也有「可見，儒家的整
個思想體系及修身、齊家、治國、平天下的宏偉藍圖是以『孝』爲本。爲適應
封建社會家族意識而建立起來的儒家孝治派理論，在漢王朝統一之後得到大力
的支持和廣泛的傳揚。」這種以儒家思想爲漢畫像石架構的思想，並認爲「在這
種社會氛圍之中，武氏祠漢畫石刻當然也要以傳播尊奉孝道爲己任了。」〔註11〕

〔註10〕　《山東漢畫像石研究》，頁22。
〔註11〕　《武氏祠漢畫石刻考評》，頁254～255。

這樣的結論，雖然也有所論證，然而，卻頗多疑點，如，厚葬風氣是否合於儒家思想？兩漢時期墓葬，果真是「事死如生」？漢畫像石中的孝道故事圖像，其寓意究竟為何？

畫像石中的孝道故事圖像，與儒家思想及厚葬風氣無關，將另文闡述（見第七章第一節）。然而，此類圖像證諸道教早期經典，卻頗能闡發其精神。

《太平經》卷 73～85〈闕題〉曾有「學問何者為急？」之問。文中闡述「壽孝者，神靈所愛好也。不壽孝者，百禍所趨也。」此二者是為「二急」，其餘則「知之亦可，不知之亦可。」

長生久視，原本即是道教所追求的終極目標，《太平經》中並有〈不孝不可以久生誡〉一文。而且，道教思想重視「孝道」，除了強調社會倫理，致天下太平之意外，更是「長壽」之方，這是一般研究者所忽略處。是以初見畫像石上的孝道故事圖像，不是與漢代崇尚儒家思想的「孝道」混淆，便是以為「視死如生」或是厚葬風氣下所致的產物。差之毫釐，失之千里，其誤謬百出，自然難以自圓其說。今就《太平經》中所述「孝」之精義，羅列如後，以明其宗旨及作用。

> 天地與聖明所務，當推行而大得者，壽孝為急。壽者，乃與天地同優也。孝者，與天地同力也。故壽者長生，與天同精。孝者，下承順其上，與地同聲。此二事者，得天地之意，凶害自去。深思此意，太平之理也，長壽之要也。（卷 73～85）

> 愚生聞子不孝，則不能盡力養其親；弟子不順，則不能盡力修明其師道；臣不忠，則不能盡力共敬事其君。為此三行而不善，罪名不可除也。天地憎之，鬼神害之，人共惡之，死尚有餘責於地下，名為三行不順善之子也。（卷 96）

> 比三事者，子不孝，弟子不順，臣不忠，罪皆不與於赦。令天甚疾之，地甚惡之，以為大事，以為大咎也。鬼神甚非之，故為最惡下行也。（卷 96）

> 故人生之時，為子當孝，為臣當忠，為弟子當順；孝忠順不離其身，然後死魂魄神精不見對也。（卷 96）

> 一人生百子，使父母饑寒，又何益於親乎？積方重車，不能益壽，又何益於人命乎？（卷 98）

天下之事，孝爲上第一，人所不及。積功累行，前後相承，無有所
失。名復生之人，得承父母之恩，復見孝順之文。天定其錄籍，使
在不死之中，是孝之家也。（卷114）

天信孝有善誠，行無玷缺。故使白日輒有承迎，前後昭昭，眾民所
見，是成其功，使人見善。（卷114）

夫陽極爲善，陰極爲惡；陽極生仙，陰極殺物；此爲陰陽之極也。
夫凡民生不能盡力養父母，求奇方道術，以資父母，使懷悒悒而至
死，復相教善衣食歌舞以樂之，是爲大逆之民，天豈福之乎？（卷
120～136）

夫人之身，而不忠於上，不孝其親，是負其身，戮其刑，亡其本也。
（卷120～136）

由這些文字來看，「天下之事，孝爲上第一。」是以孝子積功累行，便可
長壽不死。另外，《太平經》重視人之品德，並鼓勵行善，強調「孝忠順」三
行，三者不離其身，「然後死魂魄神精不見對也」，也都是闡述行善積德，則
可長生之理。

所謂「三行」，即是「爲子當孝，爲臣當忠，爲弟子當順。」這種強調善
行的內容，也是畫像石上常見的圖像。是以言孝的孝道故事，言忠的經史故
事，言順的問禮圖、講經圖像，都是道教思想中所尊奉的「三行」，其作用與
意義都在於「長生」，並以「孝」爲第一，是以此類故事刻於畫像石上，孝道
故事的位置排列，必在忠臣、弟子圖像之上，也是必然。圖、文相合，更見
畫像石與道教思想之關係密切。今畫像中言孝者，以武氏祠堂爲最多，如閔
子騫御車失棰、老萊子娛親、丁蘭刻木、邢渠哺父【圖10】、朱明讓財、三州
孝人、魏湯報父等，都有寓意行孝的善行，以鼓勵世人。

不孝不可以久生。生活中，力行孝、忠、順三者，則可長壽，其寓意近
似而實爲一體，且將忠、順二者權置於此闡述，不僅見其梗概，更見其與孝
之相關性與完整性。

5. 列女圖

西漢末年，天下大亂，民不聊生，家有生女者，往往因爲家計浩繁而殺
之，再加上婦女的地位不受重視，是以常常受到殘害而無法反抗。《太平經》
卷35〈分別貧富法〉即載「然天下所以殺女者，凡人少小之時，父母自愁苦，

絕其衣食共養之。」《漢書・平帝紀》則有言「蓋夫婦正則父子親，人倫定矣。」至於當世，「惟苛暴吏多拘繫犯法者親屬，婦女老弱，搆怨傷化，百姓苦之。」可見當時婦女之地位。

道教思想主張「順天地、合陰陽」之法，使男女無冤，天下太平。是以《太平經》卷 35 強調「一男二女法」，以「尊者之傍不可空，爲一人行，一人當立坐其傍，給侍其不足。」又稱「故令一男者當得二女，以象陰陽。陽數奇，陰數偶也。迺太和之氣到也。」

道教思想中重視陰陽調合之法，而東漢時期婦女地位之旁落且受殘害，《太平經》則以爲是亂相之根源，終至於絕地統、滅人類，是以不可。〈分別貧富法〉一文即載：

> 今天下失道以來，多賤女子，而反賊殺之，令使女子少於男，故使陰氣絕，不與天地法相應。天道法，孤陽無雙，致枯，令天不時雨。女者應地，獨見賤，天下共賤其眞母，共賊害殺地氣，令使地氣絕也不生，地大怒不悦，災害益多，使王治不得平。何也？夫男者，乃天之精神也。女者，乃地之精神也。物以類相感動，王治不平，本非獨王者之過也。迺凡人失道輕事，共爲非，其得過非一也，乃萬端；故使治難平乖錯也。天地之性，萬二千物，人命最重，此賤殺女，深亂王者之治，大咎在此也。

今考查東漢時期的畫像石中，對婦女圖像的刻繪，除了伏羲、女媧的交尾，寓意陰陽和合、繁衍生殖之意，至於列女圖像故實，其刻繪位置可與帝王遠祖相比擬（見武梁祠東壁畫像，第二層）【圖 2】，並位在孝子、俠義、刺客圖像之上，都說明道教墓葬制度中，畫像石所反映的社會思想。

至於畫像石中的列女圖像，大多以故實刻繪，並見於《列女傳》。如：

（1）代趙夫人

此事見《列女傳・節義》。載趙襄子併吞代國，欲迎其姊代趙夫人歸趙，卻遭到代趙夫人嚴辭拒絕。並謂「且吾聞之：婦人執義無二夫，吾豈有二夫哉？欲迎我何之？以弟慢夫，非義也；以夫怨弟，非仁也。吾不敢怨，然亦不歸。」

（2）梁節姑姊

見《列女傳・節義》贊曰「梁節姑姊，據義執理。子姪同內，大火發起。欲出其姪，輒得厥子。火盛自投，明不私己。」的故事。

（3）齊義繼母

見《列女傳・節義》。載齊繼母，信而好義，愛前妻之子更甚於己子，齊王高其行，皆赦而不殺。

（4）京師節女

見《列女傳・節義》。載京師節女以己之生命換取丈夫和父親的生命安危，而感動仇家的仁孝精神。

（5）梁寡高行

載梁寡婦劓鼻刑身，不受梁聘的堅貞高行。

（6）秋胡戲妻

載「秋胡西仕，五年乃歸。遇妻不識，心有淫思。妻執無二，歸而相知。恥夫無義，遂東赴河。」的故事。

（7）魯義姑姊

載魯姑姊棄子而攜兄子逃亡，義退齊兵的故事。

（8）楚昭貞妻

載貞姜「守義死節，不爲苟生。」以使者無符，寧死無疑的節操。

（9）王陵義母

見《列女傳》及《漢書・王陵傳》。載王陵母寧死不屈，不願迫子降楚，終使王陵助劉邦建立漢朝的故事。【圖53】

圖53　山東嘉祥武斑祠（左石室）第一石，64*111cm

（1）顏淑握火、王陵義母、信陵君禮侯嬴（2）范睢、晉靈公等故事

三、生活圖像

1. 男女相須──人之大急

　　生命的繁衍，不僅是個人、家族的期望，也往往是各部落、民族生存的終極目標。因此，強調男性生殖器官，或突顯女性懷孕功能的胸、腹，便成為先民祈求生育的象徵，甚至因此而祭祀崇拜，表示對生命的禮讚。

　　上古時期，先民祈求物產豐饒，使氏族部落得以存活延續，是常見的祭祀活動，在祈求物資的同時，也常常藉此祈求宗族生命的繁衍，使多子多孫，宗族更為昌盛壯大。即以新石器時代為例，雲南滄源崖畫有許多人物、器物、房屋、動物、神祇、神話人物、自然物、符號、手印等圖象。而人物圖象即佔有百分之七十以上，並以男性為多，表現征戰、狩獵、勞動或祭祀之場面，其中，第六地點六區、第十地點二區之人物，明顯地畫出了男性生殖器官【圖54】，另外，第一地點五區兩個人形和四區一個人形【圖55】，身體下大上小，與一般人形作倒三角形者不同，應表示肚子很大之意，而第六地點五區右上角的二個人形，不僅畫出女性器官，而且突出地畫出乳房〔註12〕，應是祈求多子之意。

圖 54　雲南滄源崖畫，第六地點第六　　圖 55　雲南滄源崖畫，第一地點第五
　　　　區　　　　　　　　　　　　　　　　　區

　　至於曾祥旺〈桂西發現的古代岩畫〉一文中，則詳盡描述岩畫上所繪刻的女陰圖。「繪製的女性生殖器圖，二幅。其中一個，由兩條相向的弧形線構成圖形，圖內劃一條縱線，縱線中腰由雙曲線構成橢圓形的圖形，在圖內的上端劃人字形的短線。」另有磨刻成的女性生殖器圖，共 18 幅，這些圖形的長度在 120～70 毫米之間，最大的中部凹坑寬 25 毫米〔註13〕【圖56】。

〔註12〕汪寧生，《雲南滄源崖畫的發現與研究》，文物出版社，1985 年 3 月。
〔註13〕曾祥旺，〈桂西發現的古代岩畫〉，《考古與文物》，1993 年，期 6，頁 1～13。

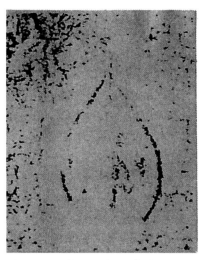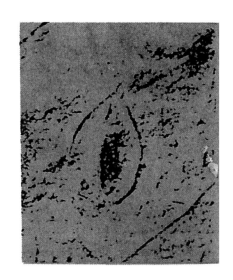

圖 56　女陰圖，桂西岩畫

　　另外，河北灤平縣後台子遺址、內蒙敖漢旗的興隆窪遺址、赤峰西泉山紅山文化遺址，也都發現了具有孕婦特徵的石雕女像或陶塑女像。這些也是新石器時代模擬巫術的遺物，表達了人們祈求多子和豐產的願望〔註14〕。

　　從這些出土文物及文字圖象中，我們可以肯定並明顯發現——上古時期或母系社會中，先民早已有祈求多子的祭祀活動。這樣的祭祀流傳不輟，並詳見於典籍記載中。

　　《詩·大雅·生民·克禋克祀·箋》載「求有子，古者必立郊禖焉。玄鳥至之日，以大牢祠于郊禖，天子親往，后妃率九嬪御，乃禮天子所御，帶以弓韣，授以弓矢于郊禖之前。」

　　又「履帝武敏」句下疏曰「於祀之時，乃以醴酒禮天子所御，謂己被幸有娠者也，使太祝酌酒飲之於郊禖之庭，以神之惠光顯之也，既飲之酒，又帶以弓之韣衣，授以弓矢，使執之於郊禖之前，弓矢者，男子之事，使之帶弓衣執弓矢，冀其使生爲男也。鄭於月令之註，其意則然，唯高禖異耳。故鄭註云：高辛氏之世，玄鳥遺鳦卵，簡狄吞之而生契，後王以爲禖官嘉祥而立其祀焉，以爲由高辛有嘉祥故稱高禖。蔡邕月令章句云：高禖，祀名，高猶尊也，禖猶媒也，吉爭先見之象謂之人先。」

〔註14〕《四川文物》，1995 年，期 5，頁 15～18。

《詩・魯頌・閟宮》「閟宮有價」箋曰「先妣姜嫄之廟在周常閉而無事。孟仲子曰：是禖宮也。」

《周禮・媒氏》「中春之月，令會男女，於是時也，奔者不禁。」疏曰「詩殷頌曰：天命玄鳥，降而生商，月令仲春，玄鳥至之日，以大牢祠于高禖，天子親往，玄鳥生乳之月，以爲嫁娶之候，天子重之而祀焉，凡此皆與仲春嫁娶爲候者也。」

《漢書・武五子傳》「上年二十九乃得太子，甚喜，爲立禖，使東方朔、枚皋作禖祝。」

《後漢書・禮儀志上》「仲春之月，立高禖祠于城南，祀以特牲。」盧植注云：「玄鳥至時，陰陽中，萬物生，故於是以三牲請子於高禖之神。居明顯之處，故謂之高。因其求子，故謂之禖。以爲古者有媒氏之官，因以爲神。」

綜合這些記載來看，生殖崇拜，其俗久遠，至於衍化成求子之祭，並命名爲高禖、郊禖，則早在商周之前即已存在。此祭祀是爲天子之祭，於仲春三月，以牛、羊、豕大牢祠於城郊，其儀式則是天子親往，后妃帥九嬪御女，無論受孕與否，都於禖神前飲酒，祈求福佑或受孕，飲畢，則持弓衣、弓矢祀於郊禖，期使生男。同時，根據典籍所載，《周禮・地官》中有「媒氏」之官，掌萬民藕合，「令男三十而娶，女二十而嫁。」《禮記・坊記》也有「男女無媒不交。」的記載，可見古人對婚姻子嗣的關注，是以仲春三月，「奔者不禁」，而天子親自舉行郊禖之祭，也說明對生命種族繁衍之重視。這樣的習俗，延至兩漢時期仍存，及至宋朝，也仍見「容臺講禮，禖宮立祠。」（見《宋史・祀高禖樂章》）的記載，可見其重要性及延續性。

同樣的，在道教思想中，對生命之延續也極爲重視。《太平經》卷36〈守三實法第四十四〉有言「天下大急有二」，即所謂「飲食與男女相須」之事。因不飲不食便死，是一大急也；然而，「如男女不相得，便絕無後世。天下無人，何有夫婦父子君臣師弟子乎？以何相生而相治哉？天地之間無牝牡，以何相傳，寂然便空，二大急也。」

道教重「男女相須」之事，並倡言「房中術」。《三國志・魏書・華佗傳注》載及東漢末術士左慈，謂「慈曉房中之術。」又言「左慈善修房內之術，差可終命，然自非有志至精，莫能行也。」可知此術能長生。《漢書・藝文志》

也有「容成陰道二十六卷，務成子陰道三十六卷，堯舜陰道二十三卷，湯盤庚陰道二十卷，天老雜子陰道二十五卷，天一陰道二十四卷，黃帝三王養陽方二十卷，三家內房有子方十七卷。右房中八家，百八十六卷。房中者，情性之極，至道之際，是以聖王制外樂以禁內情，而爲之節文。傳曰：『先王之作樂，所以節百事也。』樂而有節，則和平壽考。及迷者弗顧，以生疾而隕性命。」可知帝王神仙若善修房內之術，則能和平壽考，反之則凶。

同時，出土文物中，據楊愛國〈漢畫像石上的接吻圖考辨〉一文所載，「馬王堆三號墓出土的帛書和竹書中屬於房中書或與房中有關的有七種：1.〈養生方〉2.〈雜療方〉3.〈胎產書〉4.〈十問〉5.〈合陰陽〉6.〈雜禁方〉7.〈天下至道談〉。其中，1～3 爲帛書，各 1 卷，抄寫年代較早，可能在秦漢之際。4～7 爲竹書，各 1 篇，抄寫年代略晚，可能在漢文帝時期，但它們的成書年代早到戰國是沒有問題的。」〔註 15〕可見房中術在兩漢時期，不僅有籍可循，並已蔚然成風，頗爲盛行。

另外，漢時又有「房中樂」。《漢書・禮樂志》所謂「又有房中祠樂，高祖唐山夫人所作也。固有房中樂，至秦名曰壽人。凡樂，樂其所生，禮不忘本。高祖樂楚聲，故房中樂楚聲也。孝惠二年，使樂府令夏侯寬備其簫管，更名曰安世樂。」

由這些典籍記載及出土文物所見，可以肯定的是，男女相須以及房中術，都是人之大欲，自上古以來，即已存在，並有「高禖」這樣慎重的祭祀儀式，而道教思想繼承先人習俗，視「男女相須」爲天下大急，「房中術」則爲長生之方，其意義與道術可說是涵蓋「高禖」之旨，並予以發揚光大，都是對生命延續之禮讚而設；至於「房中樂」雖未能直接肯定與道教有關，然而「房中」之事，卻也相互牽繫，是以權置於此，以爲備考。音樂，在道教思想中有明文載其作用，將另文闡述，不予贅言。

在瞭解「高禖」與「房中術」之淵源，並肯定其意義與道教之關聯，是爲生命之延續，並有「長生久視」之作用，再回頭檢視漢代畫像石，有許多引人爭議，或考釋仍有出入的圖像，便可迎刃而解，一目瞭然。

即以 1984 年 5 月，四川瀘州市麻柳灣新區基建工地出土崖墓，九號石棺上有「巫術祈禱圖」【圖 57】。據出土報告載「畫面分爲三組：左有兩人，最左一人，舉手操蛇，此似爲巴巫，右一人手執鈴鐸，此似爲巴覡，象徵跳神

〔註15〕 《四川文物》，1994 年，期 4，頁 22～25。

作法。此二人的髮髻與奉節縣盔甲洞出土木梳上巴人，峨嵋縣符溪出土銅矛上的巴人，漢代銅境上的西王母等頭飾相同。中間二人，左一人長裙曳地，爲一女性；右一人袍裳見腿，爲一男性，皆中原秦晉衣冠。女左手，男右手所執之物不同，似爲交祝對舞祝神。右側刻一魚和一雀，似爲神物。」〔註16〕文中並以爲此圖題材是巫師祭祀祈禱時以歌舞娛神降神的內容，此類題材畫像石，在四川是第一次發現，甚爲珍貴。又言「圖中的雀，其特徵爲短腳、短尾、扁嘴、啄魚，與朱雀不同。瀘州四號石棺上也有此雀，石棺上凡出現此雀者皆有魚，很值得研究。」其後，崔陳爲文，並認爲此說頗有道理，很受啓發。但從圖像內容結合史料分析，筆者冒昧認爲鳥則是寓意男性的象徵。並謂「這種隱喻是民間最喜採用的方式，故在民歌中反映極多。如：《詩・曹風・候人》『維鵜在梁，不濡其咮；彼其之子，不遂其媾。』而《詩・周南・關雎》起首幾句『關關雎鳩，在河之洲，窈窕淑女，君子好逑。』也將求偶的男性與鳥委婉地聯繫起來。」〔註17〕並認爲「鳥吃魚的隱喻意義實爲男女合歡」，而「漢代的魚鳥圖表現的是漢代人們追求長生長壽的意願」〔註18〕這樣的闡述，的確詳盡且有見地，「魚鳥合歡」象徵著多子豐產，與「高禖求子」的作用也可以完全吻合。因此，四川瀘州崖墓出土的九號石棺畫像，應釋名爲「高禖圖」。

圖57　巫術祈禱圖，1984年四川瀘州市麻柳灣崖墓出土

這類畫像石刻，出土中雖不多見。然而，由於命名、考釋上的誤判，以至解說歧異，令人不明所以。例如：

〔註16〕高文、高成英著，〈四川出土的十一具漢代畫像石棺圖釋〉，《四川文物》，1988年，期3，頁20。

〔註17〕崔陳著，〈漢代畫像石中巴蜀祖神像窺探〉，《四川文物》，1990年，期4，頁24。

〔註18〕《四川文物》，1991年，期1，頁56～58。

（1）1942 年，四川彭山縣東漢崖墓出土雙人接吻石雕一件，位置不詳。男女二人跪坐於地，摟抱在一起，做接吻動作，四周無他物。楊愛國先生在〈漢畫像石上的接吻圖考辨〉一文中，釋名為「接吻圖」，並認為「接吻圖和西王母同處在一塊畫像石上，正是漢人認為房中術可致升仙思想的反映。」〔註19〕

（2）1969 年，四川滎經縣出土畫像石棺的側板上，刻有男女接吻圖。畫面上浮雕四櫨頭柱，左二柱間，男女二人相對席地跪坐，托頷接吻，右二柱間西王母凭几而坐，畫面中間為一門，門半開處一女子正探頭觀望，門兩側各刻一朱雀。【圖 58】

圖 58　接吻圖畫像，1969 年四川滎經縣出土

磚在彭州市又有發現，而認為在東漢磚室墓中不是偶然現象，而成為一種帶著普遍性的規律〔註20〕。

高文先生則以為「野合圖」可能起著一種「厭勝」的作用，漢代人是為了乞求吉祥、美好的生活，期望子孫昌盛，繁衍後代，絕非黃色、淫穢的野蠻行為〔註21〕。

俞偉超先生以此圖為「高禖圖」，陳云洪先生贊成此說，並認為四川地區在漢代可能還存在以性禮儀為主的季節祭祀習俗〔註22〕。

楊孝鴻先生則以為此圖為「秘戲圖」，漢代把秘戲圖從地上搬至地下墳墓，因為它代表著房中術，寄託著墓主追求羽化成仙的幻想以及祈求多子的願望。並認此圖楊愛國先生釋名為「接吻圖」；高文先生初定名為「耳語圖」，其後則定名為「秘戲圖」；王恩田先生閱後，認為應作「趙苟哺父圖」；唐長

〔註19〕　《四川文物》，1994 年，期 4，頁 22～25。
〔註20〕　《四川文物》，1995 年，期 3，頁 60～62。
〔註21〕　《四川文物》，1995 年，期 1，頁 19～20。
〔註22〕　《四川文物》，1995 年，期 1，頁 15～18。

壽先生則以爲仍應是「秘戲圖」〔註23〕。

（3）1977年，四川新都縣新農公社社員於自留地挖土時，發現了一座東漢畫像磚殘墓，畫像磚的內容有：春米、釀酒、舞樂、雜技、車馬過橋、養老、鼎人、日神、月神、西王母等，其中還有兩塊的內容是男女在桑樹下交媾。其中一幅並有鳳凰及一鳥雀、兩隻猴子在旁嬉鬧，表現歡愉盡興的場面【圖59】；另一幅則爲休息靜止狀，鳥獸也已離去的圖像。【圖60】

圖59　男女交媾畫像，1977年四川新都縣出土

圖60　男女交媾畫像，1977年四川新都縣出土

〔註23〕《四川文物》，1991年，期1，頁58～60。

此圖馮修齊先生訂名爲「桑間野合」，並認爲此圖像反映了① 令會男女的上古遺風。② 漢代士大夫的享樂腐化。③ 墓主人祈求後代繁衍的願望。並因此類畫像爲四川出土相當數量的秘戲圖畫像磚，可能與當地的風土人情、生活習慣、人文思想等有關〔註24〕。

（4）1985 年，山東莒縣沈劉庄東漢畫像石墓，前室東面中間方立柱上刻一接吻圖。畫面分上下兩格，上格刻西王母端坐。下格刻三人，男女二人居中相對而立，引臂相互擁抱，作親吻狀。女子身後立一侍女，舉手推親吻之女子的頭部。

楊愛國先生以爲此圖爲「接吻圖」，又因人物上端刻有帷幔，表明接吻乃房內之事〔註25〕。

（5）四川彭山五五〇號墓，麻浩 I 區一號墓、III 區二二號墓，山東鄒城市畫像石，以及山東安丘董家庄墓的前中室之間石柱，也都曾出土裸體男女擁抱接吻的畫像。楊孝鴻先生認爲都應屬於「秘戲圖」一類範疇。對此最有力的佐證是傳世漢代秘戲圖畫像磚上的銘文，竟刻有「黃妳能前后并御兩大陰子」等字樣，這分明宣揚的是房中術〔註26〕。

從這些出土的畫像磚石來看，男女裸體擁吻或交媾的圖像題材，仍不在少數，只是，議論紛歧，所見出入，疑點頗多，今略闡析歸納如下，期使還其原貌：

（1）以目前出土所見，此類畫像題材只見於山東、四川。並以四川出土最爲豐富，不僅見於磚、石，崖葬、墓葬、懸棺都可見，這固然有其地域性之特色，然而，卻不能忽略山東地區也有此類畫像石刻出土的事實，因此，楊孝鴻先生以爲「四川出土相當數量的秘戲圖畫像磚，可能與當地的風土人情、生活習慣、人文思想等有關。」這樣推論，有意忽略山東畫像石的存在，是有欠周延的歸納。此類畫像石應有其傳衍流佈，而非個別出現。

（2）此類畫像題材的命名有：接吻圖、耳語圖、秘戲圖、趙苟哺父圖、桑間野合圖、野合圖、高禖圖等。其中，除了耳語圖、趙苟哺父圖較爲突兀且不足採信之外，餘皆大同小異，頗能言之成理，並多以爲和房內秘戲、祈求多子的目的有關。然而，若以道教的思想來看，這只是天下大急——男女

〔註24〕《四川文物》，1996 年，期 2，頁 86～89。
〔註25〕《四川文物》，1994 年，期 4，頁 22～25。
〔註26〕《四川文物》，1996 年，期 2，頁 86～89。

相須之事的描繪而已！並以擁吻、交媾等最親密的形式來表現，且不分室內外——桑園是古代男女最常幽會的場所，帷幔則是畫像石中常見的圖案裝飾，未必就是專指室內。至於釋名為高禖圖，則應以 1984 年四川瀘州九號石棺出土的畫像最為代表，俞偉超、陳云洪兩位先生將四川新都出土的兩塊畫像磚也訂名為高禖之意，則是仍有差距，且此二圖，一則歡愉盡興，一則休息靜止，與「祭祀」之意無涉，可單純的視為「媾合圖」或道教思想所常見的「合陰陽」。

（3）此類畫像內容與男女相須、祈福求子之意有關，殆無疑意。然而，若因圖像中有西王母端坐，則以此圖有羽化成仙之意，則又差矣！且令人莫明所以。按：前言二至四例，有完整出土的「媾合圖」畫像，都可見西王母圖像，然而，所有的學者專家考釋，多只停留於道家羽化成仙的觀念，卻從不及道教思想的內涵。西王母是道教中神仙之屬，有代表天帝，化育萬物，佑民生息的意義與作用，在「媾合圖」中出現，並非為成仙之意，而是具有繁殖、長生的象徵，此意與「媾合圖」之旨也能相互映發，其意可見於本章第一節西王母一節中詳述其意。

2. 樂舞百戲與庖廚——樂合陰陽以長生

漢代畫像石中，常有音樂、舞蹈、百戲的圖像，表現生活中歡愉、富貴的場面，並常與庖廚宴飲等圖像一併出現。

朱錫祿編著《嘉祥漢畫像石》一書「概論」中曾指出「嘉祥漢畫像石中玩樂的圖像可分兩類，一是建鼓、樂舞、百戲；一類是狩獵，這二者的數量和庖廚類的數量不相上下。」〔註27〕

高文《四川漢代畫像磚》一書「簡論」也曾有言「音樂舞蹈是勞動人民創造的藝術，早在原始社會，人就『擊石拊石，百獸率舞』（《尚書·堯典》。按：原文有誤，應出於〈益稷〉而非〈堯典〉）到了商周時代已有了相當的進步，統治階級把音樂舞蹈看作為自己享樂的工具，又是配合禮治的工具。到了漢代更普遍用於宴樂，不僅帝王統治者有宮廷舞伎，即一般的官僚、地主、富商們也多蓄歌僮舞女，所以在各地出土的漢畫像磚、漢畫像石裏『舞樂百戲』的畫面特多。漢代的許多舞蹈都是與音樂相結合的，在舞蹈圖中往往刻有樂隊伴奏的場面，許多畫面上都有載歌載舞的情景。」〔註28〕

〔註27〕朱錫祿編著，〈嘉祥漢畫像石概論〉，《嘉祥漢畫像石》，頁 3。
〔註28〕高文編，〈四川漢代畫像磚簡論〉，《四川漢代畫像磚》，六、舞樂百戲。

另外，《南陽漢代畫像石》一書中，言及〈畫像內容與藝術風格〉有言「南陽漢畫像石中的音樂、舞蹈、百戲表演多是在筵宴的場面上，一邊是正襟跪坐的主人、賓客，一邊是伎人精彩的表演。宴賓陳伎是商周以來的習俗。」又言「樂器的圖像在南陽漢畫中很多，往往是由多種打擊樂器和管弦樂器組合成一支混合樂隊，有的是器樂協奏，有的是爲歌舞和百戲伴奏。在樂隊中鼓是必備樂器，而且佔據著重要位置。它的作用是控制節奏，即所謂『蹋節鼓陳』。畫像中的鼓有三種，一曰建鼓，二曰鞞鼓，三曰鼗鼓。這三種鼓不僅形制大小不同，而且擊奏方法也不同。」〔註29〕

從這些簡潔扼要的記載來看，樂舞百戲在畫像中的確佔有重要的地位，而音樂的演奏，除了以「鼓」爲首外，更有笙、鐘、塤、排簫、琴等以及歌唱者，表現豐富的音律，伴隨著舞蹈、百戲的演出，形式極爲活潑生動，而一般論述者或研究工作者，也將此畫像題材視爲生活宴享，或墓主生活的反映而已，從未見有人深入細究。

然而，音樂或歌唱，在《太平經》中卻有截然不同於「宴享」的象徵寓意，音樂，是具有震動天地四時，和合陰陽以求長生的作用。這樣的記載屢見於《太平經》。

> 夫樂於道何爲者也？樂乃可和合陰陽，凡事默作也，使人得道本也。故元氣樂即生大昌，自然樂則物強，天樂即三光明，地樂則成有常，五行樂則不相傷，四時樂則所生王，王者樂則天下無病，蚑行樂則不相害傷，萬物樂則守其常，人樂則不愁易心腸。鬼神樂即利帝王。故樂者，天地之善氣精爲之，以致神明，故靜以生光明，光明所以候神也。能通神明，有以道爲鄰，且得長生久存。（卷18～34）

> 又五音乃各有所引動，或引天，或引地，或引日月星辰，或引四時五行，或引山川，或引人民萬物。音動者皆有所動搖，各有所致。是故和合，得其意者致善，不得其意者致惡。動音，凡萬物精神悉先來朝乃後動，占其形體。故動樂音，常當務知其事，審得其意，太平可致，凶氣可去，眞人詳之。

> 然比若春者先動，大角弦動甲。甲日上則引動歲星，心星下則引動東嶽。氣則搖少陽，音則搖木行，神則搖鉤芒，禽則動蒼龍，位則引青帝，神則致青衣玉女。上洞下達，莫不以類來朝，樂其樂聲也。

夫天道比若循環，周而復始。起樂也，常以時加其王氣，建響斗所加，方響其面，動其音聲。人唱之亦可，各以其音爲之。數以六甲五行。五六甲五行，即天地之數也。時氣者，即天地之所響，所興爲也。

樂爲天之經，太陽之精。孝爲地之經，太陰之精。故樂者倡始，倡生，倡合樂成功。天者常嬉善嬉生，故常與天合，與同氣也。樂合乃能相生，當有上下。故樂爲天爲上，孝爲下象地。地者下，承順其上，陰事其陽，子事其父，臣事其君。君上事天，地亦事天，天事其上，故與地同氣，故樂與孝最順天地也。

天者好生興物，物不樂，不肯生。今天上皇平洞極之氣俱出治，陽精昌興，萬物莫不樂喜。故當象其氣而大縱樂，以順助天道，好是則天道大喜。今帝王理平，人民壽，故其縱樂，以奉天道，又使各坐思自化，何有各乎？又樂者，天也，陽精也。陽興則陰精伏，猶如春夏起，秋冬伏，自然之式也。（卷 115～116）

夫音，非空也，以致眞事，以虛致實，以無形身召有形身之法也。夫樂乃以音響召事，比若人開口出聲，有好有惡，善者致吉，惡者致凶。此書俱出於人口，乃致善惡之應，樂聲正天地陰陽五行之語言也。（卷 137～153）

　　由《太平經》中詳盡的文字描述，可知音樂在道教思想中的重要意義與地位，其作用並可大略歸納爲：
　　（1）和合陰陽，使人得道本也。
　　（2）能通神明，有以道爲鄰，且得長生久存。
　　（3）動樂音，則太平可致，凶氣可去。
　　（4）起樂或唱之，都是天地之所響，所興爲也。
　　（5）樂爲天經、陽精，孝爲地經、陰精，二者最順天地。
　　（6）物不樂，不肯生。是以當大縱樂，以順助天道。
　　（7）夫樂乃以音響召事，是以其善惡可致吉凶。

　　音樂，在道教思想中，具有如此豐富的蘊涵。小至於個人和合陰陽、致吉凶、長生久存、得道之本；大至於社會太平、凶氣可去；甚或滋生萬物、順助天道與神明相通，都需要音樂的輔佐與動音。音樂，不只是生活的逸樂或音聲中正和諧而已！

漢代畫像石上出現了許多演奏音樂的場面。例如：

（1）山東嘉祥縣紙坊鎮敬老院畫像第十石【圖61】

原石縱 63 厘米，橫 58 厘米。畫面分兩層：

第一層，刻建鼓樂舞圖。上方五人坐著奏樂，左方三人均右手搖鼗鼓，左手握排簫。右方第一人撫琴，第二人似在以掌擊節。下方左邊立一建鼓，飄著長長的羽葆，杆座作獸形。鼓旁邊兩人邊舞蹈，邊用粗大的鼓槌擊鼓。右方一女子揮長袖起舞，一男人赤膊弄丸。上方空處放著一壺、兩酒樽和數只耳杯。

第二層，刻庖廚圖。左方一人在灶前燒火，灶上置一甑。中部二人似在和麵。右方上面有一豬，四蹄被捆縛，肚子朝天。下面一人持刀，正準備殺一驢。

圖 61　山東嘉祥紙坊鎮敬老院畫像第十石，63*58cm

（1）建鼓樂舞圖　　（2）庖廚圖

（2）山東嘉祥縣十里舖畫像第三石【圖62】

原石縱73厘米，橫57厘米。畫面分兩層：

第一層，上方有五個樂人正在演奏。右方三人以右手搖鼗鼓，左手持排簫於口中吹奏，左方第一人彈奏一長琴，第二人以掌擊節。右下方立著一建鼓，鼓座獸形，鼓上有一橫竿、兩斜竿，杆端連接一飄帶，鼓旁有二人正在擊鼓。建鼓左方有一人弄丸，丸共六個。弄丸者左方有一人揮長袖舞蹈。中間空處，右方一酒樽，一耳杯；左方一酒樽，兩個耳杯；中間一壺。

第二層，爲庖廚圖。中間二人在和麵，右方有一人在灶前燒火，灶上置一甑釜。左方一人用繩牽一羊欲殺。羊上方仰面躺著一只四蹄已捆綁好的肥豬。

圖62　山東嘉祥十里舖畫像第三石，73*57cm

（1）奏樂圖（2）庖廚圖

（3）宴樂

四川成都市郊出土，成都市博物館藏【圖63】，原磚縱40厘米，橫48厘米。

圖的右下方，一人長袖起舞；舞者頭上戴冠，長袍拂地，衣袖翻折。其左一頭上戴冠的人，正擊鼓爲之伴奏。左上方坐二人，其右一人正操琴揮弦，想必爲「樂正」之類。右上方一男一女，席地而坐：男者頭上戴冠，身著寬袖長袍，女者頭著雙髻，二人皆爲觀賞者。中間有兩几，一盍，一盂；盍、盂上都有勺。

圖63　宴樂，40*48cm，四川成都市郊出土，成都市博物館藏

（4）觀伎

四川成都市郊出土，成都市博物館藏【圖64】，原磚縱40厘米，橫48厘米。

圖的右上方，一赤膊男子左肘「跳瓶」，右手持劍「跳丸」（劍丸），其左一赤膊男子雙手「跳丸」，丸有五數。右下方一個頭上梳雙髻的女子，手持長巾，婆娑而舞，袖巾颯纚。其左一人右手握槌，擊鼓伴奏。再其左有兩個捧排簫的樂人，正在吹奏。左上方一男一女，席地而坐。男者頭上戴冠，身著寬袖長袍，長袖飄拂；女者頭上梳雙髻，二人皆爲觀賞者。其席前有一圓形食具。樂人身側有二盍，盍中有勺。其右及左下角有二几。

圖 64　觀伎畫像磚，40*48cm，四川成都市郊出土，成都市博物館藏

（5）舞樂百戲

河南唐河縣湖陽辛店出土【圖 65】，原石縱 62 厘米，橫 126 厘米。

畫左一人吹竽，堅管頂端有裝飾，第二、三人一手持排簫吹奏，一手搖鼗，第三人吹塤；第五、六人二人並肩翹袖折腰作舞。右起第一人，椎髻；第二人雙手著地倒立。

圖 65　樂舞百戲，62*126cm，河南唐河縣湖陽辛店出土

（6）舞樂

河南南陽縣王寨出土【圖 66】，原石縱 40 厘米，橫 150 厘米。

畫左為鼓舞，中間一人輕舒長袖，翩翩起舞。右起第一人一手橫置於胸前，一手舉於耳旁為謳歌者，第二人吹塤，第三人吹排簫、搖鼗。

圖 66　舞樂，40*150cm，河南南陽縣王寨出土

（7）舞伎

陝西米脂縣官莊四號墓畫像石【圖 67】，原石縱 35 厘米，橫 89 厘米（殘）

此石為墓室橫額殘段，上欄為花形紋飾，下欄有舞伎六人，對一弓形柱跪拜施樂。

圖 67　舞伎，陝西米脂縣官莊四號墓畫像石，墓室橫額，35*89cm（殘）

（8）庖廚樂舞

江蘇銅山縣漢王出土【圖 68】，原石縱 78 厘米，橫 80 厘米。

畫面分上下兩層，上層為庖廚，有炊火、切肉、殺鹿、汲水、捧食等活動，下層為樂舞雜技，有建鼓、弄丸、撫琴、吹笙等內容。

圖 68　庖廚樂舞，78*80cm，江蘇銅山縣漢王出土

　　從這些畫像內容來看，音樂與歌唱，的確在道教思想中具有重大意義，並常與舞蹈、百戲、庖廚活動並列於石。音樂與舞蹈、百戲相互映發，可以相互激勵，以至於「手舞足蹈」，這是經常有的組合，具有「以音響召事」的作用。然而，與庖廚活動又有何關係呢？

　　《太平經》中說得好「天有倡樂樂諸神，神亦聽之。善者有賞，音曲不通亦見治。各自有師，不可無本末，不成，皆食天倉，衣司農，寒溫易服，亦陽尊陰卑，粗細靡物金銀綵帛珠玉之寶，各令平均，無有橫賜，但爲有功者耳。不得無功受天衣食。前文已有言，今爲復道，令無怨恨，無所嫌疑，是天重神靈之命也。」（卷 112）

　　可知畫像中的庖廚活動，有魚有肉，豐盛非常，並不只是口腹之慾的滿足而已，而是因爲有功，以至於「受天衣食」。是以大神言「天君信有心進善

之人，教無有二諾，無所狐疑，是自天君意也。雖念家不足，飢寒並至，自有天廚，但仰成事，神自師化其子，無以爲念也。」（卷114）

《太平經》中有「天廚」，使進善之人無念飢寒，與前言倡樂者，善者有賞，有功而受天食的意義的完全吻合的。是以在樂舞之餘，藉豐盛的天食而予有功、進善之人，是「致太平」的獎勵手段。

音樂與庖廚在畫像中常相繼伴隨，其意義在道教思想中有前後接續的因果關係，其數量並不相上下，也可見此二者關係之緊密。其不爲物慾之流，而是行善、積德、致太平，使與天地陰陽相合的作用，證諸《太平經》，也更見其寓意之深刻了！

3. 爭戰傷生、施笞及騎神

漢畫像石中，有大規模的爭戰場面及「審俘」或「施刑」等圖像，坊間書籍大多就圖像的表面形式而釋名，並未能深入考證其意義與作用。

就爭戰場面而言，武氏墓群中的武榮祠（前石室）第六石，就有許多人物持劍、弩、刀、盾等，相互攻伐，並有橋樑區隔水中、地面，賈慶超先生訂名爲「水陸攻戰」【圖8】。並以爲此圖主要是在反映和描繪了古代軍事戰場一些面貌。如：① 戰爭的野蠻殘酷。② 女子征戰沙場。③ 有條不紊的指揮作戰系統。④ 交戰雙方已短兵相接、肉搏撕殺，陣法已無可辨識，但卻突出反映了古代軍事戰爭史上佔據重要地位的車戰、騎戰、步戰與水戰。⑤ 展現了多種兵戈器械〔註30〕。類似的圖像，也可見於武開明石室後石室一【圖29】及後石室七【圖19】。另外，畫像中有「審俘」或「施刑」的場面，如：山東嘉祥宋山第二批畫像第二石，畫面分三層：第一層刻胡漢交戰圖，第二層爲審俘圖，第三層是斬蛇圖【圖69】，至於南陽地區出土畫像石，則刻有「施笞」【圖70】、「施笞、進謁、二桃殺三士」等圖像【圖71】，「圖版說明」都只見描述而未加考證。

〔註30〕賈慶超著，《武氏祠漢畫石刻考評》，頁309～313，山東大學出版社，1993年5月。

圖 69　山東嘉祥宋山第二批畫像第二石，115*65cm

（1）胡漢交戰圖　　（2）審俘圖　　（3）斬蛇圖

圖 70　施笞，144*39cm，河南南陽市七孔橋出土

圖 71　施笞、進謁、二桃殺三士，176*40cm，河南南陽縣出土

按：《太平經》中言及「殺生」之意有言：

帝王，天之子也。皇后，地之子也，是天地第一神氣也。天地常欲
使樂，不得愁苦，憐之如此，天地之心意氣第一者也。故王者愁苦，
四時五行氣乖錯，殺生無常也。（卷 18～34）

天地開闢已來，凶氣不絕，絕者而後復起，何也？夫壽命，天之重
寶也。所以私有德，不可僞致。欲知其實，乃天地六合八遠萬物，
都得無所冤結，悉大喜，乃得增壽也。一事不悅，輒有傷死亡者。（卷
18～34）

夫以怒喜猛威服人者，盜賊也。故盜賊多出，其治凶也。盜賊多以
財物爲害，故其治失於財貨也。故古者上君以道服人，大得天心，
其治若神，而不愁者，以眞道服人也；中君以德服人；下君以仁服
人；亂君以文服人；凶敗之君將以刑殺傷服人。是以古者上君以道
德仁治服人也，不以文刑殺傷服人也。所以然者，乃鄙用之也。（卷
35）

帝王其治不和，水旱無常，盜賊數起，反更急其刑罰，或增之重益
紛紛，連結不解，民皆上呼天，縣官治乖亂，失節無常，萬物失傷，
上感動蒼天，三光勃亂多變，列星亂行；故與至道可以救之者也。（卷
18～34）

是故古者聖賢帝王，見微知著，因任行其事，順其氣，遂得天心意，
故長吉也。逆之則水旱氣乖迕，流災積成，變怪不可止，名爲災異。

眾賢迷惑，不知但逆氣，不順時務所爲也，不可不慎重哉。(卷50)

可知「殺生」之起——爭戰、盜賊、水旱等，都是因爲帝王不治，四時
五行氣乖錯，陰陽不合，不知逆順之道所致。是以不得「增壽」反而有傷，「故
順之則吉昌，逆之則危亡。」(《太平經》卷50) 唯有力行「天道」，以「道」
服人，始能「致太平」。於是，「殺生」之意，在道教思想中，便有警惕世人
以及帝王之意，並鼓勵世人應多行善樂道而免除災禍，是以畫像石上的爭戰
及受刑場面，便是「以刑殺傷服人」的警惕，不僅符合政教倫理，更是道教
思想的推廣與發揮，是以其場面廣大而繁複，便不言可喻了！

至於爭戰場面中有所謂「胡漢相爭」之說，這類圖像的畫像石大多見於
山東地區圖錄，如：嘉祥宋山第二批畫像第二石的第一層【圖69】，嘉祥五老
洼畫像第八石的第二層【圖72】、及第十二石的第三層【圖73】，以及洪山村
畫像第一石的第三層【圖74】，都有胡漢交戰的場面，然而，所有攻戰的場面，
也未必就一定有胡人（服飾不同）出現，如：武氏祠。

圖72　山東嘉祥五老洼畫像第
　　　八石，107*67cm

(1) 門樓人物 (2) 胡漢交戰圖
(3) 審俘圖 (4) 審俘圖

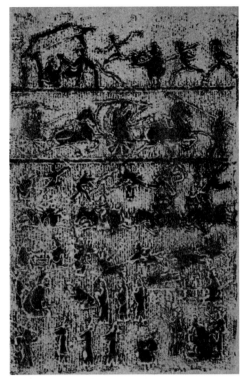

圖 73　山東嘉祥五老洼畫像第
　　　　十二石，123*82cm

（1）人物門樓（2）車騎出行
（3）胡漢交戰圖

圖 74　山東嘉祥洪山村畫像第一石，57*94cm

（1）西王母（2）制輪圖、人物對坐（3）胡漢交戰圖

　　朱錫錄編著《嘉祥漢畫像石》概論中即提及「嘉祥漢畫像石上的戰爭圖，除武氏祠的不計，都是描繪胡漢間的戰爭的。五老洼的第十二石是這類圖像

中最複雜的。……一些胡兵向胡王稟報戰況，有漢兵押解胡兵俘虜來見漢官，這都是胡漢戰爭圖中常見的畫面。但在左方，有二人用鼎煮食物，這是別的胡漢交戰圖上所無的。胡兵和漢兵服飾不同，最顯著的就是胡兵都戴著一種尖頂的胡帽，漢兵都戴平頂冠。東漢時期，漢對匈奴的戰爭取得了徹底的勝利，胡漢戰爭的圖像所反映的無疑就是這個歷史事實。」〔註31〕

將畫像石中的胡漢攻戰圖視爲漢對匈奴的勝利，這樣的臆測不免過於想像，並有本位主義之嫌。不僅無法解釋何以出現此類畫像的意義與作用，同時，也無法解釋庖廚炊食的目的，及在其他類似的畫像中，並不曾出現胡人的圖像，因此，將胡漢攻戰視爲漢對匈奴的勝利，這樣的觀點仍有欠斟酌，不足採信。

另外，畫像中又有「審俘」和「施笞」的場面，其圖像和大規模的「爭戰」有所不同，而其意義與釋名也應予以重新認定。因爲，檢閱《太平經》中有關「施笞」的文字，除了前言——無故飲酒、作酒、市酒者必明令施以笞杖（見第三章第二節）；另外，核實文書的人員若有失誤，也應有所懲戒，卷 91〈拘校三古文法〉即曾言及「天師之書」的重要性，並藉「河雒圖書神文之屬」以明天道，是以不可有所錯置。所謂：

> 天戒校書，脫一事者，笞三十；十事者，笞三百；百事者，笞三千。德君使退之，勿復仕也。此人乃輕忽事，是天怨地咎，國之大賊。夫怨咎與賊，不可與久共事，必且忿天地，故當疾去之。
>
> 笞十者，以謝於地，笞十者，以謝於帝王，天地人各十，合這爲三十也。笞此以謝過，以解天怨地咎，帝王之賊也。迺天地喜悅，神祇戰怒也。本天地所以常亂而戰怒者，本由考實文書，人言不詳多誤，故生此流災承負之厄也。

從這樣明確的刑責來看，不僅可見早期道教對「天師之書」的重視，對考實文書的嚴厲，而且，重要的是，讓世人明白考實文書失誤的後果，即是天怨地咎，神祇戰怒，並生流災之厄。

據此，檢視畫像石中許多有關「爭戰」的場面，除了有警惕「爭戰傷生」的寓意外，也應考慮因文書人員失責而「神祇戰怒」的懲戒因素。例如：山東嘉祥武榮石室、武開明石室都在西壁下石畫像的部位有大規模的「水陸攻

〔註31〕《嘉祥漢畫像石・概論》，頁 4。

戰圖」【圖 8,19】，五方騎神及各方神吏，各持戟矛、弓弩、楯刀、劍鼓而揮舞，尤其值得注意的是，畫像的左下方都有兩個戴冠的神吏挾持一人而立（非帝王），神情似爲旁觀（神祇戰怒）而非參與者，更有趣的是，圖 8 下方的左三人，似乎要與迎面而來持楯刀的人相對抗，因此，此圖應與懲戒帝王無關，或爲警惕考實文書失責的人員而設；另外，河南南陽畫像磚上也有「施笞」的場面【圖 70,71】，對照右方神吏肅立或作揖的形象，也應與懲戒失職人員的戒律有關，或許刑責較輕，不若山東畫像石上的天怨地咎，眾神皆怒，這和山東是早期道教的發源地，典籍經文皆由此而生有密切的關聯，而圖像也相當程度地反映了當時的現況與發展。至於因「惡酒」而施笞者，考之圖像，則以圖 72 第三層的畫面較爲近似。

另外，《太平經》卷 72 有所謂「五德之神」，其形象、作用、持節，與同卷中〈五神所持訣〉的「五方神吏」完全相同，而其內涵則與「爭戰傷生」的寓意有所區別，今就經文所載略述如下：

> 此四時五行精神，入爲人五藏神，出爲四時五行神精。其近人者，名爲五德之神，與人藏神相似；其遠人者，名爲陽歷，字爲四時兵馬，可以拱邪，亦隨四時氣衰盛而行。其法爲其具畫像，人亦三重衣，王氣居外，相氣次之，微氣最居內，皆戴冠幘乘馬，馬亦隨其五行色具爲。其先畫像於一面者，長二丈，五素上疏畫五五二十五騎，善爲之。東方之騎神持矛，南方之騎神持戟，西方之騎神持弓弩斧，北方之騎神持鑲楯刀，中央之騎神持劍鼓。

這樣詳細的記述，說明五方騎神的作用在於「拱邪」，且戴冠幘乘馬，形象與人近似，這和坊間書籍中所稱「車騎出行」【圖 9,12】及「水陸攻戰」【圖 8,19】等場面都極爲類似。尤其是「車騎出行」圖多呈現在畫像的上方或下方，以橫向的形式延伸，與經文對照，也頗見五方騎神的威儀。

至於畫像中有所謂「胡漢攻戰圖」【圖 69,72～74】，其圖像也多出於山東嘉祥，與武氏墓群的地緣關係極爲鄰近，其人物冠幘也有平頂和尖頂兩種，但是，武氏墓群卻並未釋名爲胡漢攻戰之意，且其服飾暫不論是否爲胡服（左衽？右衽？），然而，前言騎神著「三重衣」，都可見這是神吏的裝扮，與胡服無關！因爲，這樣的說法，在《太平經》卷 102 有「誠問著圖者，畫神衣云何哉？」答曰「皆象天法，無隨俗事也。今不曉天法，其人圖大小，自以

意為衣。衣者,隨五行色也。今使母含子,居其內,以色相次也。大重之衣
五也,中重之衣四也,小重之衣三也,微重之衣象陰陽,二也。大集之衣亂
彩六重也。」雖然,經文中並未進一步說明神衣的穿著方式,然而,「微重之
衣象陰陽」,也可見其衣襟應是左右開裾交疊穿著為是,是神衣,而非胡服!
其交疊甚至可多至六重。至於冠幘平頂或尖頂,則應與其身份有關,未見經
文詳述,至於其內涵則不必是「胡漢相爭」之意,而應是懲戒失責、惡傷生
之類的寓意。證諸經文,也可見其端倪始末了!

四、草木方與生物方

1. 畫像中的草木方

畫像石中有許多動物、植物圖像。有的經學者專家考證,具有特殊寓
意,如:魚鳥圖象徵繁殖多子孫之意;有的則經常伴隨特定對象而出現,
成為神仙祥瑞的象徵,如:西王母身邊的蟾蜍、玉兔、鳥雀等等;另外,
畫像石中又常有神獸或植物等圖案。這一部份大多歸於神仙思想、祥瑞圖
飾而已!並未有深入闡述,也未見研究者多所關注,甚或視為理所當然,
闕而不談。

《太平經・不忘誡長得福訣》曾有一段文字,謂「惟天地亦因始初,乃
成精神,奉承自然,生成所化,莫不得榮。因有部署,日月星辰,機衡司候,
并使五星,各執其方,各行其事。雲雨布施,民憂司農事,元氣歸留,諸穀
草木蚑行喘息蠕動,皆含元氣,飛鳥步獸,水中生亦然,使民得用奉祠及自
食。」(卷 112)可知在道教思想中,諸穀草木、飛鳥步獸以及水中生物,都
是含元氣而生,使百姓可借此植物、生物而「奉祠及自食」,是以圖像中有許
多草木、動物的圖像,都是別有寓意的刻畫。

另外,畫像石的邊框或紋飾,常有幾何形裝飾,如:菱形紋、陶索紋、
連弧紋、波浪紋等,由於較不具象徵寓意,只是作為裝飾而已!是以本文略
而不談。

至於《太平經》中有〈草木方訣〉及〈生物方訣〉二文,則具體闡述道
教思想中對草木禽獸的特殊看法,非常值得後人研究參考。今錄〈草木方訣〉
如下並略剖析之:

> 草木有德有道而有官位者,乃能驅使也,名之為草木方,此謂神草
> 木也。治事立愈者,天上神草木也,下居地而生也。立延年者,天

上仙草木也，下居地而生也。治事立訣愈者，名爲立愈之方；一日
而愈，名爲一日而愈方；百百十十相應愈者是也。此草木有精神，
能相驅使，有官位之草木也；十十相應愈者，帝王草也；十九相應
者，大臣草也；十八相應者，人民草也；過此而下者，不可用也，
誤人之草也。是乃救死生之術，不可不審詳。（卷50）

從這段〈草木方訣〉的前半段文字中，可以歸納出數點結論：

（1）草本方爲草木有德有道而有官位者，乃能驅使。

（2）天上神草木——使治事立愈；天上仙草木——可使延年。

（3）神草木、仙草木，都是「下居地而生」，可見此二類草木可與天界、
地界相通。

（4）草木方是救死生之術，有等級良窳之分，不可不審詳。

另外，〈草木方訣〉中又言及「立愈方」與「待死方」。所謂「一日而治
愈者方，使天神治之；二日而治愈者方，使地神治之；三日而治愈者方，使
人鬼治之。」

並以爲「此救死命之術，不可易，事不可不詳審也。」（卷50）這樣的草
木方，用以治事、延命，並是救死生之術，可見此類草木並不完全是指「藥
用」草木。

畫像中，武梁石室第三石、武斑石室左石室九、武榮石室前石室三（參
〈聖賢種民——附與郵亭官舍的關係〉一節），以及嘉祥南武山畫像第一石【圖
75】「聖賢種民」圖像，都有一株「下居地而生」，並貫通天界、地界的美麗
大樹。這株大樹，枝葉繁茂，角度伸張而圓滿，枝幹糾結纏繞，極具姿態，
至於葉片呈扇面狀開展，並有鳥雀棲息，都說明這株大樹的生命力旺盛，精
神豐盈。正是《太平經》中所謂「草木有精神，能相驅使，有官位之草本也。」
是以本書於後文〈寓意長生的命樹〉一節中，即以出土文物考證「搖錢樹」
是墓主「命樹」的象徵，證之於〈草木方訣〉謂仙草木可以延年，其意義與
作用可以說是完全吻合。因此，這株美麗的大樹，是命樹，也是仙草木，在
整幅畫像中，人物、建築、車馬、鳥雀，佈置有序，卻獨不能遺漏此株仙草
木，至於其位置「下居地而生」，佔據畫面上下二層，也更顯示此樹的非比尋
常，與眾不同了！

圖75　山東嘉祥南武山畫像第一石，68*144cm

（1）樓屋人物、仙人喂鳳凰，右有車馬大樹（2）車騎出行圖

　　另外，陝北漢代畫像石中，也常以「嘉禾」間隔瑞獸、羽人的位置，或可以為是「草木方」與「生物方」的融合，更彰顯「天道」之圓滿中和。例如：綏德縣王得元墓墓門橫額畫像石【圖 76】有嘉禾、玉兔、羽人、朱雀等瑞獸；1981 年 10 月綏德賀家灣出土墓門橫額畫像石【圖 77】有朱雀、玉兔、嘉禾；以及現存西安碑林博物館的綏德墓室左右豎框畫像石【圖 76】則有樹與馬，下欄釋文作「樹下飼馬圖」，至於左右豎欄內刻有陽文「圜陽西鄉榆里郭稚文萬歲室宅」以及「永元十五年三月十九日造作居」等銘文，由「萬歲室宅」一詞來看，也可以肯定這是道教信徒所設之墓葬，並因此認知：畫像中樹、木的圖像，絕非只是偶然或裝飾性質而已！因此，作為「治事之愈」或「立延年」的草木方，便格外值得重視與研究。

圖76　陝西綏德縣王得元墓，墓前橫額，36*182cm，橫額上飾捲草紋、三足鳥、九尾狐等珍禽神獸

圖 77 陝西綏德縣畫像石墓門橫額，39*212cm，1981 年綏德賀家灣出土，原石存綏德縣博物館

《列仙傳》讚語有言「若夫草木，皆春生秋落，必矣！而木有松柏橿檀之倫百八十餘種，草有芝英、萍實、靈沼、黃精、白符、竹翣、戒火，長生不死者萬數，盛多之時，經霜歷雪，蔚而不彫，見斯其類也，何怪於有仙邪？」可知草木不凋，可以延年，是救死生之術。此意可見於《列仙傳》所載：

（1）馬師皇
治龍，「乃鍼其唇下，口中以甘草湯飲之而愈。」（上：2）

（2）赤將子輿
不食五穀而噉百草花。（上：2）

（3）偓佺
好食松實。（上：3）

（4）務光
服蒲韭根。（上：7）

（5）彭祖
常食桂芝。（上：8）

（6）陸通
好養生，食橐盧木實及蕪菁子。（上：10）

（7）江妃二女
採其芝而茹之。（上：12）

（8）范蠡
好服桂飲水。（上：12）

（9）桂父
常服桂及葵，以龜腦和之。（上：15）

（10）赤須子

好食松實、天門冬、百脂。齒落更生，髮墮再出。（下：1）

（11）犢子

少在黑山採松子、茯苓餌而服之。（下：2）

（12）園客

常種五色香草，積數十年，食其實。（下：4）

（13）昌容

食蓬藟根。（下：5）

（14）谿父

有仙人常止其家，從買瓜教之，鍊瓜子與桂附子，芷實共藏而對分食之。（下：5）

（15）山圖

少好乘馬、馬蹄之折腳，山中道人教令服地黃、當歸、羌活、獨活、苦參散，服之一歲而不嗜食，病愈身輕。（下：6）

（16）毛女

入山避難，遇道士谷春教食松葉，遂不飢寒，身輕如飛百七十餘年。（下：7）

（17）文賓

教令服菊花、地膚、桑上、寄生、松子，取以益氣，嫗亦更壯，復百餘年云。（下：9）

（18）商邱子胥

但食木菖蒲根，飲水，不飢不老。（下：10）

《列仙傳》中凡錄仙人七十有一，其中十七人載及其服食草木子實而長生，一人則以甘草湯治龍而愈，可見「草木方」對延年、治病，的確頗有成效；及至於今，服食此類草木子實，也仍爲道教「養生術」者所遵循，並是長生的不二法門。

2. 寓意長生的命樹

搖錢樹是西南地區東漢墓葬中所常見的明器之一。材質則有陶、石、銅鑄等，以樹枝上結有方孔圓形的果實（如錢幣）而命名，出土地區以四川爲

最多，其上圖像則包含人物、動物、植物三大類，並有西王母以及與道教題材相合的仙草、神獸等造型。

鮮明在〈論早期道教遺物搖錢樹〉一文中，藉搖錢樹的出土地區與早期道教文化特徵，作一比較，認爲搖錢樹最密集的出土地點與張道陵、張衡、張魯二十四治大有關聯。並以之爲法器而行世，至於其文化內涵有二：① 是宣揚修道成仙後的天界美景；② 是傳達均貧富思想。搖錢樹是《太平經》所描繪太平、大正、平均、共樂的太平世道美妙藍圖的形象體現。及張魯仙逝後，道教組織紊亂，搖錢樹隨即銷聲匿跡。同時，文中指出「鍾堅先生認爲搖錢樹乃各種神樹的綜合造型，倒確有道理。」並認爲搖錢樹應以「錢樹」爲名，一種可扶貧濟困的神奇的錢樹。至於如何解釋搖錢樹上的錢，則仍須辯明〔註32〕。

至於鍾堅先生〈試談漢代搖錢樹的賦形與內涵〉一文，則是綜合《山海經》等書條文，認爲搖錢樹是《山海經》中所描述的各種神樹的綜合造型，並繫以「錢」的圖象以喻日月，爲我國原始天文曆法的形象反映〔註33〕。

另外，邱登成先生在〈漢代搖錢樹與漢墓仙化主題〉一文中，指出在西南地區東漢墓中，搖錢樹有時也與畫像磚（石）并存。「共同的題材，也表達共同的主題——升天成仙。所不同的是，漢畫像磚（石）本身不具任何意義，而搖錢樹卻固依據神樹造型，借用了神樹天梯的功能，本身就蘊含了仙化思想。再者，漢畫像磚（石）資料雖多，但其內容的整體性卻相對缺乏。」〔註34〕

隨著搖錢樹出土的日增，研究搖錢樹的文章也日益增多，以上所舉三篇頗能代表一般的研究成果。然而，個人以爲，鮮明於文章起首有一段前言，頗能發人深省，並值得深入探討。

> 研究者們對搖錢樹的形制、內涵以及與漢墓仙化主題等進行了較爲廣泛的探討。但是，對於搖錢樹的性質、作用等認識卻仍然有待深入。至於搖錢樹何以突然興起於東漢時期的西南地區，魏晉以後爲何又迅速消失，至今尚無較合理的解釋。筆者認爲，只有將搖錢樹與早期道教直接聯繫起來，才能在搖錢樹的研究上有新的突破。

〔註32〕 《四川文物》，1995 年，期 5，頁 8～12。
〔註33〕 《四川文物》，1989 年，期 1，頁 12～22。
〔註34〕 《四川文物》，1994 年，期 5，頁 20～25。

　　此說的確一針見血，頗有見地。事實上，鮮明先生於文中，已肯定搖錢樹與早期道教關係之緊密，尤其是四川五斗米教之興亡盛衰，直接影響搖錢樹之消長，並傳至魏晉，甘肅、雲南等地區，至張魯仙逝後，道教組織瓦解，搖錢樹也銷聲匿跡。此意文中考證甚詳，個人極表同意，不予贅述。尤其是近年來，四川成都平原三星堆文物出土「神樹」，其形制作用與《太平經》中之「命樹」，及畫像中繁茂的「仙木」極爲類似，也可見其地域性特色之淵源。只是，鮮明先生以爲搖錢樹之性質、作用是太平盛世藍圖之描繪，不僅難以自圓其說，也難以令人信服。

　　按：「搖錢樹」一詞不知始於何時？《樂府雜錄》載唐開元末娼家女許子和臨終所言「阿母，錢樹子倒矣！」則是以「搖錢樹」之意俗稱娼家女。然而，考之《太平經》卷 112 有「命樹」一詞，其描述爲：

> 人有命樹生天土各過，其春生三月命樹桑，夏生三月命棗李，秋生三月命梓梗，冬生三月命槐栢，此俗人所屬也。皆有主樹之吏，命且欲盡，其樹半生，命盡枯落，主吏伐樹。其人安從得活，欲長不死，易改心志，傳其樹近天門，名曰長生。神吏主之，皆潔淨光澤，自生天之所，護神尊榮。

　　可知在早期道教的觀念中，人各有司命之樹，而生天之所，也有主樹之吏，掌其生死榮枯，若其樹近天門，則可長生。即是以「樹」之生長，象徵「命」之消亡。另外，《太平經》卷 93 有言「物之大者，以木爲長也。故寅爲始生木。甲最爲木之初也，故萬物見於甲寅，終死於癸亥。故木也乃受命生於元氣太陰水中，故以甲子爲初始。」則是以陰陽五行之數，說明「木」之長，並蘊涵生生不息之意，始能成其大。至於《太平經》卷 50 也有〈草木方訣〉一文，以爲天上神草木可以治事立愈，天上仙草木則可延年，並都是「下居地而生也」之草木。這種文字上對「草木」之描述，並肯定其意義與作用可以治事、延年，是「救死生之術」，考之墓葬中，只有畫像中那棵美麗的大樹以及搖錢樹的形制與作用能相符合，因此，搖錢樹可說是墓主「命樹」之象徵，並應正名爲「命樹」爲是。

　　搖錢樹之樹幹，一般有九枝（亦見八支者），枝上除了銅錢形制外，還有象徵長生的神人、神獸、神樹等圖像。這樣的形制，與「燈座」的形制極爲近似。

1961 年河北平穀縣西柏店出土一件東漢時期的明器——綠釉九連陶燈臺。此件明器燈座呈喇叭形，頂端托一圓盤可盛油，上承一隻鼓翼的瑞鳥（神禽），中心柱上分三面伸出九支 S 形垂蔓（如樹形），每蔓根部壓一個三角形鏤雕葉叢裝飾（形如神樹）【圖 78】。整體造型素樸並富韻律感，九是數之極，表示多數，燈座置於墓中，是爲「長生燈」，也有祈求長久之意，完全符合東漢時期的道教思想及習俗。

圖 78　綠釉九連陶燈臺，東漢，65*39cm，1961 年河北平穀縣
　　　西柏店出土，首都博物館藏

這種寓意長生的樹形燈，其年代仍可上溯至戰國中晚期，1977 年河北平山三汲出土一件「樹形燈」。此器有燈盤十五個，樹幹上端有螭龍盤繞，枝間有鳥及猿猴，其中兩猴引臂懸空，接取樹下二人所拋予的食物，樹底圓座，飾鏤空蟠螭紋，有三虎形足，虎口銜穿索用環【圖 79】。

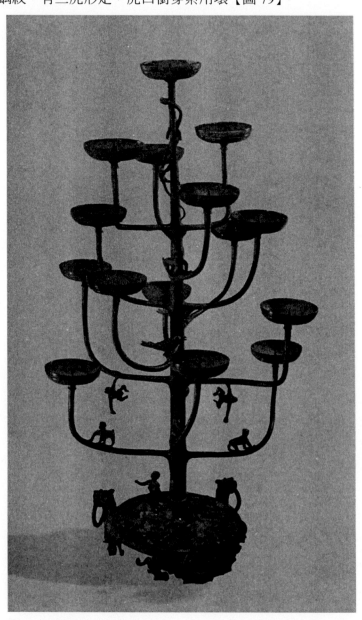

圖 79　樹形燈，戰國中晚期，高 82.9cm，1977 年河北平山
　　　三汲出土，河北省文物研究所藏

這樣的樹形燈，有人、有獸，圖像非常豐富，造型與搖錢樹也極爲近似，可說是搖錢樹的濫觴。明器中的樹形燈，有長生之意，而「樹」在《太平經》中是仙草木、神草木，也是個人生命的代表，並藉「物之大者」象徵長生之旨，因此，由樹形燈到搖錢樹，其形制、材質雖略有異，卻都是明器之用，而其內涵及造型都與畫像中的「命樹」極爲近似，雖仍未能知搖錢樹何以須用「錢幣」（飾如葉？）形制爲飾？然而，由西王母之長壽，樹之延伸向上，以至神人、神獸、神樹寓意祥瑞並久長之意，搖錢樹象徵墓主之命樹，其性質與作用在於求「長生」，便也瞭然可知了！

3. 畫像中的生物方

畫像中的植物，形象明確，較爲單純。至於畫像中還有許多動物——珍禽異獸，由於各具圖像，除了魚、鳥、四靈等動物，曾有人提及或研究，一般論述大多付諸闕如，或只是泛泛之論，毫無新意。

今就《太平經》中卷 50〈生物方訣〉一文，略述於下，以便說明飛步禽獸跂行之屬在道教思想中的特殊意義與作用。

> 生物行精，謂飛步禽獸跂行之屬，能立治病。禽者，天上神藥在其身中，天使其圓方而行。十十治愈者，天神方在其身中；十九治愈者，地精方在其身中；十八治愈者，人精中和神藥在其身中。此三者，爲天地中和陰陽行方，名爲治疾使者。比若人有道而稱使者，神人神師也。
>
> 此三子皆爲天地人行神藥以治病，天使其各受先祖之命，著自然之術，其中不得去也。比若鳳凰麒麟，著德其身；比若蜂蠆，著毒其身，此之謂也。當深知天道至要意，乃能明天道性，有益於帝王治，使人不惑也。

可知在道教思想中，「飛步禽獸跂行之屬」，因天上神藥在其身中，是以上天差遣，爲人治病，唯有「明天道性」，始能有益於帝王，並使人不惑。考之畫像石中，動物圖像不在少數，今略整理如後，並與《太平經》比較，俾便還其原貌。

（1）鳥雀可以治病

鳥雀，在畫像石中極爲常見，其圖像固然是祥瑞的象徵，然而，仔細考證，其意義與作用仍有差異，出土位置與圖像組合仍有不同之目的，今就考古所見，略作條理並分析如後。

「禽者，天上神藥在其身中。」是以鳥雀可以爲之「立治病」，其意已見於〈生物方訣〉一文。這樣的觀念，也同樣見於《太平經・八卦還精念文》中所謂「朱雀治病，黃氣正中。」（卷 89）的記載，都說明鳥雀的神異功能，是祥瑞的徵兆，是以畫像中仙人、命樹、車騎，其或庖廚的上方，常伴有鳥雀圖像【圖 2,10,14】，這都是強調鳥雀是爲「神物」的寓意與作用；尤其令人注意地是，在敦煌佛爺廟灣西晉畫像磚上，釋名爲「神雀」的畫像中【圖 80,81】，明顯可見鳥雀的口裏銜有「異物」或「禾草」（出土報告釋爲「鳳翎」），此圖即應是《太平經》中鳥雀銜「神藥」或「仙草」以治病的最佳例證。

圖 80　玄鳥畫像磚，西晉，1995 年敦煌佛爺廟灣出土

（1）A 型 M37：1-1

（2）A 型 M37：1-4

（3）B 型 M133：4-1（摹本）

圖 81　神雀畫像磚，西晉，1995 年敦煌佛爺廟灣出土

（1）A 型 M133：4-4（摹本）

（2）B 型 M37：1-2

（3）B 型 M37：1-3

至於畫像石中，並不見「鳥雀」治病的具體圖像，傳說中，也少見此類故事，唯一較近似的，就是「扁鵲針灸圖」，且其圖像一目瞭然，自然較少有所爭議。

按：畫像中的「扁鵲針灸圖」，是將春秋時代本名「秦越人」的名醫，與軒轅時的扁鵲相比擬，並將其刻繪成「人首鳥身」的圖像，以便彰顯其爲神物而禮遇（參本章第一節〈扁鵲神醫〉一節），其表現手法不僅符合「扁鵲」之名與形像，也與道教思想中賦予「鳥雀」治病的意義相互呼應。因此，「人首鳥身」的扁鵲，在漢代畫像石中，已被道教信徒奉爲神明而禮拜，扁鵲之所以爲「鳥身」，其意義與作用也就十分鮮明了！

（2）魚鳥合歡象徵豐饒多子

川南地區曾出土一批畫像石棺，內容和題材都十分豐富。尤其引人注目的是，石棺上刻繪了許多魚、鳥、雀、龜、鳳、蛇等題材，並以「魚、鳥」圖像引起各方考證，《四川文物》即載有數篇，今略舉其要旨列述於後。

（1）1988 年第 3 期，高文、高成英在〈四川出土的十一具漢代畫像石棺圖釋〉一文中，即指出瀘州九號石棺上「圖中的白雀，其特徵爲短腳、短尾、扁嘴、啄魚、與朱雀不同。瀘州四號棺上也有此雀。石棺上凡出現此雀者皆有魚，很值得研究。」〔註35〕【圖82】

〔註35〕《四川文物》，1988 年，期 3，頁 20。

圖 82　雀銜玉璧圖，四川瀘州市九號棺出土

（2）1990 年第 4 期，崔陳〈漢代畫像石中巴蜀祖神像窺探〉一文中指出，這些圖像除了是自然界動物的直接描繪外，同時，「這些圖像都刻於顯要的位置，即棺身和棺檔，以漢代人們的墓葬意識，這類地方通常應是刻畫表現墓主人的地位、奢華生活場景和表達一定願望，如西王母、伏羲女媧、宴飲樂舞、車馬出行等等。所以，圖像的出現，顯然不是屬於一般之作。」〔註 36〕並認爲這些動物圖像是巴蜀民族圖騰崇拜意識之象徵。

（3）1991 年第 1 期，張遐齡、陳鑫明在〈瀘州出土漢畫像石棺魚雀圖考〉一文中，則指出「這是長期栖居河谷先民們獨特的風俗信仰和物崇拜。在川南一帶的漢石棺畫像中獨樹一幟。」〔註 37〕

（4）1991 年第 1 期，劉弘〈漢代魚鳥圖小考〉一文則指出「漢代的魚鳥圖表現的是漢代人們追求長生長壽的意願。魚鳥圖是漢代人們祈求長壽長生的一種吉祥圖案。與後世的壽星圖是同一個意思。」〔註 38〕

至於此類圖像，經崔陳於文中搜集整理，並此四篇考證，可歸納出以下幾種不同的看法：

（1）認爲鳥、雀、龜屬於漢代畫像石中常見的朱雀、玄武一類的祥禽瑞獸，刻於石棺上是起厭勝避邪的作用。

（2）認爲魚是祥符，寓意「年年有餘」，與漢代墓上題刻的「作此家宜子孫」意思一致。

（3）認爲魚刻繪的是今宜賓長江上游裡的鱘魚，反映的是當時這裡的自然面貌和漁業生產的狀況。

（4）是巴蜀民族圖騰崇拜或物崇拜意識象徵。

（5）是漢代人們祈求長壽長生的一種吉祥圖案。

〔註 36〕　《四川文物》，1990 年，期 4，頁 22～28。
〔註 37〕　《四川文物》，1991 年，期 1，頁 34。
〔註 38〕　《四川文物》，1991 年，期 1，頁 58。

在這些不同的看法中，個人較傾向的是第五個解答，即認為魚、鳥圖像是漢代人們祈求長壽長生的象徵。然而，此意也仍有未盡週到處，是以本章於第三節〈男女相須——人之大急〉一文中，即以四川瀘州九號石棺上之圖像，證之於「高禖」、「房中術」以及道教奉為圭臬的「長生久視」之道，而考證九號石棺之畫像應釋名為「高禖圖」，魚鳥合歡則象徵多子豐產之意，與「高禖求子」的作用也可以完全吻合。

崔陳於文中曾指出這些魚鳥等圖像，都刻於顯要的位置，並認為這些動物圖像是巴蜀民族圖騰崇拜意識之象徵。如「魚鳥象徵魚鳧、蒲卑諸祖神，龜則為開明氏祖神。」而鳳蛇圖「極可能就是巴之濮人氏族的圖騰徽記」。然而，事實上，魚、鳥（包含鳳）的圖像，常見於畫像石上，且並不限於巴蜀地區，尤其是鳳凰鳥（或稱朱雀），無論是神闕或墓門上都常見此圖像，何來「圖騰崇拜」之說？遑論「物崇拜」？

4. 凡民職在理草木五穀、理萬物

畫像中常有許多和農事有關的圖像，如：農事、採桐、拾芋【圖83】、播種【圖84】、採蓮、桑園等，釋文者也多認為這是當時農民生活型態的反映，也是百姓生活內容的寫照，是以並未有太多說明與內容闡析。然而，隨著研究者日益增加，見解各異，也更彰顯這些畫像石的特殊意義與作用。

圖83　拾芋畫像磚，25*39cm，四川彭縣出土

圖 84　播種畫像磚，24*38.5cm，1955 年四川德陽縣出土，四川省博物館藏

劉文杰〈漢代的種芋畫像實物與古代種芋略考〉一文，即就「拾芋」一圖，考證芋之種類及栽種方法，並認為芋「在飢荒無糧時，能夠起到『救飢饉，度凶年』的作用。」「所以畫像磚上的四個農夫正是在俯身採芋子了。」
〔註39〕

另外，羅偉先〈對「收獲播種」畫像磚的再探索〉一文中指出，此圖有許多不同的解說。如：

（1）于豪亮先生將其歸結為「祭祀靈星的舞蹈」。

（2）劉志遠先生則定名為「收獲」圖。

（3）「收獲播種」說。見《農業考古》1982 年，期 2。

（4）「播種」說。如：劉文杰、余德章、高文等，都有此類看法。

至於羅偉先先生則指出「祭祀對象非靈星」，並同意于豪亮先生的看法「它表現了農業祭祀性儀式的某種場面」，又「圖中人物的動態比較誇張，近于舞蹈。」而「這塊畫像磚的人物活動場面，也表達了出於祭祀土地和穀物的神祇──社稷而進行象徵性集體勞動的內容。從他們整齊的步伐和造作的姿態，可以看出其明顯的舞蹈特徵。且試名之：『祈報社稷的舞蹈』畫像磚。」

然而，羅文中也同時指出「總之，這塊畫像磚是同時展現了收獲和播種兩種勞動情景。然而，卻出現了一個問題：收獲和播種同時混雜於一個場面中，其間明顯缺少耕作這個重要環節，這在農業生產水平已相當高的東漢時

〔註39〕　《四川文物》，1985 年，期 4，頁 9～11。

期的川西平原來說，顯得有些蹊蹺，故不能簡單地歸結爲當時農業生產的『眞實場面』」〔註40〕。

的確，羅文觀察細密，並提出疑惑——爲何收獲和播種同時混雜於一個場面中？以至推論出「祈報社稷的舞蹈」這樣似是而非的結論。而且，收獲、播種的誇張姿態若是爲了祭祀而作，而非農業生產的「眞實場面」，那麼，其他的「農事」，是否也有特殊的意義與作用？

《太平經》卷42有〈九天消先王災法〉一文，言及天理九人——神人、大神人、眞人、仙人、大道人、聖人、賢人、凡民、奴婢等各司其職。唯有九人陰陽調合，且「九人俱守道，承負萬世先王之災悉消去矣。」才能使天下太平。同時，文中言及「凡民職在理草木五穀」，「凡民亂憒無知，與萬物相似，故理萬物。」都明確規範道教思想中凡民的職責是「理草木五穀」，「理萬物」之事。因此，收獲和播種的場面同時出現，這不足爲奇，只是藉此說明此二者都是「農事」的內容，是「凡民之職」而已！

至於畫像中又有許多「理萬物」的圖像，藉著活潑躍動的線條刻畫，寫實地呈現當時生活的形態，這樣的畫像又以四川爲最多，且最具有地域性特色。例如：驅雀、弋射收獲【圖85】，放筏、鹽場、釀酒、東市圖等。

圖 85　弋射、收獲畫像磚，40*49cm，四川成都市郊出土，成都市博物館藏

〔註40〕《四川文物》，1988年，期3，頁25～30。

　　《四川漢代畫像磚》「簡論」一文中曾述及「社會生活中，勞動人民的生活是主要方面，直接表現勞動人民生活，表現社會生產的圖畫，是四川漢代畫像磚藝術裏現現實主義色彩最濃厚的作品。反映播種、收割、舂米、釀造、鹽井、弋射收獲等內容的畫像磚，這是畫像磚中最突出的部份，不僅將當時主要生產活動收入其中，也是當時人民一般生活最眞實的寫照。特別是直接反映農業生產的畫像磚更爲突出，它對於四川古代農業的研究有著極爲重要的意義，爲古代農業的研究提供了生動形象的實物資料。」另外，文中提及「收獲、驅雀和舂米畫像磚，組成了秋收入倉的一整套畫面。」而「採蓮、拾芋、農事以及弋射收獲磚上的池塘，形象地刻劃出成都平原的『水鄉』情景。」〔註41〕

　　這些生活內容的描繪，寫實地反映東漢時期四川地區的百姓生活。然而，這些畫像無論是農事、漁獵、煮鹽、市集等圖像，都是尋常百姓的生活反映，何以將此類圖像與神仙、帝王、孝子、列女、聖賢圖像共同放置於墓中，必然有其特殊因素，而且，這些圖像內容分類廣泛，也絕非墓主個人生活之反映。因此，此類畫像並不如一般書籍釋文所謂「是當時人民一般生活最眞實的寫照」而已，雖然，它的確是當時人民生活的反映，但是，更正確地說——應是道教思想下，民職「理草木五穀」、「理萬物」觀念的實踐。百姓的職責既然在於「理萬物」，那麼，生活中的一切活動或農事，便都是畫像內容的題材。

　　這樣的思想也同樣可見於山東嘉祥縣出土的畫像石。如：洪山村畫像第一石第二層，左邊刻畫的是制輪，右方刻繪的則是釀酒【圖74】；嘉祥村畫像第一石第五層，則是刻狩獵場面，左方一獵人，一手牽狗，一手持木棍，右二人則前者扛筆，後者肩負弩弓【圖86】；另外，江蘇銅山縣洪樓出土的畫像石中，下層的左方也有刻繪細密的「紡織圖」【圖 87】，紡紗、織布的場景極爲寫實；而河南南陽縣英庄出土的「狩獵」圖像【圖88】，則更是傳神地描寫獵犬捕追獵物的躍動形態；相較於陝西綏德縣王得元墓，前室東壁的墓室橫額及左右豎框畫像【圖89】，有放牧、耕耘的場面，都可見民職理草木五穀、理萬物的道教思想，以及地域性表現的特殊生活型態和模式。

〔註41〕　《四川漢代畫像磚》，簡論四。

圖 86　山東嘉祥村畫像第一石，81.5*69.5cm

（1）西王母（2）玉兔擣藥（3）羊車人物（4）車行圖（5）狩獵圖

圖 87　紡織圖，216*99cm，江蘇銅山縣洪樓出土

圖 88　狩獵，146*44cm，河南南陽縣英庄出土

圖 89　農事，陝西綏德縣王得元墓，前室東壁畫像石

　　道教思想中言及「九人」及其職責，唯有九人陰陽調合，並俱守道，才能使天下太平。而畫像中有仙人西王母、聖賢圖像、百姓生活以及奴婢之屬（通財貨），這些圖像的內容完全符合《太平經》中「九人」之職，其目的在於「致太平」，也與道教思想的精義相契。

　　於是，畫像中人民勞動的生活描繪，便不止於生產型態的刻畫而已！而是道教思想下，人們遵循教義，所反映的百姓職責及信仰了！

第七章　畫像石對學術研究的啓發和影響

　　畫像石起自西漢，盛於東漢時期，至魏晉以後則又急遽衰微，倏忽無影，其興亡之快速，瑰麗奪目，令人震驚，也令人惋惜。

　　然而，一般坊間書籍對於畫像石之興亡原因，大多歸之於漢代的厚葬風氣，光武帝崇尚孝廉的政策（畫像石中有許多忠孝節義之圖像），或以爲畫像石中的內容是現實生活的反映，描述貴族生活（宴飲）及平民生活（農耕），其思想是儒家（忠孝）及道家（神仙）內涵的體現，並反映「事死如生」的社會習俗；至於其衰微原因，則大多歸咎於東漢末年政治腐敗、經濟衰弱、社會動盪等因素。其中有許多似是而非、自相矛盾，甚或不合史實、牽強附會之說，本書將就此觀點提出反面之論證，並間接論述「漢畫像」應是東漢時期早期道教思想之具體呈現，是宗教理念之信服，而非一般生活形態之反映而已！

　　說到畫像石之發展是道教思想之反映。這樣的觀點，在史籍及道教早期經典（東漢《太平經》）中並未載明，後人研究，除了指出西王母、東王公等神仙思想與道教（或道家）有關外，其餘多闕而不言，以至出現「厚葬」與「孝廉」這樣自相矛盾的觀點；而儒家的「事死如生」又無法和道家的神仙思想（生時爲仙？）自圓其說，畫像石既是貴族生活的反映，何以又有平民生活的描繪；且四大地區畫像石的藝術風格和技巧，有其共通性，卻又各有其地域性及獨立性之發展，其間的淵源及影響爲何？畫像石二次入葬的意義與作用何在？都是坊間書籍所未述及或存疑處，溯及宋人、漢人著錄，千餘

年來，也未見明確記載！至於其迅疾消逝，則與三國以後道教發展受挫有關，而非單純的政治、經濟因素所及；只是，所有的論著，都認爲畫像石從此就銷聲匿跡，不再存在，不僅不符合歷史發展及事實，並予人主觀武斷，對畫像石刻認識不清之感受。

另外，自先秦以降，儒、道思想之交融，且相輔相成，一直是中國文化發展的主流。而「道教」正是在東漢時期以儒道互補爲特色的本土宗教，表現在生死的觀念和墓葬手法上，與一般的墓葬或儒家思想墓葬，有很大的差異，這種因思想所造成的區別，個人在研究玉器時即已有深刻的體認（見拙著《戰國玉器研究》〈儒、道思想下的喪葬習俗〉一節），以至於出土文物的研究者，若未能體會中國文化思想對器物之重要性及影響性，並詳加辨識其間差異，則終將徒勞無功，錯誤百出。是以本書將就「早期道教」思想對畫像石之影響及關係予以驗證，並期匡正相關誤謬。

一、畫像石研究的盲點

1. 事死如生之迷思

幾乎所有論及畫像石的書籍，看到畫像上精采的生活描述（宴享、田獵、百戲等），都一致認爲這就是漢人生活形態的反映，並有儒家「事死如生」之意，這樣的觀點，在漢武帝罷黜百家，獨尊儒術的政策影響下，似乎也言之成理，從未見有人予以駁斥。

然而，畫像石中繁複的題材，多樣的描繪，神仙、傳說、帝王、列女、車騎、百戲、農桑、星象、四靈、門吏、動物、植物等等，這些有如故事或情節敘述的畫像，上自天文，下至地理、古往今來，眞實虛幻，其內容涵蓋天地人三界，實在是無法用「事死如生」一句話就可予以概括論定，且其內容也未必符合死者「生時」之情狀（如：帝王、列女），是以必須重新予以闡述才是。

道教早期經典《太平經》，對於「死事」之處理態度和方法，與儒家思想下之墓葬習俗，有很大的差異，因此，反映在畫像石中，自有其特殊風格與完整的思想體系，例如：

（1）擇善地爲葬宅以還魂神

畫像石之作用，除了裝飾並反映道教思想的墓葬習俗外，基本上，畫像石堅硬的材質，也是墓葬建築中重要的架構。

《太平經・葬宅訣》有言「葬者，本先人之丘陵居處也，名爲初置根種。宅，地也，魂神復當得還，養其子孫，善地則魂神還養也，惡地則魂神還爲害也。五祖氣終，復反爲人。天道法氣，周復反其始也。」（卷50）可見早期道教思想中，對「葬宅」之重視，其意義與作用在於使先人魂神復還，以便福佑子孫。因此，葬宅中的畫像，有「求仙」或「復反爲人」的祝禱思想，作爲墓室架構，不僅可以是子孫祈福的場所，也是先人魂神復還的「管道」，必須愼擇善地而養。以南陽唐河縣針織廠墓爲例，此墓形制爲「回」形墓葬。西東向，方向爲105度，墓道被破壞，已看不出形狀，墓室爲純石結構，東西長5.08，寬4.52，高2.23米，由墓門、前室、兩主室、三側室組成。三個側室圍繞主室與前室兩端相通，對稱均衡，呈迴廊式。至於各墓室皆呈長方形，其長寬高分別爲：前室——4.56，1.12，1.80米，主室——3.08，1.02，1.58米，後側室——4.56，0.72，1.58米，兩側室——門高1.12，寬1.58米〔註1〕。

從這些詳盡的出土記錄來看，畫像石墓的墓室雖然不大，卻是可以由人從容出入，作爲祝禱或祭祀的空間，並使死者魂神復還，因此，畫像石的內容雖然涵蓋「天、地、人」三界，卻絕非「事死如生」，也不是死者生前生活之反映。

另外，《太平經》卷154～170有〈還神邪自消法〉，其言「分別三氣所長，還神守身。太陽天氣故稱神。形者，太陰主祇，包養萬物，故精神藏於腹中，故地神稱祇。精者，萬物中和之精。故進退無常；天地陰陽之精，共生萬物，此三統之歷也。神者主生，精者主養，形者主成。此三者乃成一神器，三者法君臣民，故不可相無也。」又曰「天不守神，三光不明；地不守神，山川崩淪；人不守神，身死亡；萬物不守神，即損傷。故當還之乃曰強，不當自守曰消亡也。」則更進一步說明「守神」之重要性，並佐證早期道教對「葬宅」之重視程度，是以畫像石墓多出現在早期道教發展的地區，並且不論當時政治動盪、經濟凋敝的社會因素，狹小簡陋的墓室中，即使是只有一塊畫像石，也能安慰死者亡魂，助其成仙或還神。因此，畫像石墓的經營架構，是在宗教信仰的力量下推動而成，其富麗建築，並與天地相通，自是不可輕忽褻瀆。

〔註1〕 《南陽漢代畫像石》，頁8～11。

（2）事死不得過生法

幾乎所有論述畫像石的書籍，都強調畫像石上豐富的圖像描繪，是儒家學說「事死如生」、「其生也榮，其死也哀」的思想反映。

偶而有些不同的看法，如：邢義田先生討論〈漢代壁畫的發展和壁畫墓〉一文中曾指出，其布局的內容有其一定的「格套」，以供喪家選購。再者，例如百戲圖「或許反映漢人對這些雜技的喜愛和雜技的流行」，但未必是墓主生前真實生活的寫照，可能有些炫耀、誇大成份〔註2〕。另外，巫鴻先生在探討〈漢代藝術中的天堂圖像和天堂觀念〉一文中，也指出「大量東漢墓葬更飾以石刻壁畫，惟妙惟肖地描繪種種現實生活場面以及孝子烈女、歷史故事。我們可以把這種種模擬和美化現實的器物和畫像統稱為「理想家園」（ideal homeland）藝術，其與表現『天堂』或『仙境』的作品在藝術語言及宗教涵義上都是大相逕庭的。」〔註3〕這種對現實生活反映的疑惑（格套必然存在），或歸於『理想家園』藝術（桀紂、二桃殺三士、撈鼎圖等又如何解釋），仍是以偏概全，未能令人盡信，當然，畫像石的內容也絕非儒家思想之反映，則是必然。

《太平經》極為強調「孝」道，而其對「事死」之觀點，則有一套完全不同的看法。卷 36〈事死不得過生法〉即有真人問孝子事親，親終後欲事之過生，殆其可乎的記載？神人言：「子之言，但世俗人孝之言耳，非大道意也。」並謂：

> 人生，象天屬天也。人死，象地屬地也，天，父也。地，母也，事母不得過父。生人，陽也。死人，陰也。事陰不得過陽。陽，君也。陰，臣也。事臣不得過君。事陰反過陽，則致逆氣；事小過則致小逆，大過則致大逆，名為逆氣，名為逆政。其害使陰氣勝陽，下欺其上，鬼神邪物大興，共乘人道，多晝行不避人也。今使疾病不得絕，列鬼行不止也。其大咎在此。
>
> 生者，其本也。死者，其偽也。何故名為偽乎？實不見睹其人可欲，而生人為作，知妄圖畫形容過其生時也。守虛不實核事。夫人死，魂神以歸天，骨肉以付地腐塗，精神者可不思而致，尚可得而食之。骨肉者無復存也，付歸於地。地者，人之真母。人生於天地之間，

〔註2〕邢義田著，《秦漢史論稿》，頁 473～478，東大圖書公司，1987 年 6 月。
〔註3〕《歷史文物》，卷 6 期 4，國立歷史博物館館刊，1996 年 8 月，頁 6～25。

其本與生時異事，不知其所職者何等也？故孝子事之宜以本。乃後
得其實也。生時所不樂，皆不可見於死者，故不得過生，必爲怪變
甚深。

道教思想別陰陽。陰盛陽衰，則必疾疫不絕，陽氣不通。又言「事陰過
陽，事下過上，此過之大者也。」這種以「陰陽」別生死、父母、君臣之道，
進而揭櫫「事死不得過生」的觀念才是大道所謂的「孝」，其說的確別有見地，
一新耳目。因此，畫像石的內容，絕非單純是現實生活的反映，即便是孝子
圖像、樂舞百戲等題材，在道教的思想體系中，也是爲了「長生」而設。《太
平經》中極力提倡孝道，並有〈不孝不可久生誡〉一文（卷 194），闡述惡人
早死，孝子善人始可長生之意；至於樂舞百戲以事神（卷 112），或動樂音而
「太平可致，凶氣可去。」（卷 115～116），都深入闡述道教思想之精義，「事
死如生」之迷思，自然也可破解無惑了！

2. 厚葬風氣不合儒家思想

漢畫像石規模宏大，製作費時，而其雕琢繁複，瑰麗奇譎，若非雄強之
經濟能力，無以負荷，是以前人論述多以爲畫像石是厚葬風氣下的產物。

李發林先生著《山東漢畫像石研究》一書中，有〈漢代的厚葬風氣〉一
節，即提及漢代的厚葬風氣，是以儒家所倡導的「孝悌」爲理論核心，並以
厚葬爲德，爲孝。但又指出孔子未明確表態主張厚葬〔註4〕。

另外，南陽漢代畫像石編輯委員會編《南陽漢代畫像石》一書中，也指
出漢代厚葬習俗的原因爲：① 由於靈魂不滅的觀念。② 在儒家思想中，厚
葬是致孝的表現。③ 認爲厚葬與子孫後代昌盛有關〔註5〕。

這樣的觀點，肯定了畫像石與儒家思想以及厚葬風氣的關聯，時人多習
焉不察，未嘗提出反證。雖然，李發林先生也指出孔子未明確表態主張厚葬
的事實。

的確，《論語・爲政》有言「生，事之以禮。死，葬之以禮，祭之以禮。」
《孟子・離婁下》也稱「養生者不足以當大事，惟送死可以當大事。」都說
明儒家思想對喪葬習俗的重視與敬慎。然而，「奢則不孫，儉則固；與其不孫
也，寧固。」（《論語・述而》）又曰「麻冕，禮也。今也純儉，吾從眾。」（《論
語・子罕》）是以《漢書・楚元王傳》載「夫周公，武王弟也，葬兄甚微。孔

〔註4〕　《山東漢畫像石研究》，頁 19～24，齊魯書社，1982 年 10 月。
〔註5〕　《南陽漢代畫像石》，頁 3～4，文物出版社，1985 年 10 月。

子葬母於防，稱古墓而不墳。」又言「故仲尼孝子，而延陵慈父，舜禹忠臣，周公弟弟，其葬君親骨肉，皆微薄矣；非苟為儉，誠便於體也。宋桓司馬為石槨，仲尼曰『不如速朽。』秦相呂不韋集知略之士而造春秋，亦言薄葬之義，皆明於事情者也。」也可見孔子主張薄葬之思想。孝親，在於心意而非排場，而厚葬風氣更與儒家思想重孝道之旨無關。

另外，《漢書》同傳中又有一段文字詳述古聖先王之墓葬，唯有承命順意而薄葬，才真正是「奉安君父，忠孝之至」。

> 易曰「古之葬者，厚衣之以薪，臧之中野，不封不樹。後世聖人易之以棺槨。」棺槨之作，自黃帝始。黃帝葬於橋山，堯葬濟陰，丘隴皆小，葬具甚微。舜葬蒼梧，二妃不從。禹葬會稽，不改其列。殷湯無葬處。文、武、周公葬於畢，秦穆公葬於雍橐泉宮祈年館下，樗里子葬於武庫，皆無丘隴之處。此聖帝明王賢君智士遠覽獨慮無窮之計也。其賢臣孝子亦承命順意而薄葬之，此誠奉安君父，忠孝之至也。

由此可知，厚葬與孝道無關，與儒家思想及墓葬習俗無涉，遑論「事死如生」之意？是以前人所言厚葬是致孝的表現，是儒家思想的反映，其說不攻自破。畫像石中的孝道故事圖像，是道教長生思想的體現，無關儒家學說，也與厚葬風氣無所牽繫。

3. 厚葬風氣非盡為兩漢墓葬習俗

漢代崇尚奢靡的墓葬風氣盛行，這的確是事實，高墳大隴，黃金珠玉，出土中也常見。然而，根據史載，當時帝王公侯、賢臣儒者，不僅不厚葬，反而極力主張薄葬者，也不在少數。例如：

（1）《漢書·文帝紀》載帝崩于未央宮，遺詔有言「當今之世，咸嘉生而惡死，厚葬以破業，重服以傷生，吾甚不取。」贊曰「治霸陵，皆瓦器，不得以金銀銅錫為飾，因其山，不起墳。」

（2）《漢書·景帝紀》載二年春二月，訂定諸侯等喪葬事宜，並謂「其（薨）葬，國得發民輓喪，穿復土，治墳無過三百人畢事。」

（3）《漢書·禹貢傳》則載武帝棄天下後，「昭帝幼弱，霍光專事，不知禮正，妄多臧金錢財物，鳥獸魚鱉牛馬虎豹生禽，凡百九十物，盡瘞臧之，又皆以後宮女置於園陵，大失禮，逆天心，又未必稱武帝意也。」

（4）《漢書・楊王孫傳》載「楊王孫者，孝武時人也。學黃老之術，家業千金，厚自奉養生，亡所不致。及病且終，先令其子，曰『吾欲贏葬，以反吾眞，必亡易吾意。死則爲布囊盛尸，入地七尺，既下，從足引脫其囊，以身親土。』」這是文字中少見的「裸葬」事例，並是黃老之術反眞之旨。

（5）《後漢書・光武帝紀》載其遺詔曰「朕無益百姓，皆如孝文皇帝制度，務從約省。」

（6）《後漢書・顯宗孝明帝紀》則言「遺詔無起寢廟，藏主於光烈皇后更衣別室。帝初作壽陵，制令流水而已，石槨廣一丈二尺，長二丈五尺，無得起墳。」

（7）《後漢書・孝和帝紀》則載永元十一年秋七月辛卯，詔曰「吏民踰僭，厚死傷生，是以舊令節之制度。頃者貴戚近親，百僚師尹，若肯率從，有司不舉，怠效日甚。又商賈小民，或忘法禁，奇巧靡貨，流積公行。其在位犯者，當先舉正。市道小民，但且申明憲綱，勿因科令，加虐贏弱。」則可見當時的確有「厚死傷生」之風，而朝廷也一再申明糾舉此制度。

（8）《後漢書・張酺傳》載章帝御前侍講，聚徒以百數的張酺，臨危，勑其子曰「顯節陵埽地露祭，欲率天下以儉。吾爲三公，既不能宣揚王化，令吏人從制，豈可不務節約乎？其無起祠堂，可作槀蓋廡，施祭其下而已。」按：顯節，明帝陵也。明帝遺詔無起寢廟，故酺遵奉之。

（9）《後漢書・孝安帝紀》載永初元年「秋九月庚午，詔三公明申舊令，禁奢侈，無作浮巧之物，殫財厚葬。」則是明令禁止厚葬，並重申舊令而已！

（10）《後漢書・楊震列傳》則載安帝時，有「關西孔子」美譽的楊震，因遭嫉陷，謂其諸子門人曰「身死之日，以雜木爲棺，布單被裁足蓋形，勿歸冢次，勿設祭祠。」因飲酖而卒，時年七十餘。

（11）《後漢書・梁商傳》則載順帝時，戚屬居大位的梁商病篤，勑子曰「氣絕之後，載至冢舍，即時殯斂。」「及薨，帝親臨其喪，諸子欲從其誨，朝廷不聽。」則是梁商以己之無德及「邊境不寧，盜賊未息。」爲由，不欲厚葬。

（12）《後漢書・郭躬列傳》則載「順帝時，廷尉河南吳雄季高，以明法律，斷獄平，起自孤宦，致位司徒。雄少時家貧，喪母，營人所不封土者，擇葬其中。喪事趣辨，不問時日，（醫）巫皆言當族滅，而雄不顧。及子訢孫恭，三世廷尉，爲法名家。」

（13）《後漢書・趙咨列傳》載桓靈之際，節行孝廉的趙咨在官清簡。「將終，告其故吏朱祗、蕭建等，使薄斂素棺，籍以黃壤，欲令速朽，早歸后土，不聽子孫改之。」

由兩漢書所載來看，漢代的確有崇尚奢靡的社會風氣，並以西漢武帝及東漢桓帝爲最。

《漢書・武帝紀》贊語有言「如武帝之雄材大略，不改文景之恭儉以濟斯民，雖詩書所稱何有加焉！」師古注曰「美其雄材大略，而非其不恭儉也。」

《後漢書・孝桓帝紀》論曰則載「前史稱桓帝好音樂，擅琴笙，飾芳林而考濯龍之宮，設華蓋以祠浮圖、老子，斯將所謂『聽於神』乎！」注引《續漢志》曰「祠老子於濯龍宮，文罽爲壇，飾淳金（鉛）〔釦〕器，設華蓋之座，用郊天樂。」又，贊曰「傾宮雖積，皇身靡續。」註曰「據桓帝納三皇后，又博採宮女五六千人，並無子也。」都可見其風氣豪侈，用度奢靡。

然而，文景恭儉。文帝時期，雖也有「厚葬以破業」的習尚，文帝卻能以身作則，並不取法。至於武帝雖然性情豪強，生活侈靡，霍光盛其後事，卻也有逆天、失禮之嫌。至於後漢時期，自光武、明帝、和帝、安帝，都曾下詔禁令厚葬，這只能說明「厚死傷生」的風氣在當時曾經盛行過，但是，卻並不能證明兩漢所有的時期都以厚葬爲尚。更何況，東漢時期在帝王的下詔，以及王公貴族、賢臣儒者的自覺反省之下，並不以厚葬爲依歸，反欲以薄葬率天下從儉，也可見當時節行清流，不隨俗披靡。

至於就歷史發展及文物出土現象來看，厚葬風氣與儒家思想或早期道教發展無涉，應可確立，而一般坊間書籍論證仍多所闕漏，略舉證如下，以便思考：

（1）西漢武帝罷黜百家，獨尊儒術，卻又迷信黃老，祈求長生，風氣極爲豪侈，然而，其時由於道教思想仍處萌芽階段，畫像石墓仍未盛行，可見厚葬習俗與畫像石未必有直接關係。

（2）畫像石墓的出土，以東漢晚期最爲興盛，其時，社會動盪，民生凋敝，何厚葬之有？

（3）畫像石的出土，有其地域性之局限，若是厚葬風氣下之產物，應爲全面性之影響，何以四大區域之外的地方，少見或不見畫像石墓，可知二者並無直接關聯：另外，兩漢的確有許多高墳大墓，陪葬侈靡的事實，但是，那些墓葬全非道教思想之形制。

（4）以墓葬形制而言，山東、四川、河南、陝北，其地域性風格及前後期墓葬形制發展大不相同，如爲厚葬風氣所及，何以有此差距？

（5）由畫像石墓中的隨葬器物來看，未必有「厚葬」之事實。根據出土報告——南陽市博物館〈南陽發現東漢許阿瞿墓誌畫像石〉一文所載「該墓墓室狹小，無門，隨葬品寥寥無幾。」〔註6〕值得注意的是，畫像刻石上鑴有明確的年代——漢靈帝建寧三年——可以肯定爲東漢晚期（170年）的石刻。許阿瞿死時，只是一個五歲的兒童，竟也以畫像石作爲墓葬形制，可知這是社會風氣下所反映的墓葬習俗，應與「信仰」有關，而不具身份地位、年齡、財富等意義，尤其是題記並刻有「年甫五歲，去離世榮，遂就長夜，不見日星，神靈獨處，下歸窈冥，永與家絕，豈復望顏。」以及「投財連（聯）篇（翩），冀子長哉。」等蘊涵道教思想之文字。然而，其隨葬品寥寥無幾，也可見與「厚葬」風氣無涉了。

（6）《太平經》卷36有〈事死不得過生法〉一文，謂「事陰不得過陽」、「夫死喪者，天下大凶惡之事也。」並以爲孝子事親，親終後欲事之過生，是爲世俗人之孝，非大道之意。這樣的觀點和畫像石墓建構的宗旨與手法完全相互吻合（詳見後文〈魯迅命名之檢討〉一節），也可見「厚葬」一詞之誤謬。

厚葬，與孝道、儒家思想毫無關聯；厚葬，只是兩漢時期部份帝王所盛行的社會風氣；厚葬，是兩漢時期許多帝王及儒者想要遏阻的敗壞行徑，並有違「孝」及「大道」之旨；厚葬，並不能代表兩漢的墓葬習俗；厚葬，又怎會與畫像石有任何干係呢？

4. 魯迅命名之檢討

東漢畫像石，反映道教早期的思想及墓葬形式，魏晉以後，道教的發展有所變革，墓葬形式也由畫像石沈雄樸質的原始生動，轉爲石棺上流暢纖細的華美繁複，其獨特的精神與形式，隨著道教思想的流傳變遷而延續至清，其間脈絡分明，傳承有序，只是乏人整理。然而，也正是因爲這樣豐富的文化資產不受人重視，以至盛行於東漢的「畫像石刻」與流傳魏晉的「石刻線畫」，竟從此歧途陌路，硬是被截斷了臍帶。

王樹村先生《中國美術全集・石刻線畫》一書引言中曾論及「畫像石」與「石刻線畫」二者之區別：

〔註6〕《文物》，1974年，期8，頁73～75。

　　古代金石著錄和近代辭書向無「石刻線畫」一詞,「石刻線畫」之
說,始見於《魯迅書信集》。民國初年,魯迅客居北京,當時他正
在琉璃廠和各曉市搜集古代石刻拓本,在整理研究過程中發現:「惟
漢人石刻深沈雄大,唐人線畫流動如生,倘取入木刻,或可另闢一
境界也。」(見《魯迅書信集》第 873 頁)從而人們便把漢代墓室
出土的石刻畫稱爲「畫像石」;漢代以後的線刻畫,則被稱爲「石
刻線畫」了〔註7〕。

　　「石刻線畫」始於東漢,衰頹於清,而以南北朝至隋唐時期爲鼎盛期。
其法是以陰線刻繪於墓葬中墓室、棺槨、碑誌、門楣、柱礎等石材上,甚至
於道教、佛教的造像臺座上,都可見其蹤跡;其內容則包括仙佛人物、孝子、
樂舞、車行、山水、四神等題材;而其分佈,據王樹村先生文中指出:「大都
集中在陝西、河南、山西、山東黃河流域,並逐漸向西南(如雲南昭通白泥
井出土的刻有女媧、伏羲等像之石棺)、西北(如新疆昭蘇縣科培雷特崖石上
的佛像)、東南(如福建泉州海外交通史石刻陳列館中的石刻)、東北等地區
發展。甚至可能還影響到海外如泰國的佛教藝術。」同時,王文中並提及「墓
葬中石棺刻畫,可溯源於四川郫縣出土的東漢石棺,棺上所刻爲主人宴飲及
歌舞,未見有成仙飛昇之圖畫。」

　　這樣豐富的文化資產,自東漢四川石棺線畫時代(東漢至清)起,其技
法(陰刻線繪)、材質(石材)、作用(墓葬)、內容(道教、佛教題材)、地
域分佈(四川、陝西、河南、山西、山東等地)及發展,都與道教及畫像石
的流佈和意義相互契合,只是略增佛教題材而已!這在歷史文化的發展中,
吸收外來文化並予以融合,也是常見的現象。而「石刻線畫」的發展,基本
上仍是直接承繼畫像石的形式與內涵,並反映道教思想在各個朝代墓葬制度
中的興衰盛亡。

　　至於王文中所稱「墓葬中石棺刻畫,可溯源於四川卑縣出土的東漢石棺,
棺上所刻爲主人宴飲及歌舞,未見有成仙飛昇之圖畫。」此段文字已明確指
出「石刻線畫」和四川東漢畫像石緊密的關係,不僅內容相同,且平面陰線
刻也是畫像石雕琢的技法之一,這和常任俠先生所謂「四川漢石刻畫,大率爲
石棺畫像。石闕多爲圓雕或浮雕,祇有石棺畫像,纔是平面的淺雕。」〔註8〕

〔註7〕《中國美術全集・石刻線畫・中國石刻線畫略史》,頁1。
〔註8〕《中國美術全集・畫像石畫像磚》,頁13。

二者可說是前呼後應，上下接續，然而，王文中特別指出此棺「未見有成仙飛昇之圖畫」，因而排除了與道教思想之關係，只是，王樹村先生可能完全沒有想到：《太平經》中曾明確指出天下大急有二，即「飲食與男女相須」，捨此則滅絕死亡；而音樂更具有「樂諸神」、「太平可致」、「正天地陰陽五行」（參第六章）等作用，無須必有神仙始爲道教思想之呈現。因此，在畫像石及石刻線畫中有許多宴飲、歌舞場面的描繪，就道教體系而言，其目的在求「長生」、「太平」，這是道教思想的根本教義，也是道教信仰的終極目標，其意義絕非一般人所謂現實生活的反映，或貴族侈靡的生活形態。

當然，魯迅先生也錯了！

魯迅先生在世時，曾經窮其心力，積聚蒐羅了幾箱古代石刻畫像拓本。據胡冰從魯迅日記後面所附的「書賬」統計，自 1915 年至 1924 年，魯迅所購石刻畫像拓本約 1,500 種〔註9〕，晚年並想編一部《漢石畫像》及《六朝造像目錄》，以喚起世人對中華文化藝術的注目，只是，心願未了便已早逝；同時，魯迅先生對道教極爲推崇，並曾在寫信中要言指出：

> 前曾言中國根柢全在道教，此說近頗廣行。以此讀史，有多種問題
> 可迎刃而解。《魯迅全集‧書信》

> 人往往憎和尚，憎尼姑，憎回教徒，憎耶教徒，而不憎道士。懂得
> 此理者，懂得中國大半。《魯迅全集‧而已集‧小雜感》

以魯迅先生對學術鑽研之深，蒐羅之富，掌握此二大契機，竟仍然錯失交臂，未能解決畫像石刻的根本問題及疑惑，甚至將「畫像石」、「石刻線畫」截然畫分爲二門類，造成許多不必要的困擾及訛誤，的確令人遺憾。因爲，二者前後承繼，關係緊密，都是爲反映道教思想的墓葬習俗而刻繪。至於道教墓葬思想的反映，由東漢沈雄朴茂的石刻畫像，轉化爲魏晉以降工整富麗，繁複流暢的石刻線繪，這樣的技巧，在孝堂山石刻及部份畫像上，早已見其端倪，其承先啓後的緊密關係極爲明顯，畫像的意義與作用也仍然一脈相承。

當然，讀者不免要問：此二者究竟應如何命名始爲貼切？個人以爲，仍應從俗，名之爲「畫像石刻」，不僅是因爲其刻繪於石棺之上，更重要的是，《太平經》中曾屢次提及「畫象」、「圖象」、「畫圖」等名詞，並指出「懸象」之作用，在於與四時氣相應，是以當懸之窗光之中而思之。所謂「上有藏象，下有十鄉，臥即念以近懸象，思之不止，五藏神能報二十四時氣，五行神且

〔註9〕胡冰，〈魯迅對石刻畫像的收集與研究〉，《文物參考資料》，1953 年，期 11。

來救助之，萬疾皆愈。」（卷 18〜34）「懸象」有治病之功，以求長生，這是
構建「畫像石墓」的原始目的與作用，也是早期道教行世的手段與方法。

追本溯源，就東漢時期道教「畫像」的本質而言，「畫像石刻」的確有其
宗教之內涵與精神，降至魏晉，以陰刻線繪手法直接承繼「畫像石刻」之餘
緒，並在石棺上表現道教墓葬形制之畫像，其俗延續至清，並有八仙、關公
等題材，基本上，仍是道教思想之反映。魯迅命名之歧出，便不言可喻了！

二、畫像石研究的啓發

1. 畫像石二次入葬之意義

畫像石盛於東漢，至東漢末年而急遽衰頹，從此便不再振起。然而，三
國魏晉以降，墓室中仍可見以前人（東漢）的畫像墓室作爲墓葬的用地，或
拆卸其他墓室的畫像石作爲己身墓室裝飾、殉葬之用，這樣的例子，出土中
屢見不鮮。例如：

（1）南陽市博物館〈南陽發現東漢許阿瞿墓誌畫像石〉，《文物》，1974
年，期 8。

（2）河南省文物工作隊、南陽市文物管理委員會〈河南南陽東關晉墓〉，
《考古》，1963 年，期 1。

（3）程應林、彭適凡〈河南南陽西關一座古墓中的漢畫像石〉，《考古》，
1964 年，期 8。

（4）謝雁翔〈四川郫縣犀浦出土的東漢殘碑〉，《文物》，1974 年，期 4。

（5）方鵬鈞、張勛燎〈山東蒼山元嘉元年畫像石題記的時代和有關問題
的討論〉，《考古》，1980 年，期 3。

（6）朱錫祿《嘉祥漢畫像石》圖版說明 25,29,38，也載及「宋山畫像石」、
「五老洼畫像石」、「紙坊鎮敬老院畫像石」，都有利用漢畫像石修建墓葬的情
況。

從這些出土報告來看，其地區正好概括河南、四川、山東，都是早期道
教興起的地區，尤其是山東蒼山元嘉元年畫像題記，不僅有東漢桓帝年號，
而其題記內容並有仙人、玉女、四靈等記載，完全是道教思想的敘述，至於
出土中有西晉文物，則是藉前人畫像石墓二次入葬的具體明證。

從這些例子來看，如果，畫像石是厚葬風氣下的產物，這樣寒儉的手法
未免矯情虛僞；如果，畫像石是反映儒家思想的墓葬習俗，這樣盜取他人墓

室的畫像，不免有違厚道；如果，畫像石的作用在於「事死如生」，這樣重複使用他人畫像的行爲又如何彰顯墓主個人的特色？

因此，邢義田先生認爲畫像石的內容和佈局有一定的「格套」，以供喪家選用，這是必然的現象，《中國美術全集·畫像石畫像磚》一書中，常任俠〈漢代畫像石與畫像磚藝術的發展與成就〉即曾提及「四川西部鳳凰山，發現一石棺，刻有雙鳳對舞、弋人射馬、仙人六博、演劇舞蹈、天馬孔雀各圖，與堡子山漢畫的作風相似。」這是因爲畫像石的內容和題材，是道教思想的反映和墓葬習俗，自然有其約定俗成的共通性與規範，是以同在四川西部的鳳凰山與堡子山，二地雖然相隔，其內容和作風卻仍相似，這樣的例子不在少數，也間接證明畫像石是道教思想下的墓葬形制和象徵，並非專爲個人而設，是以假借他人墓室中的畫像石「二次入葬」，其作用只是一個形式，對墓主而言則爲無傷。

東漢末年，黃巾起義，即是藉道教的組織而發難，平定之後，道教的勢力和發展自然深受影響。然而，虔誠的信徒仍然一秉傳統，藉「二次入葬」的變通手法繼承餘緒，不僅符合信仰形式，也是政治壓迫下的必然妥協，於是，「二次入葬」的必要性、絕對性，是其宗教形式上之需求，與經濟因素、社會變遷爲首要的關係便不大了！

2. 從畫像石看魏晉時期道教之發展

魯迅命名之訛誤，使後來研究畫像石的方向有了偏差；然而，研究道教史發展和源流的學者，竟也歧了路，這卻是因爲對出土文物的認識不足，以至理不出頭緒。因此，結合出土文物與歷史文獻（盡信書不如無書）的「二重辯證法」，應是學術研究的重要依歸，便無庸置疑。

湯一介先生《魏晉南北朝時期的道教》一書，對於道教之興起及流變，的確有便關入裡的剖析。並指出「道教作爲一種宗教不同於作爲一種學術流派的儒家和道家，但就其思想淵源說它卻離不開儒道兩家，因此它一開始就是以儒道互補爲特徵的宗教派別。這一以儒道互補爲特徵的宗教派別不能不在極大程度上表現著我們這個民族文化、心理和思維方式上的某些特色。」並指出佛教的傳入大大地刺激了我國本土民族宗教的建立〔註 10〕，其說的確是言之有物，頗能代表傳統學者的思維模式。

〔註10〕湯一介著，《魏晉南北朝時期的道教》，第一章〈緒論〉，頁 7，東大出版社，1991 年 4 月再版。

　　然而，湯先生書中第五章〈三國西晉時期對道教的限制〉一文中，卻有一段田野調查的文字頗堪玩味，並可印證三國魏晉時期道教的流佈及「畫像」的衍化。

　　由於曹魏政權對道教採取限制的政策，因此道教受到很大打擊而勢力大大削弱。史書不復有太平道的記載，或這一道派已經瓦解。五斗米道，就張魯個人及其家族雖說仍受曹魏優待，但漢中地區的道教似乎也沒有甚麼活動，史書上對曹魏時期五斗米道的活動也很少記載。那麼漢中地區的道教勢力到何處去了呢？很可能向西南和西北兩個方向轉移了。據近來學者研究的成果看，雲南地區的文化或頗受道教影響（見劉堯漢《中國文明源頭新探──道家與彝族虎宇宙觀》，雲南人民出版社）。又，1982 年我去甘肅酒泉、嘉峪關地區，在當地見到北涼時期墓葬十餘座均有壁畫，畫面多為西王母、東王公、三足飛（應作烏字）、九尾狐等道教內容，敦煌也發掘出有北涼紀年的小型墓葬群三十餘座，有陶罐數十，每罐上均有「天柱地柱月柱日柱」等八柱和「急急如律令」等，顯然這些都是道教的內容，這都說明在東晉北涼以前道教很可能傳入西北地區了。這個問題由於目前材料不足，尚須進一步研究〔註11〕。

　　這段文字，不僅扼要清晰地指出道教在三國魏晉時期的發展，並藉出土文物說明四川地區的道教勢力「可能」向西南、西北等地區轉移。事實上，湯先生的「推測」的確是真實而有憑據，證諸於畫像石的發展，也是相互吻合。因為，在四大地區之外，東漢時期的雲南北部昭通縣城外東北山上曾經出土東漢畫像石棺，上刻有西王母、三足鳥、六博等內容〔註12〕；甘肅成縣也曾出土李翕黽池五瑞碑，上刻黃龍、白鹿、承露人和甘露承盤等畫像〔註13〕；因此，這些地區出現道教思想的壁畫與文物，也是理所當然，不僅說明道教勢力的發展和延續，也說明道教的墓葬習俗，在三國曹魏時期受挫後，更由石室石刻轉換於磚、石棺、墓壁等材質上刻繪，這樣的結論，也和前言王樹村、常任俠先生所稱「墓葬中的石棺刻畫，可溯源於四川郫縣出土的東漢石棺」以及「四川漢石刻畫，大率為石棺畫像。」的說法不謀而

〔註11〕湯一介著，《魏晉南北朝時期的道教》，頁 139。
〔註12〕雲南省文物工作隊，〈雲南昭通文物調查留言板〉，《文物》，1960 年，期 6，頁 49～51。
〔註13〕王昶輯，《金石萃編》，卷 14，頁 2，中國書店，1985 年 3 月。

合。不僅再次印證東漢畫像石是六朝石棺畫、墓室壁畫的前身（磚畫東漢即存，並以四川、河南出土最多），並可確立道教的勢力在黃巾之亂後，由四川而向西南、西北流竄；今日，《太平經》有敦煌本殘卷，也可見道教思想的發展與流佈。

　　經過魏晉南北朝的休養生息，道教的勢力不但不曾消滅，反而由早期符咒、治病的民間信仰團體，逐步由渙散而不穩定的道教組織中，建立起道教的理論體系及宗教儀式，編製了固定的神仙譜系及流傳世系，配合既有的道教經典而予以發揚傳播。道教，於佛教傳入中土後（最遲爲東漢），經由其組織脈絡並文化體系激盪之餘，在北魏時期，終於擺脫了早期道教的原始信仰，確立嚴密的宗教意識與架構，在寇謙之的修訂下並成爲「國教」；至於其藝術風格反映在墓葬習俗中，也由東漢時期率眞生動的畫像石刻，轉爲六朝以降石棺上流暢繁複的華麗線繪了！

第八章　畫像石與敦煌壁畫中的道教圖像

一、融合佛、道宗教思想的敦煌

　　敦煌，自漢魏以來，即是絲綢之路，通往西域的咽喉之地，是經濟、人文薈萃之地，也是最早接觸佛教，盛行佛教的地區，因此，坊間論著研究，在論及敦煌藝術的源起，大多認為這是中西（佛教）文化交會的燦爛成果，一般人也多習以為是，並未深入考證。

　　例如：陳寅恪《隋唐制度淵源略論稿》曾提及「劉（淵）石（勒）紛亂之時，中原之地悉為戰區，獨河西一隅自前涼張氏以後尚稱治安，故其本土世家之學術既可以保存，外來避亂之儒英亦得就之傳授。歷時既久，其文化學術遂漸具地域性質。」〔註1〕段文杰〈敦煌壁畫概述〉則言「總的來說，敦煌壁畫就是在外來的佛教思想和佛教藝術上滲入了中國的儒、道思想，以傳統的壁畫技法，吸收並融化了外來的藝術營養，創造出來的具有中國氣派和民族不同風格和本土色彩的佛教壁畫。」〔註2〕史葦湘〈敦煌佛教藝術產生的歷史依據〉則謂「敦煌佛教藝術，乃是東傳的佛教在一個具有成熟的封建文化的地方的特有產物，也是民族傳統文化受外來宗教刺激下出現的新形態。因此敦煌藝術的特點，就在於其地理條件的特殊，使它具有一些個性鮮明的差異，從而顯示了民族傳統文化的生命力與創造力

〔註1〕陳寅恪著，《隋唐制度淵源略論稿》，頁19。
〔註2〕段文杰著，〈敦煌壁畫概述〉，頁15，《中國美術全集・敦煌壁畫上》。

〔註3〕。另外，劉進寶《敦煌學論述》則稱「敦煌藝術，既不是西來的，也不是東去的，而是中國古老的傳統文化在敦煌這個特殊的地理環境與中與外來文化相結合的產物。只有從這個大前提出發，才能正確闡述敦煌藝術產生的歷史、文化背景。」〔註4〕

敦煌藝術，是文化交會的成果。在上列篇章中，述及敦煌文化形成的時空背景，除了佛教思想的傳入無庸置疑，並在敦煌盛行，影響當地文化發展外，其餘因素則眾說紛紜，莫衷一是，並多泛論之辭。中西文化究竟是如何在敦煌涵融交會？何以如此？則多語焉不詳！即以上述文字為例，無論在空間上強調本土自發性的「地域性質」、或是「在一個具有成熟的封建文化的地方」、「在敦煌這個特殊的地理環境中」，以及時代上「受外來宗教刺激」、「與外來文化相結合」等特殊因素，且不論其中的民族意識與情懷，畢竟，敦煌學是在中國轟轟烈烈、淵遠流長地展開了。因此，其中的本土意識或特質形成，無論是——本土世家之學術、外來避亂之儒英，甚或民族傳統文化、中國古老的傳統文化等論調，基本上，上述學者都將之歸類於中國傳統的儒學思想。這些似是而非的觀點，含糊籠統，並無法解說敦煌藝術中有關西王母、東王公等神仙畫像和題材，同時，佛是佛，儒是儒，道是道，佛教藝術為何要和儒、道思想相結合？為什麼是在敦煌？這許多扞格矛盾之處，就不是「儒學」或「傳統文化」可以一言以蔽之。

劉進寶《敦煌學論述》第一章〈千載滄桑話敦煌〉曾就史書中所載河西地區的文人學士，詳細地加以條理歸納，並作為敦煌地區文化高度發展的佐證。例如：

> 河西的文人學士，多出西州大姓。如：安定張氏、隴西李氏、略陽郭氏、西平田氏、金城宗氏以及敦煌宋、陰、索、氾等，都是「以儒學顯」、「以儒學致位」、「以儒學見稱」的西州大姓。當中原板蕩、京洛公學淪廢，學術下移之時，西州大姓在相對安定的河西一隅，「專心經籍」，致力儒學，既可以發展本地的學術文化，又能保存、繼承固有的傳統文化。

〔註3〕史葦湘著，〈敦煌佛教藝術產生的歷史依據〉，《敦煌研究》，期1，頁129～51，1981年。

〔註4〕劉進寶著，《敦煌學論述》，頁37～38，洪葉文化事業有限公司，1995年5月。

在河西地區的文人學士中，敦煌儒士不僅在數量上占有絕對優勢，而且在學術成就上也居於遙遙領先的地位，如郭瑀、劉昞、索敞、索襲、索統、索綏、張穆、張斌、張湛、宋纖、宋繇、氾騰、闞駰等，都是很有成就的敦煌學士〔註5〕。

同時，劉書中又舉證敦煌的文人學士，不但自己的學術成就大，而且還興辦學校，聚徒授業，傳播和發揚傳統文化，如：祁嘉、宋纖、郭瑀等；再加上河西地區的執政者對文化、教育事業的大力提倡，如：張軌、張祚、張天錫、李暠等，都是禮賢下士、思才若渴，對文化事業表現出極大的熱情，而敦煌佛教藝術，正是在種這歷史、文化基礎上產生和發展的。

劉文中，詳細地舉證了敦煌地區的文人學士，並認為在這些「以儒學見稱」的文人學士努力下，一方面保存、繼承固有的傳統文化，另一方面，又是敦煌藝術在歷史、文化產生和發展上的重要基礎。這樣的觀點，代表著一般學者長久以來的既定觀念，在歷史文獻的考證下，似乎也言之成理，頗能自圓其說。

只是，歷來學者在無從瞭解早期道教發展，及此類資料乏人整理的情況下，對道教思想的傳衍和認知，多停留在東漢張陵階段以及四川地區，不僅奉之為祖師爺，甚而許多專家學者，至今仍皓首窮經，執意於「鶴鳴山」探求道教創始的蹤跡，意圖證明其為道教創始地的決心，卻忽略了道教作為民間信仰的廣大勢力和範圍，不但在張陵之前，《太平經》即已廣為流傳許久，即使在黃巾亂後，信仰的力量更促使道教轉向西南、西北伸展，因此，即使田野挖掘早已在甘肅、雲南等地出土了許多和神仙思想有關的器物，考古研究者卻也只能存疑、推測，或蜻蜓點水似地帶過，從未有人可以明確指出，那就是道教思想下的墓葬制度和習俗；另外，在道教思想形成中，最為一般研究者所忽略的是，道教在強調養生、長生之餘，事實上，許多道教的信仰者初始多是飽讀詩書經籍的儒者，而道教的思想，除了神仙之說，更涵概了許多儒學觀念，如：孝順、尊師、行善、積德、為聖賢、致太平等思想，而這些「外儒內道」的行為和精神，正是道教之所以成為本土信仰的精義所在，不可以偏概全或截然畫分為儒學和道學；更何況，道教還兼具陰陽五行、墨家明鬼節葬等觀念，其駁雜繁蕪的思想結構，難以切割釐清。同時，道教的形成純屬民間信仰，早期的發展雖多鬼神符籙之事，其勢力卻能迅速擴張，

〔註5〕《敦煌學論述》，頁40～41。

廣爲流傳，並爲統治者所忌（如：孫策），其後雖因黃巾之亂而平定，然而，早期道教的流佈，史家及當世人多視爲民間活動，並未有系統的文字記載及傳述，是以早期道教的形成及時代背景，多付諸闕如，甚至因政治打壓而一蹶不振，以致後之研究者難以和畫像石的意義和作用相連結，甚而錯失交臂，不得窺其原貌。

至於敦煌壁畫中，亦佛亦道的圖像，也是許多研究者闡述不明處，本書除了證明這是因爲道教（非道家）在敦煌發展所遺留下來的歷史軌跡外，更重要的是，這個現象明確地反映了一個事實──早期道教的發展是假託佛教既有的形式而行，且二者相融並成。這種截長補短的行徑，是所有事物歷史演化必然的結果，因此，以佛教思想爲主流的敦煌壁畫，竟然繪有道教信仰的圖像，就是最好的例證。

《魏書‧釋老志》有言「涼州自張軌後，世信佛教，敦煌地接西域，道俗交得其舊式，村塢相屬，多有塔寺。」更是明確指出北魏時期「道俗」在敦煌的延伸與發展，並藉佛教的形式，在村落間多設塔寺而推廣，也可見道教信仰在敦煌的普遍性及深入程度。

這個現象，不僅符合佛教、道教歷史性發展的相輔相成，更重要的是，兩者同屬於宗教信仰性質（非止於道教的哲學思惟），畫像石是道教思想下的墓葬制度和習俗，石窟壁畫則是呈現佛教思想的祈福、往生觀念和態度，因爲二者的作用和目的相同，所以才能轉化，所以才能假藉，即使相互融合，亦佛亦道，也不至於突兀而滯礙難行，是以在號稱「佛教聖地」的敦煌，竟然出現道教典籍《太平經》殘卷、《老子化胡經》、《道德經》及道藏佚經等，而千年後又有個道士王圓籙去看管石窟，這種角色錯亂，欲仙欲佛的迷離現象，也就不足爲奇了！

佛教的傳入，需要藉民間的力量加以傳佈，所以，在壁畫中摻入同樣具有宗教性質和作用的神仙、瑞獸圖像，以利推廣，而道教則因避亂而流竄至敦煌，然而，在深入群眾，成爲本土的信仰之後，也需要藉既定的宗教形式來確立其組織、儀節和教義，二者各取所需，相輔相成。佛教、道教便在時代因素的凝聚下，在敦煌相遇、相融，從而綻放出舉世震驚、燦爛奪目的敦煌藝術。

即以敦煌莫高窟第 249、285 窟爲例，這兩座早期洞窟壁畫中，在窟頂藻井的部位，都有非常完整且富麗的道教圖像呈現。

　　例如：249 窟壁畫爲西魏時期作品，在窟頂的南披和北披處，繪有西王母和東王公同向分別乘車出巡的場面【彩圖 1】，氣勢奔騰飛揚，四周並飾有仙人、瑞獸、雲氣等圖像，這樣華麗的裝飾和早期傳統畫像中西王母獨坐，或與東王公對坐的行徑大不相同。然而，考其形式，文獻中則可見舊題漢班固撰《漢武帝內傳》所載「王母乘紫雲之輦，駕九色斑龍。」以及晉王嘉《拾遺記》中所稱「西王母乘翠鳳之輦而來，前導以文虎、文豹，後列雕麟紫麈。」的記載相吻合，同時，壁畫中的圖像，並可直接追溯自陝北綏德縣延家岔前室東壁的畫像石紋樣【圖 90‧1,2】，尤其值得注意的是，這兩者圖像，無論在形制、結構、內涵的相似處，以及時間、地域的先後接續上，都可明顯見其傳承與濫觴，而仙人乘車或座騎出行的圖像，在山東、河南、四川等地畫像中都曾出現【圖 91】，只是畫面較小，場面不如陝北地區恢宏；同時，在此窟頂藻井四周，另有狩獵、百戲等圖像【彩圖 2】，這是畫像石中常見的題材，也是道教經典中「民職理萬物」及「樂合陰陽以長生」的思想呈現。

圖 90‧1　陝西綏德縣延家岔前室東壁畫像石，38*206cm

圖 90．2　陝西綏德縣延家岔前室東壁畫像石，局部放大，墓室橫額（殘）

圖 91　雷公　河南南陽縣英庄 M4 出土，147*79cm

　　至於部份學者對於敦煌壁畫中所出現的道教神仙題材不以爲然，並認爲應於佛經中尋找答案，而將西王母、東王公考證爲「帝釋天」、「帝釋天妃」

或者他們與阿修羅作戰〔註6〕，這樣的解釋不僅和圖像不合，並且無法完全說明狩獵、百戲的圖像和意義，其身份地位也與石窟藻井的重要位置難以相當，是以不予採信。

　　另外，同為西魏時期的 285 窟壁畫，在窟頂藻井東披有人首蛇身的伏羲、女媧及狩獵圖像【彩圖 3】，西披是飛天、雷神、朱雀等【彩圖 4】，北披則是飛天、飛廉、烏獲、雨神等仙人瑞獸圖像【彩圖 5】，都是明確的道教圖像。同時，在 285 窟北壁部份，有西魏大統四至五年（538～539）的墨書題記，是莫高窟早期唯一有確鑿紀年的洞窟，也間接證明佛教、道教思想於西魏時期在敦煌發展的盛況，和史籍《魏書·釋老志》「道俗交得其舊式」的記載，也相互承繼並吻合。

　　敦煌壁畫中，道教圖像的題材，出現於北魏晚期，其位置並多集中在洞窟頂部的藻井四周，內容並有西王母、東王公、伏羲、女媧、四靈、飛廉、雷神、羽人、方士等十餘種、廿餘舖，其所圖繪的內容不僅豐富，且位置重要，具有鮮明的道教色彩並畫像石遺風，這類圖像直到唐初才逐漸消失，證諸魏晉以來河西地區墓葬中所出土的壁畫、文物及畫像磚，也可見道教信仰影響之久遠，及畫像思想寓意之深刻了！

二、畫像石在敦煌及其影響

　　繁複瑰麗的敦煌壁畫，融合有道教思想的內涵和色彩，其圖像與文獻記載已如前述，至於其形式上的考證，仍可就出土文物相互映發，詳其脈絡。

　　敦煌，鄰近畫像石四大分佈的陝北地區。《魏書·釋老志》已載明當時的敦煌除了盛行佛教外，「道俗交得其舊式」，也可見道教勢力在當地的發展。而陝北地區的畫像石，其內容雖淵源於山東、四川、河南等地區，且形式上多大同小異，然而，仔細分辨，四大地區的畫像石卻又各自有其地方色彩及特質，因此，就地緣關係而言，陝北離敦煌最為接近，其影響自然最為直截且深遠。

　　陝北地區的畫像石，其內容雖仍具有西王母、東王公以及許多瑞獸飛禽、花草等題材，然而，結構簡單，多分格圖繪，其敘事性的人物或故事則銳減許多；尤其令人注目的是，如花朵盛開般的卷草紋飾【圖 92】，在陝北地區的畫像紋飾中，不僅圖像放大，而且位置也變得更醒目，這種強調邊飾的手法，

〔註 6〕段文杰著，《敦煌石窟藝術論集》，頁 318，甘肅人民出版社，1988 年 4 月。

是其他畫像石地區所少見的現象，另外，最特殊的是，在畫像上用朱、綠、赭、白等顏色點彩塗染的處理，並墨線勾勒，則更是迥異於其他地區畫像的表現方式。這種強調邊飾，特殊的彩繪手法【彩圖 6,7】，具有濃厚的地方性色彩，證諸敦煌壁畫中的用色習慣及彩繪結構，頗有異曲同工之妙；再加上同為敦煌地區佛爺廟灣西晉時期的畫像磚上【彩圖 8】，也有彩繪的現象，其地域性風格之延續及傳承極為顯著。

圖 92　陝西綏德縣畫像石，墓室左右豎框，150*37cm，
1957 年綏德五里店徵回，下為樹下飼馬圖

　　前言湯一介先生《魏晉南北朝時期的道教》一書，對於道教的興衰流變，頗有闡發，然而，其中有一段文字卻耐人尋味，並可爲本書之見解作一鮮明之注腳。「1982 年我去甘肅酒泉、嘉峪關地區，在當地見到北涼時期墓葬十餘座均有壁畫，畫面多爲西王母、東王公、三足飛（應作鳥字）、九尾狐等道教內容、敦煌也發掘出有北涼紀年的小型墓葬群三十餘座，有陶罐數十，每罐上均有『天柱地柱月柱日柱』等八柱和『急急如律令』等，顯然這些都是道教的內容，這都說明在東晉北涼以前道教很可能傳入西北地區了。這個問題由於目前材料不足，尚須進一步研究。」〔註7〕

　　今日，由於考古挖掘的盛行，河西地區的墓葬相繼出土，尤其令人注目的是，以酒泉、嘉峪關爲中心的魏晉畫像磚墓【彩圖 9】、敦煌佛爺廟灣西晉畫像磚墓葬群，其中豐富的畫像內容，題記和墓葬結構，明顯地承繼道教思想餘緒，並符合道教文化內涵，因此，視之爲道教勢力在魏晉時期河西地區的流佈，應是最有力的一手資料，並且可以完全解釋有關酒泉、嘉峪關、敦煌墓葬中道教畫像等問題。

　　另外，甘肅省文物考古研究所《敦煌佛爺廟灣西晉畫像磚墓》一書中〈結語〉也曾提及：

> 　　畫像磚的題材內容，與分處河西走廊中西部的酒泉、敦煌兩綠洲相聯繫而又各自具有鮮明的特點。敦煌地區以神禽靈獸等祥瑞爲主，並流行表現歷史名人與故事，世俗的莊園生活量少而且簡單，因而總體上充滿濃郁的仙幻色彩和典雅的文化氣息；嘉峪關、酒泉地區爲中心的河西走廊中部則以反映墓主人生前的奢華生活和莊園生產等社會生活場景爲主，神怪靈異占有極小的比例。

> 　　以嘉峪關、酒泉爲代表的河西走廊中部與河西走廊西部的敦煌地區儘管畫像磚內容、分布地區均有較大差異，但都流行使用畫像磚，從而形成了有別於周邊地區同時期墓葬文化的具有特定分布地域的畫像磚墓文化區。在此區域內，東西兩端畫像磚內容、分布的巨大反差又表明酒泉、敦煌兩綠洲既相聯繫而又各具特色的地域文化特點〔註8〕。

〔註7〕湯一介著，《魏晉南北朝時期的道教》，頁 139，東大書局，1991 年 4 月再版。
〔註8〕甘肅省文物考古研究所，《敦煌佛爺廟灣西晉畫像磚墓》，頁 117，文物出版社，1998 年 3 月。

此書考證細密，記載詳實，圖表豐富，印刷精美，只是立論仍不脫前人窠臼，殊爲可惜！至於結語這兩段，則是一語道盡魏晉以來河西地區畫像磚墓的特色及性質。

尤其是敦煌地區的畫像磚上，「以神禽靈獸等祥瑞爲主，並流行表現歷史名人與故事」的圖像，這種強調神仙及聖賢人物的題材，正是道教思想中統治者所必須努力研修的課題，這類圖像的出現，和敦煌是河西地區重要的政治、經濟、文化樞紐的地位也極爲相當；至於嘉峪關、酒泉地區的畫像內容則多「反映墓主人生前的奢華生活和莊園生產等社會生活場景爲主」，這樣的圖像則是道教信仰中行善、受天食、合陰陽以長生、民職理萬物思想的具體表現，也是一般道教信奉者所必須遵守的軌範，其地域性、社會性的現實反映極爲鮮明且確切。

另外，結語中又提及「有別於周邊地區同時期墓葬文化的具有特定分布地域的畫像磚墓文化區」，更明確指出畫像磚墓具有「特定分布地域」的特質，和周邊地區同時期墓葬文化有所區隔。這樣的文化差異，固然是因爲觀念、習俗、生活的不同而造成，且其發展又在特定分佈的地域內，可見其形成因素是因爲持定的族群所共奉的思想和信仰有關，其精神意義大於政治或經濟因素。因此，畫像石墓的恢宏壯麗，畫像石的二次使用，畫像藝術的長生思想，瑰譎奇詭的畫像，便在墓葬中隨著道教勢力的傳播而流轉，其所蘊涵的豐富內容及潛在信仰，更強而有力地爲當時盛行佛教思想的敦煌藝術，注入民族的本土情懷與文化的新生命。

畫像石的藝術風格及技法，一般書籍大多提及，由於其特色鮮明，又不賣弄技巧，是以本書略而不談。只是，畫像石的藝術風格和敦煌壁畫的表現方式，的確有許多相當之處。例如：內涵上，同爲宗教信仰的藝術呈現，都是闡明墓葬制度或對死亡的處理態度；擅長故事性的敘述，都有主題人物（仙、佛）及陪襯（羽人、飛天）；而結構上，二者亦頗多雷同，如：分列分格的圖像（畫像中，陝北多分格，如圖90‧1），重邊飾及花紋裝飾（畫像中，山東、陝北多邊飾，並有垂幔紋及卷草紋飾早於敦煌，如圖1,92），都有文字榜題（源自中國傳統的壁畫、漆畫，如圖46、彩圖10），用色近似（畫像中，陝北畫像的基本色調──朱、綠、赭、白與敦煌壁畫同，嘉峪關壁畫用色則較爲簡單），物體動感的表現極爲誇張（畫像中，尤以陝北、嘉峪關等河西地區爲最，如圖 90,93），圖像以流動的雲朵補白，使空間飽滿富麗而又瀰漫著

虛幻靈動的氤氳氛圍（畫像中，只見於陝北綏德縣畫像，如圖94），這許多類似之處，都可見陝北畫像對敦煌壁畫的影響及淵源，至於陝北畫像中所少見的帝王、列女圖像，敦煌壁畫中也少見。其間的承續關係、地緣因素，及思想制度上的互補，便不言可喻，瞭然於懷了！

圖93　門樓上的麒麟（摹本），嘉峪關彩繪畫像石磚，
　　　魏晉

圖94　陝西綏德縣延家岔前室西壁畫像石，121*94cm

附錄：從辭賦談敦煌壁畫中的道教圖像

　　敦煌莫高窟第 249 及 285 窟，是西魏時期的窟頂壁畫，其內容可說是敦煌早期壁畫中，保留中國早期道教思想最為豐富且完整的壁畫圖像，其後，敦煌壁畫藝術因佛教勢力增長，道教圖像益趨式微，再加上後人釋圖有誤，是以難窺其原貌。

　　敦煌，在漢魏時期，是中國早期道教思想與外來佛教文化相融相合並相互轉化衍生的交會處所，從而綻放出舉世聞名的敦煌藝術，這樣的觀點，以及敦煌早期壁畫中所保留的道教圖像，其中的源委及傳承關係，個人曾為文〈畫像石與敦煌壁畫中的道教圖像〉，闡述畫像石是早期道教墓葬思想的反映，繼而與敦煌壁畫相互映發，此文發表於「二十一世紀敦煌文獻研究回顧與展望」研討會（1999 年，台灣科博館），並略作修飾，收錄於本書。

　　只是，這樣的觀點雖然一新耳目，其脈絡卻也龐雜繁複，仍有許多可以深入發展的空間。事實上，敦煌藏經洞保存有許多道教方面的經卷，如：《道德經》（河上公注本，附《洞玄經》）、《老子化胡經》、《老子說罪福大報應經卷七》、《洞真三天正德經》等，這些文物都證明了早期道教在敦煌發展所遺留下來的痕跡，並和佛教藝術相融相合。因此，在確定了敦煌壁畫中的神仙圖像是屬於早期道教的思想呈現之後，壁畫及文物中的許多圖像或造型，都須重新予以正名，而本文則將就敦煌壁畫藝術及其相關部份，略作說明及闡釋，並以〈魯靈光殿賦〉一文及《楚辭・天問序》之文字史料為據，充份探討敦煌壁畫中的道教圖像問題。

一、〈魯靈光殿賦〉一文的意義與作用

　　賦，長於抒情言志、敘事體物，是兩漢時期極具特色的文學作品代表，而其內容則不僅反映了時事，更是當時社會習俗與美學風格的忠實呈現。

　　至於兩漢賦中，上自天文，下至地理，遊獵紀行，其題材包羅萬象，無不曲盡其理，窮極奧妙，而其中，對於宮室建築的描繪與歌頌，委婉細緻，極具特色而又迥異於其他宮室建築文字的篇章，則非〈魯靈光殿賦〉一文莫屬。尤其是文中對於神仙瑞獸的描繪，瑰麗奇譎，恢宏幻怪，歷來甚為學者所稱賞，至於其內容和畫像石相比附，分明即是畫像石的文字呈現，不僅能藉此匡正圖像命名之訛誤，並能補充史料典籍之不足，是以本文不厭其詳，闡述如下：

　　〈魯靈光殿賦〉一文〔註1〕，是作者王延壽載其遊魯之餘，就靈光殿建築的源委、形貌，作一詳盡的描繪與紀實。尤其是其中的圖畫部份，更是令人注目與讚歎。其賦曰：

　　　圖畫天地，品類群生；雜物奇怪，山神海靈；寫載其狀，託之丹青；
　　　千變萬化，事各繆形；隨色象類，曲得其情。上紀開闢，遂古之初；
　　　五龍比翼，人皇九頭；伏羲鱗身，女媧蛇軀；鴻荒朴略，厥狀睢盱；
　　　煥炳可觀，黃帝唐虞；軒冕以庸，衣裳有殊；上及三后，媱妃亂主；
　　　忠臣孝子，烈士貞女，賢愚成敗，靡不載敘；惡以誡世，善以示後。

這樣細密詳實的圖繪與內容，並強調「惡以誡世，善以示後」的教化之功，「賢愚成敗，靡不載敘」，不免令人想起同在山東地區的武氏墓群畫像。

　　按：靈光殿是景帝程姬之子恭王餘所立。據《漢書‧景十三王》所載：魯恭王餘「以孝景前三年徙王魯。好治宮室苑囿狗馬，季年好音，不喜辭。為人口吃難言。二十八年薨。」〔註2〕這樣簡短的文字，證諸《史記》所載亦頗為近似。

　　只是，〈魯靈光殿賦〉的描繪，比諸〈兩都賦〉或〈景福殿賦〉中對於宮殿建築的紀實，畢竟有所不同，除了前言壁畫中的山神海靈、伏羲女媧、三皇五帝、忠臣孝子、烈士貞女等，這些圖像頗具早期道教思想內涵，並與畫像石的主題相當，同時，〈魯靈光殿賦〉又記述了許多迥異於其他宮殿的特殊訊息。例如：

　　賦中述其源由「乃立靈光之秘殿，配紫微而為輔。」注曰「詩云：秘宮有侐，紫微至尊宮，斥京師也。善曰：毛萇詩傳曰：秘，神也。西京賦曰：思比象於紫微。」可知靈光殿位極至尊，並非一般尋常建築，而應是神殿、秘殿之屬。

〔註1〕景印文淵閣四庫全書《文選》，冊1329，卷11，頁16～26，台灣商務印書館，1986年3月。
〔註2〕《漢書》，卷53，頁2413，鼎文書局，1991年9月7版。

至於其形貌，則是「狀若積石之鏘鏘，又似乎帝室之威神。」注「善曰：積石，山名。西都賦曰：激神岳之嶕嶢。帝室，天帝之室。春秋合誠圖曰：紫宮，太帝室也。」則是進一步描繪靈光殿之巍峨崇高，如天帝之所居。

而其言及靈光殿的內部架構，則有「規矩應天，上憲觜陬。」之句，注「善曰：爾雅曰：觜陬之星，營室東壁也。」按：觜陬，星宿名，為營室星、東壁星，主架屋。這和《太平經》中強調數術、星宿、方位之旨也相符合，所謂「隨天斗所指以明事」〔註3〕即是此意，都說明靈光殿的棟宇結構，處處用心，並合應天文星宿圖像。

另外，在殿中楹叢樑柱上又雕鏤刻繪了許多花草雲氣以及飛禽走獸等圖形，無論是「奔虎攫挐」、「虯龍騰驤」、「朱鳥舒翼」、「騰蛇蟉虬」、「白鹿孑蜺」、「蟠螭宛轉」、「狡兔跰伏」、「猿狖攀橼」、「玄熊舑舕」等主題，也都是畫像中經常出現的圖像，是以「神仙岳岳於棟間，玉女闚窗而下視；忽瞟眇以響像，若鬼神之髣髴。」由這些具體且明確的文字看來，〈魯靈光殿賦〉之文字細密婉曲，而其內涵實寓意早期道教思想的精神與宗旨，其目的昭然若揭，並可見早期道教信仰之流傳，並已有高大的宮室作為對神祇禮敬的場所。

另外，據文中所載，靈光殿的意義與作用在於「據坤靈之寶勢，承蒼昊之純殷；包陰陽之變化，含元氣之煙熅。」由此也可知魯恭王在營建靈光殿時，別具用心，並以此神殿作為魯國「承天之大中」及「天地絪縕，萬物化醇。」（《周易》語）的依據，證諸山東地區原本即是早期道教思想的發源地，也可見其淵源及傳承。

是以賦末有言「窮奇極妙，棟宇已來，未之有兮。神之營之，瑞我漢室，永不朽兮。」則是藉靈光殿華麗宏偉且前所未有的神殿建築，祈求神祇，永保漢室於不朽，這是早期道教的地上建築，和畫像石室作為地下墓葬埋藏之所的意義與作用也相呼應。

綜觀〈魯靈光殿賦〉全文即是早期道教思想的記載與陳述，而靈光殿更是早期道教思想的具體呈現與信仰依據。雖然，魯恭王餘的生平事蹟，史籍所載有限，文字中也不見其思想傳承（早期道教盛行於民間，兩漢書中並不見道教之名），然而，《漢書·李尋列傳》已載「初，成帝時，齊人甘忠可詐造《天官曆》、《包元太平經》12 卷，以言『漢家逢天地之大終，當更受命於

〔註3〕王明編，《太平經合校》，頁 464，中華書局，1960 年 2 月。

天，天帝使眞人赤精子，下教我此道。』」〔註4〕可見西漢時期，道教早已流傳。且魯恭王是景帝之子，其父祖「文景之治」即是奉行「道家」無爲而治的思想，並與早期道教推行之旨不相悖逆，是以承襲其祖風爲信仰應不爲過，並於孝景前三年徙於魯──早期道教的發源地，再加上魯恭王原本即喜好營造宮室，逐因魯僖基兆而建治，終於成就了靈光殿這樣華麗宏偉並具早期道教思想的神殿。不僅將早期道教宣揚的年代更具體地向西漢初期推衍，同時，靈光殿的建築及圖畫內涵，並是早期道教發展中墓室畫像、祠堂畫像之前的具體明證，不僅可以知所由來，也更能詳其流變。

雖然，〈魯靈光殿賦〉一文中所稱之「圖畫天地」等文字，許多釋文都將之解釋作「壁畫」，似乎與石室畫像仍有距離，然而，若仔細推敲其賦文，靈光殿之建築絕非尋常，且應是依山而立的宏偉宮室，這樣的描述，賦文中屢見不鮮。例如：

1. 狀若積石之鏘鏘──則是以積石山之巍峨峻峭狀其形貌。

2. 皓壁皜曜以月照，丹柱歙舥而電烻，霞駮雲蔚，若陰若陽──則是描述白壁、紅柱及宮室色彩奪目狀。注云：崔駰〈七依〉曰：「丹柱彤牆，烻光盛起。」

3. 動滴瀝以成響，殷雷應其若驚──則是狀簷垂滴瀝，其聲響若驚雷。除了意味宮室的深窈幽邃之旨外，事實上，也唯有石構建築才會有「滴瀝若雷驚」的迴響效果，則是不言可喻。

4. 駢密石與琅玕，齊玉璫與璧英──則是以美石裝飾宮室，狀其華麗、鞏固。《國語·晉語八》所謂「天子之室，斲其椽而礱之，加密石焉。」

5. 巖突洞出，逶迆詰屈──形容宮室依山巖而建，幽深曲折，是以周行數里，仰不見日。注「善曰：子虛賦曰：巖突，洞房。」

6. 葱翠紫蔚，礓碨瓌瑋，含光晷兮──則是藉大石珍琦以狀宮室之宏偉。

綜合以上數點來看，除了肯定靈光殿是依山建築之外，詳加推敲，其宮室「飛梁偃蹇」、「懸棟結阿」、「雲楶藻梲」、「龍桷雕鏤」，雖仍有許多小木作結構的呈現，然而，整體而言，卻實具「石構建築」的氣象與特色。因此，且不論「圖畫天地」是壁畫，或是畫像石刻？然而，〈魯靈光殿賦〉一文的確明晰且確實地描述「圖畫天地」的內容，不僅可以充份印證畫像石的存在及淵源，同時，對於早期道教思想研究，也是重要的指標與依據。

〔註4〕《漢書》，卷75，頁3192。

另外，〈魯靈光殿賦〉一文中，言及其棟宇結構，除了「規矩應天，上憲觜陬。」之外，並有「三間四表，八維九隅」之句，注云「室每三間則有四表，四角四方爲八維，并中爲九。」對於這樣的文字描述，個人無從得其奧秘，是否和畫像石室有關，則仍是可以深入之處。

只是，賦中有一大段文字描述殿內的結構陳設，則和《太平經》中所載天帝居所的「金闕」，頗有異曲同工之妙。賦文曰：

> 爾乃懸棟結阿，天窗綺疎。圓淵方井，反植荷蕖。發秀吐榮，菡萏披敷。綠房紫萏，窋窡垂珠。雲楶藻梲，龍桷雕鏤。飛禽走獸，因木生姿。奔虎攫挐以梁倚，仡奮鬐而軒鬐。虬龍騰驤以蜿蟺，頜若動而蹻跜。朱鳥舒翼以峙衡，騰蛇蟉虯而遶榱。白鹿子蜺於櫨欂，蟠螭宛轉而承楣。狡兔跧伏於柎側，獑狁攀椽而相追。玄熊舑舕以齗齗，却負載而蹲跠。齊首目以瞪眄，徒眽眽而狋狋。胡人遙集於上楹，儼雅跽而相對。仡欺㷥以鵰眮，䫜頯顟而睽睢。狀若悲愁於危處，憯嚬蹙而含悴。神仙岳岳於棟間，玉女闚窗而下視。忽瞟眇以響像，若鬼神之髣髴。

這樣詳盡的描繪，雕樑畫棟，植物、雲水、飛禽、走獸、虎、龍、朱鳥、騰蛇、白鹿、蟠螭、狡兔、獑狁、玄熊、神仙、玉女等，除了胡人之外，其內容都和「金闕」所載相同。按：《太平經》卷1～17有一段文字描寫天帝所在——金闕的陳設與形貌〔註5〕，文字雖與《皇天上清金闕帝君靈書紫文上經》（《道藏》傷字號，第342冊）及《太平御覽》略有出入，然其內涵大同小異，是以在不傷文氣的影響下，本文仍以《太平經》原文爲依據，畢竟，《太平經》是爲早期道教經典，而其相關圖像較爲簡率原始，也是必然，今比附《靈書紫文上經》文字，略述如下：

> 金闕有四天帝，太平道君處其左右。居太空瓊臺洞眞之殿，平玉之房，金華之內，侍女眾眞五萬人，毒龍電（紫文電作雷）虎，玃天之狩，羅毒作態，備門抱關，巨蚪（紫文作蛟蛇）千尋，衛於墻堢。飛龍（紫文龍作馬）奔雀，溟鵬異鳥，叩啄奮爪，陳于廣庭，天威煥赫，流光八朗，風鼓玄旌，回舞旄蓋；玉樹激音，琳枝自籟；眾吹靈歌，鳳鳴玄泰；神妃合唱，麟儛驚邁；天鈞八響，九和百會。青童踽踽而前，請受《靈書紫文》。

〔註5〕王明編，《太平經合校》，頁7、8。

《太平經》一書非一人一時一地所作，西漢時期早已流傳於民間，廣受尊崇，並奉爲早期道教經典。而經中「金闕」之陳述的確與靈光殿的裝飾極爲近似，令人有難分軒輊之感。只是，當我們明白並確定了〈魯靈光殿賦〉一文的確寄寓早期道教的思想與內涵後，賦文中的歧出與誤謬便能因此而予以匡正。

二、〈魯靈光殿賦〉「胡人」一詞之正僞

〈魯靈光殿賦〉應是早期道教思想中，天帝所居宮室之具體呈現，其內容並可與《太平經》「金闕」之文字相互對照比附，已如前述。只是，賦文中有「胡人遙集於上楹，儼雅踞而相對。」之句，尤其在一片雕樑畫棟、珍禽異獸的烘托下，何以突然出現「胡人」？並遠遠地聚集於上楹，恭敬地相踞對望呢？這不僅令人有突兀之感，且不符時空和事實，與神仙、玉女的內容也無法呼應。

然而，在和《太平經》中「金闕」的文字相互比照後，應該可以確定地是──胡人遙集，相踞以對。應是「青童（仙人名）匍匐」而前，請受《靈書紫文》的寫照，而仙人群聚相踞，恭敬請益的態度，不僅符合靈光神殿的特性，並使全文一氣呵成，上下相屬，將「金闕」的華麗莊嚴，發揮地淋漓盡致。

事實上，所謂的「胡人」，大多只是在衣飾或面部的特徵上與「漢人」有異，未必定是「胡人」之屬，且賦中所述「仡欺㺄以鵰䁘，鷦顟頦而睽睢」，都是狀其大首深目驚視之貌，只是，何以「遙集於上楹」？狀若悲愁？則仍是難以解說之處。

然而，山東嘉祥宋山第二批畫像第二石，五老洼畫像第八石、第十二石，洪山村畫像第一石，都有釋名「胡漢交戰圖」的畫像，其「爭戰傷生」的寓意並見於前述，且其內容與「胡人」毫不相干，所謂的「胡人」也只是「仙人」之屬，以懲戒失職人員的場面而已！

是以敦煌壁畫中有許多陪侍的飛仙，著神衣而飄舉，其寓意則是《太平經》中所謂「皆象天法，無隨俗事也。」〔註6〕至於壁畫中又有雷神、羽人之屬的仙人，無論是獸首或人首，都和「大首深目」的「胡人」特徵頗爲近似，其目的只是爲了狀其形貌，有別於凡人而已！因此，〈魯靈光殿賦〉一文中的「胡人」，其用詞雖然不妥，卻有狀其形貌的作用，而「胡人」一詞則應爲「仙人」青童之寓意，是以「遙集於上楹，儼雅踞而相對」，又因敬事天帝，神情嚴謹惶惑而有憂慮哀愁之貌，其文意並和下二句「神仙岳岳於棟間，玉女闚

〔註6〕王明編，《太平經合校》，頁460。

窗而下視。」相互銜接呼應，是以「胡人」一詞之正偽，不僅可以考之於畫像，並可證之於壁畫，其間之正偽虛實，自然不言而化，瞭然於心了！

三、飛馬奔雀的正名

前言《太平經》所載「金闕」一文中，有「飛龍奔雀，溟鵬異鳥，叩琢奮爪，陳于廣庭。」的記載，而其中「飛龍」一詞，合校本注曰：《皇天上清金闕帝君靈書紫文上經》作「飛馬」。

對於這樣的文字歧異，個人以為：以一般文章書寫的習慣而言，金闕中的瑞獸，不曾也無必要反覆出現「龍」這樣的動物，而此段文字之初即有「毒龍電虎，玃天之狩，羅毒作態，備門抱關。」之句，這種以龍、虎作為護衛門戶或關隘的描述，證諸墓室、壁畫中的實例，也屢見不鮮。因此，個人較傾向以「飛馬」取代「飛龍」之稱謂，並同意《靈書紫文上經》所載，因為，無論是畫像石、敦煌壁畫、或是出土文物中，都曾出現「飛馬奔雀」這樣的圖像或造型。

當然，在探討「飛馬奔雀」之前，必須先談談「飛廉」、或「蜚廉」這樣的圖像，因為，在敦煌莫高窟第 285 窟窟頂東披、西披和北披，都曾出現奔馳有翼的飛廉。【彩圖 4、5】

按：飛廉（或稱蜚廉）一詞，歷來解說頗有差異。

《楚辭章句·離騷》有「後飛廉使奔屬」之句。注曰：「飛廉，風伯也。風為號令以喻君命，言已使清白之臣如望舒先驅求賢，使風伯奉君命於後以告百姓。飛廉，風伯，神名也。或曰：駕乘龍雲，必假疾風之力，使奔屬於後也。」〔註7〕

《漢書·武帝紀》則作「長安飛廉館」。應劭曰：「飛廉，神禽能致風氣者也。明帝永平五年，至長安迎取飛廉并銅馬，置上西門，名平樂館。董卓悉銷以為錢。」晉灼曰：「身似鹿，頭如爵，有角而蛇尾，文如豹文。」〔註8〕

《史記·司馬相如傳》言「推蜚廉，弄解豸。」《集解》「郭璞曰：飛廉，龍雀也，鳥身鹿頭者。」〔註9〕

《後漢書·董卓傳》則載卓為相國，「悉取洛陽及長安銅人、鍾虡、飛廉、銅馬之屬，以充鑄焉。」《音義》云「飛廉，神禽，身似鹿，頭如爵，有角，

〔註7〕景印文淵閣四庫全書《楚辭章句》，冊1062，卷1，頁15。
〔註8〕《漢書》，卷6，頁193。
〔註9〕《史記》，卷117，頁3034，洪氏出版社，1975年9月3版。

蛇尾，文如豹文。」〔註10〕

　　《淮南子·俶眞訓》則謂「騎蜚廉而從敦圄」，注曰「蜚廉，獸名，長毛有翼。」〔註11〕

　　從這些典籍記載來看，飛廉，究竟是禽？是獸？其形像是「身似鹿，頭如爵」？或是「鳥身鹿頭」、「長毛有翼」？似乎仍莫衷一是，難以論斷。

　　同時，就典籍中「飛廉」一詞描述的內容來看，其文字本身就頗爲矛盾。即以《漢書·武帝紀》「長安飛廉館」所注而言，東漢應劭釋飛廉爲「神禽」，然而，晉人晉灼的描繪卻是「身似鹿，頭如爵，有角而蛇尾，文如豹文。」除了「頭」之外，完全不似「禽」類的形貌；而《後漢書·董卓傳》《音義》所注也不脫前人誤謬；《淮南子》所注則嫌簡率，令人莫明所以；至於風師、風伯之說，則更無從論其形相。

　　至於敦煌壁畫中釋名爲「飛廉」的獸（見《中國美術全集·敦煌壁畫上》及《敦煌石窟內容總錄》），絕非「禽」類，且其形貌也與晉灼所載略有出入，既不見爵頭，也不見角與蛇尾，是以本文不採其說。

　　然而，考之《太平經》所載，「金闕」中所居處的仙禽瑞獸——飛馬、奔雀，不僅侍於天帝之側，同時，作爲「神物」，並和敦煌壁畫圖像相比附，卻是令人注目，引人深思的重要線索。

　　即以畫像石爲例，在許多命名爲「車騎圖」或「車騎出行」的畫像中，除了整齊的車馬人物之外，多可見車騎的上方有「奔雀」的蹤跡，尤其是早期道教的發源地山東，武氏墓群中的畫像，飛馬、奔雀，大多常相伴隨【圖12】，事實上，《太平經》中的鳥雀是爲「神物」，不僅可以治病，並象徵豐饒多子，絕非等閒之物。

　　另外，1969年甘肅武威雷台出土東漢時期的「銅奔馬」〔註12〕【彩圖11】，或稱「馬踏飛燕」），奔馳矯健的造型，展現了高度的平衡感與速度感，過去，一般學者多注重其造型美感，卻並未深究何以出土如此造型的器物？然而，個人以爲：這樣的器物正是早期道教思想的呈現，飛馬奔雀，再加上墓中還出土有許多成組的騎馬俑及銅車馬【彩圖12】，細密的彩繪並篆刻銘文，寓意引領升天成仙之旨，尤其值得注意地是：銅奔馬和車馬俑群的馬匹，在其頂上兩耳間都有一個特殊的「頭飾」，威赫不群的卓越氣勢，無與倫比。

〔註10〕《後漢書》，卷62，頁2325，鼎文書局，1991年9月6版。
〔註11〕景印文淵閣四庫全書《淮南鴻烈》，冊848，卷2，頁11。
〔註12〕甘博文，〈甘肅武威雷台東漢墓清理簡報〉，《文物》，1972年2月，頁16〜24。

彩圖 11　東漢，銅奔馬，1969 年甘肅武威雷台出土。

彩圖 12　東漢，車馬俑群，1969 年甘肅武威雷台出土。

　　而同樣的現象，也可見於 1977 年甘肅酒泉丁家閘五號墓所出土的北涼時期墓室壁畫，在前室西壁的第二層繪有「神馬」一圖【彩圖 13】，白身赤鬣，昂首奔馳，頂上明顯地豎立著一飛揚的「頭飾」，而足下有山、有雲，兩側又有龍身蟠繞，總其形象而言，都可見此「神馬」是在空中遨翔，並非一般俗物，這和同是五號墓前室北壁第四層右側所繪的「兩馬槽食」壁畫，表現農家生活的場景，的確大不相同。

彩圖 13　北涼，神馬圖，1977 年甘肅酒泉丁家閘 5 號壁畫墓。

　　同時，酒泉丁家閘五號墓壁畫，前室西壁第二層，不僅有「神馬」圖，更有西王母、月亮、蟾蜍、九尾狐、三足鳥、雲、龍等道教圖像，另外，白鹿、羽人以及燕享、百戲、農耕及莊園生活的景像，也都是早期道教思

想的呈現，並在地理位置及時間的接續上，和敦煌壁畫都有相當密切的關係。

由此可知，敦煌壁畫中的飛馬奔雀（朱雀），都是陪侍仙人身旁的神物，不僅符合道教思想的內涵，並能與畫像石、銅奔馬以及墓室壁畫相互印證闡發，其意義與作用自然較「飛廉」一詞更爲明確且穩妥了。

四、人面三皇與凶神地靈

〈魯靈光殿賦〉於「圖畫天地」的文字中，有「五龍比翼，人皇九頭。」的記載，注曰「人皇，九頭，提羽蓋，乘雲車，出暘谷，分九河。宋均曰：九頭，九人也，提羽蓋，鳥之羽。」這樣詳盡的記載及特殊的造型，不免使人聯想起敦煌壁畫中多頭並列遨遊的「神物」。

即以敦煌莫高窟249窟爲例【彩圖14】，窟頂南披西王母身後即有十一頭神物追隨【彩圖1】，窟頂東披下方有九頭神物，窟頂北披則有十三頭神物，窟頂西披則無【彩圖15】；另外，第285窟頂窟南披有九頭神物【彩圖16】，窟頂東披有十三頭神物【彩圖17】，窟頂北披則有十一頭神物【彩圖18】，窟頂西披則無【彩圖19】。《中國美術全集‧敦煌壁畫上》將此神物釋作「開明神獸」。

彩圖14　西魏，窟頂壁畫，敦煌莫高窟249窟。

彩圖 15　西魏，窟頂西披，敦煌莫高窟 249 窟。

彩圖 16　西魏，窟頂南披，敦煌莫高窟 285 窟。

彩圖 17　西魏，窟頂東披，敦煌莫高窟 285 窟。

彩圖 18　西魏，窟頂北披，敦煌莫高窟 285 窟。

彩圖 19　西魏，窟頂西披，敦煌莫高窟 285 窟。

　　按：開明神獸見於《山海經・海內西經》所載「開明，獸身，大類虎，而九首皆人面，東嚮立崑崙上。」廣注云「郭曰：天獸也，銘曰：開明爲獸，稟資乾精，瞪視崑崙，威震百靈。圖贊云：開明天獸，稟茲乾精。虎身人面，表此傑形，瞪視崑山，威懾百靈。」〔註13〕

　　這樣的文字描述，的確和敦煌壁畫圖像頗有類似之處，然而，卻無法解釋圖像中的神獸，除了九頭之外，還有十一頭、十三頭的人面呈現，且此神獸氣勢奔騰，並和西王母或伏羲、女媧同行，都可見其地位尊崇及重要性，而考之典籍，〈魯靈光殿賦〉「五龍比翼，人皇九頭。」的記述，以及《太平經》中對「三皇」的推崇，卻正好可以爲此人面神物作一最佳的註腳與印證。

　　按：唐・司馬貞《補史記・三皇本紀》有云「三皇謂天皇、地皇、人皇爲三皇。既是開闢之初，君臣之始，圖緯所載，不可全棄，故兼序之天地初立，有天皇氏十二頭，澹泊無所施爲而俗自化，木德，王歲起攝提，兄弟十二人立，各一萬八千歲。地皇十一頭。火德，王姓，十一人，與於熊耳、龍門等山，亦各萬八千歲。人皇，九頭，乘雲車，駕六羽，出谷口，兄弟九人，分長九州，各立城邑，凡一百五十世，合四萬五千六百年。」其下「天皇」注曰「蓋天地初立，神人首出行化，故其年世長久也，然言十二頭者，非謂一人之身有十二頭，蓋古質比之鳥獸頭數故也。」又「人皇」下注曰「天皇

〔註13〕景印文淵閣四庫全書《山海經》，冊 1042，卷 11，頁 6。

所虛構，是以不足爲信。這樣的文字描述和敦煌壁畫相比擬，似乎仍有出入，雖有連鼓之意，卻不是「左手引之，右手推椎」狀。

另外，《山海經・海內東經》則謂「雷澤中有雷神，龍神而人頭，鼓其腹，在吳西。」﹝註27﹞則又和敦煌壁畫中所圖形像有所差距。

因此，個人以爲：這樣使轉連鼓的力士形像（彩圖20），雖具有雷神的象徵，然而，由於時代、地域性的差距，以及畫工個人的主觀意識，表現在文字或圖像上也仍然不盡相同，且「神」之形貌無人得見，是以同中有異，也是必然，再加上後代的圖像中，仍有雷神出現，其淵源及傳承不言可喻，而使轉連鼓，只是象徵使轉者的孔武有力及凶猛。

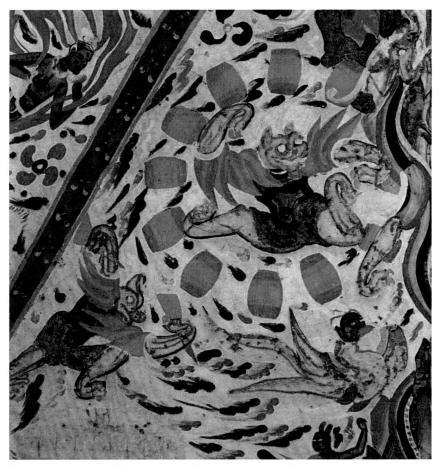

彩圖20　西魏，雷神，敦煌莫高窟249窟西披局部。

﹝註27﹞景印文淵閣四庫全書《山海經》，冊1042，卷13，頁2。

　　且西披的方位原本即是凶氣所聚，爲「霸」之始，山東畫像石中的「帝王圖像」，除了堯舜賢君之外，也有夏桀並立，二者並不相悖，而〈魯靈光殿賦〉一文也載及「煥炳可觀，黃帝唐虞。軒冕以庸，衣裳有殊。下及三后，嬪妃亂主。」都是藉荒淫無道者爲誡，以警醒後世。是以壁畫中圖繪「凶殺惡神」（雷神也是凶猛陽剛的象徵），可以和其他仙禽瑞獸相並，也可以和凶神惡鬼爲伍。《太平經》附錄有言「四時之精神，猶風也水也，隨人意而爲邪正。人正則正，人邪則邪。故須得其人，迺可立事也。不得其人，道難用也。夫水本隨器方圓，方圓無常。風氣亦隨人治，爲善惡無常，此即其明戒也。天地之神與風氣，影響隨人，爲明戒耳。」〔註28〕可見其警世戒惡之意。

　　至於 249 窟西披中央位置的圖像，釋文多作「阿修羅」【彩圖 15】，這是印度神話中的惡神，置於道教圖像中，此說當然也有欠妥貼。考之《太平經》，經中言及惡鬼凶神之處不在少數，大多言其無道衰亡之意，而少見其名姓。然而，此圖像居中宏偉，背後並有雙龍交纏，可見其並非等閒之輩，而其地位居西，理應爲雄霸一方之主，而《太平經》中也只有「爲鬼之尊者名爲地靈祇，亦得帶紫艾青黃。」〔註29〕可以和此圖像相比擬。而地靈祇之上有山石及天門，其旁有許多獸面或鳥首精怪環繞，下有一羽人作奔逃狀，都可見其爲「地神」之尊的威嚴。和三皇、神仙各據窟頂一方，也見其居所得宜，主旨明確了。

五、畫像石與壁畫的關係

　　敦煌早期壁畫，是由中國早期道教思想結合外來佛教文化並相輔相成，而畫像石則是中國早期道教墓葬思想及習俗的呈現，經由陝北畫像石進而影響敦煌壁畫的製作。然而，無論是畫像石或思想，都是以圖像具體表現人們的思想信仰，並多呈現於墓室（早期畫像石又出於祠堂），且其內容、形式大同小異，因此，其間的關係緊密並相互影響。

　　事實上，壁畫製作深具中國本土特色，早在西漢時期的北方即已存在。根據已出土的資料顯示，其分佈地區，西漢時期有：河南洛陽、陝西西安、甘肅武威等地，其墓室爲磚構建築；及至王莽時期的壁畫墓，至今所見有河南金谷園、山東平陸棗園村、陝西千陽、咸陽龔家灣一號墓等，其中，除了

〔註28〕王明編，《太平經合校》，頁 738。
〔註29〕王明編，《太平經合校》，頁 554。

龔家灣一號墓是磚石合構墓，其餘內容、形制多沿襲前朝；至於東漢時期，出土壁畫墓甚夥，除了部份是磚石合構墓，或以大石板支築墓室，餘多為磚砌墓，且其分佈地區也已擴大到河南、遼寧、廣東、河北、山東、江蘇、山西、內蒙古、陝西、甘肅等地區。而其壁畫內容則包括了：日月星象、昇天、歷史故事、伏羲女媧、四靈、仙禽瑞獸等圖像〔註30〕，與畫像石的內容、題材、墓室結構極為類似。

然而，個人為文仍以畫像石著手而非墓室壁畫，並以為敦煌早期壁畫無論是在內容與形式上，都與陝北畫像石的關係最為密切，至於其因素則有如下數點：

1. 畫像石的出土與保存極為豐富且完整，較之壁畫在質與量上，都更為周全而有系統，易於研究整理。

2. 畫像石分佈的四大地區極為明顯而集中，較之壁畫多分佈於北方及河西地區仍有差距，這或許是因為北方氣候乾燥，黃土高原較適合壁畫之製作及磚砌結構所致。

3. 四川地區畫像磚豐富，卻少見壁畫，這和山東、河南、陝北地區兼具畫像石和壁畫墓的情形頗有差距，四川是天府之國，物資不虞匱乏，可見這樣的現象，與經濟條件關係不大，而應是主觀思惟的必需和影響。

4. 畫像石的興衰年代、分佈地區，與早期道教的發展及黃巾之亂的史實完全吻合，至於壁畫發展的主軸與規模在氣勢上不如畫像石題材的凝聚和濃烈，且其圖像表現與思想內涵，多為畫像石的延續，作為研究的主題並不突顯。

5. 東漢以降，畫像石多出於石構建築，壁畫則多出於磚砌建築，就其經濟條件及製作能力而言，壁畫墓遠遜於畫像石墓，因此，就其功能和作用而言，壁畫墓很有可能是經濟能力略遜一籌的道教信仰者，或因漢末社會動盪，或避黃巾之亂，以權變的手法取代畫像石墓，其後並因循成俗，是以黃巾亂後，畫像石墓急遽式微，而壁畫墓卻大為興盛（尤以唐為極致），且壁畫墓的分佈仍不脫道教信仰的中心區或周邊地域，其間之盛衰消長極為明顯。

因此，壁畫不足以取代畫像石，甚或只是依附於畫像石而衍生的時代產物。而中國壁畫作為一種圖繪的技巧，其源出於本土並深具民族特色，的確是無庸置疑的事實，尤其是楚文化中豐富的隱仙思想及情感，最能表現廣大民間信仰的力量。《楚辭·天問》所謂「遂古之初，誰傳道之。上下未形，何

〔註30〕 湯池，〈漢魏南北朝的墓室壁畫〉，《中國美術全集·墓室壁畫》，頁 1～20。

由考之？」〔註31〕總計〈天問〉一篇凡172問，其內容上自天文，下至地理，
兼及人事，並述及宇宙洪荒、神話、瑞獸、帝王等事蹟，其內容與形式都可
說是畫像石、〈魯靈光殿賦〉之前身，東漢王逸以為此文是屈原的「呵壁之辭」
的確是言之不差，《楚辭章句・天問序》〔註32〕中即言：

> 天問者，屈原之所作也。何不言問天？天尊不可問。故曰：天問也！
> 屈原放逐，憂心愁悴，彷徨山澤，經歷陵陸，嗟號旻昊，仰天嘆息；
> 見楚有先王之廟及公卿祠堂，圖畫天地山川神靈，琦瑋僑佹，及古
> 賢聖怪物行事，周流罷倦，休息其下。仰見圖畫，因書其壁，呵而
> 問之，以渫憤懣，舒瀉愁思。楚人哀惜屈原，因共論述，故其文義
> 不次敘云爾。

且不論〈天問〉一文的完成，是屈原與楚人的「共論述」，抑或只是屈原
的寄興之辭，然而，楚先王之廟及公卿祠堂有「圖畫天地山川神靈」、「及古
賢聖怪物行事」，其內容與形式卻是為畫像石墓、畫像祠堂及〈魯靈光殿賦〉
之源起，提供了最佳的註解與例證。而《後漢書・文苑列傳》第70上，載及
王逸生平及其子延壽，其末注云：張華《博物志》曰：「王子山與父叔師到泰
山從鮑子真學箅，到魯賦靈光殿，歸渡湘水溺死。」文考一字子山也。〔註33〕
王延壽死時年僅二十餘，而此段註解，不僅見證父子二人相偕遊魯，並為「呵
壁之辭」提供了最有力的線索及淵源。

〈天問〉為屈原放逐後之作，憂心國事尚且不及，何以有此閒情逸致，
費心質疑，且172問為數不少，可見，這樣的困惑並非一時興起，隨意妄為，
因此，「呵壁之辭」以問天，當極為可信，只因觸景生情，難掩憤懣，是以藉
題抒發。

另外，兩漢的文學及習俗大多襲自楚文化，除了楚文化本身的豐富及優
雅之外，更重要的是，劉邦是楚人，是以漢代的文學、制度、社會習尚等都
與楚地有血濃於水的緊密關係。這是不爭的事實，學者論述甚多，不予贅述。

今日，敦煌壁畫中的道教圖像，在追本溯源之餘，可見其受陝北畫像石
之影響，及楚文化中民間信仰之傳承，這一脈相沿的民族精神與餘緒，有其
密不可分的相關性與延續性，而這樣寶貴的文化遺產，歷經數千年之久，盤

〔註31〕景印文淵閣四庫全書《楚辭章句》，冊1062，卷3，頁1。
〔註32〕同註31，序文。
〔註33〕《後漢書》，卷80上，頁2618。

根錯節，並長久浸染於人心，身爲炎黃子孫，又怎能不深入探究其宗旨，並極力維護與發揚呢？

六、結　語

　　早期道教的思想與內涵，由於不爲史家及官方所接納，因此，民間流傳雖然極爲盛行，王公貴族也有許多人深信不疑，卻始終未見載於史書，以至於資料零星散佈且乏人整理。

　　然而，無論是辭賦或文物中畫像石、敦煌壁畫、石棺線刻、青銅器（如：銅奔馬）等，卻處處可見早期道教傳佈所留下的痕跡，另外，又如：尹灣漢墓竹簡、馬王堆帛畫及兩漢玉器中，也都可見其思想之反映，唯因篇幅及主題所致，本文無法一一詳述，日後將另行爲文闡明。而本文在繼早期道教思想之條理與歸納後，不僅更見其民間信仰力量的宏大深遠，且在文物出土的結合印證下，對典籍文獻的內涵，更重新予以校補和正名，於是，早期道教雖不見容於史冊，而其影響力卻是無遠弗屆，無所不至了！

（本文發表於「2000 年敦煌學國際學術討論會」，中國敦煌研究院。收錄於敦煌研究院編，《2000 年敦煌學國際學術討論會文集——紀念敦煌藏經洞發現暨敦煌學百年·石窟藝術卷》，頁 97～123，甘肅民族出版社，2003.9。）

參考書目

一、典籍圖書

1. 《四部叢刊正編》，台灣商務印書館，1979 年 11 月台 1 版。
   《列女傳》，漢·劉向著，冊 14。
   《吳越春秋》，後漢·趙曄撰，冊 15。
   《白虎通》，漢·班固撰，冊 22。
   《淮南子》，漢·劉安撰，冊 22。
   《風俗通義》，漢·應劭撰，冊 23。
   《山海經》，晉·郭璞註，冊 24。
   《抱朴子》，晉·葛洪著，冊 27。

2. 《景印文淵閣四庫全書》，台灣商務印書館，1986 年 3 月初版。
   《補史記》，唐·司馬貞撰並注，冊 244。
   《路史》，宋·羅泌撰，冊 383。
   《水經注》，後魏·酈道元撰，冊 573。
   《漢官舊儀》，漢·衛宏撰，冊 646。
   《金石錄》，宋·趙明誠撰，冊 681。
   《隸釋》，宋·洪适撰，冊 681。
   《隸續》，宋·洪适撰，冊 681。
   《淮南鴻烈》，漢·劉安撰、高誘註，冊 848。
   《論衡》，漢·王充撰，冊 862。
   《西京雜記》，漢·劉歆撰、晉·葛洪輯，冊 1035。
   《神異經》，漢·東方朔撰、晉·張華注，冊 1042。

《漢武帝內傳》，舊題漢・班固撰，冊1042。

《拾遺記》，晉・王嘉撰，冊1042。

《山海經》，晉・郭璞注，冊1042。

《博物志》，晉・張華撰，冊1047。

《列子》，周・列禦寇撰、晉・張湛注、唐・殷敬慎釋文，冊1055。

《莊子》，晉・郭象注，冊1056。

《列仙傳》，漢・劉向撰，冊1058。

《神仙傳》，晉・葛洪撰，冊1059。

《楚辭章句》，西漢・劉向輯、東漢・王逸注，冊1062。

《文選》，梁・蕭統撰、唐・李善註，冊1329。

3.《十三經注疏》，藝文印書館，1993年9月12刷。

《詩經》，漢・鄭玄箋，唐・孔穎達疏。

《周禮》，漢・鄭玄注，唐・賈公彥疏。

《禮記》，漢・鄭玄注，唐・孔穎達正義。

《左傳》，晉・杜預注，唐・孔穎達正義。

《公羊傳》，漢・公羊高傳、何休解詁，唐・徐彥疏。

《論語》，魏・何晏注，宋・邢昺疏。

《孟子》，漢・趙岐注，舊題宋・孫奭疏。

4. 史書

《史記》，漢・司馬遷撰，南朝宋・裴駰集解，唐・司馬貞索隱，張守節正義，洪氏出版社，1975年9月三版。

《漢書》，漢・班固撰，唐・顏師古注，鼎文書局，1991年9月七版。

《後漢書》，南朝宋・范曄撰，唐・李賢等注，鼎文書局，1991年9月六版。

《三國志》，晉・陳壽撰，宋・裴松之注，鼎文書局，1993年2月七版。

《魏書》，北齊・魏收撰，鼎文書局，1975年10月臺初版。

《晉書》，唐・房玄齡等撰，鼎文書局，1976年10月初版。

《宋書》，梁・沈約撰，鼎文書局，1975年6月初版。

《唐書》，宋・歐陽修、宋祁撰，鼎文書局，1976年10月初版。

武英殿刊本景印，司馬貞，《補史記》，藝文印書館。

5.《中國美術全集》，錦繡出版社，1989年8月出版。

《中國美術全集・石刻線畫》，王樹村主編。

《中國美術全集・畫像石畫像磚》，常任俠主編。

《中國美術全集・墓室壁畫》，宿白主編。

《中國美術全集・敦煌壁畫上》，段文杰主編。

《中國美術全集・青銅下》，李學勤主編。

《中國美術全集・陶瓷上》，楊可揚主編。

6. 《正統道藏》，新文豐出版社，1988 年 12 月再版。

《元始上真眾仙記》，冊 5。

《仙苑編珠》，冊 18。

《漢天師世家》，冊 58。

《天皇至道太清玉冊》，冊 60。

二、專書

1. Wu Hung, "Monumentality in Early Chinese Art and Architecture", Stanford University Press, 1995.

2. 土居淑子著，《古代中國の畫像石》，日本同朋舍，1986 年 6 月。

3. 大村西崖著，《支那美術史雕塑篇》，日本国書刊行會，1913 年。

4. 大阪市立美術館，《漢代の美術》，日本平凡社，1975 年。

5. 山東石刻藝術博物館編著，《山東石刻藝術選粹——漢畫像石卷》，浙江文藝出版社，1996 年。

6. 山東石刻藝術博物館編著，《山東石刻藝術選粹——漢畫像石故事卷》，浙江文藝出版社，1996 年。

7. 山東石刻藝術博物館編著，《山東漢畫像石精萃・沂南卷》，齊魯書社，1996。

8. 山東石刻藝術博物館編著，《山東漢畫像石精萃・鄒城卷》，齊魯書社，1994。

9. 山東石刻藝術博物館編著，《山東漢畫像石精萃・滕州卷》，齊魯書社，1994。

10. 山東省博物館、山東省文物考古研究所編，《山東漢畫像石選集》，齊魯書社，1982 年 3 月。

11. 《中國河南省碑刻畫像石》，共同社，1974 年。

12. 天理大學、天理教道友社編，《畫像塼》，日本天理大學附屬天理參考館藏品，1986。

13. 水野清一著，《漢代の繪畫》，1957 年。

14. 王明編，《太平經》合校本，中華書局，1960 年 2 月。

15. 王昶輯，《金石萃編》，北京，中國書店，1985 年 3 月。

16. 王振鐸著，《漢代壙磚集錄》，北京，1935 年。

17. 王懿榮纂，《漢石存目》，《石刻史料新編》第三輯，新文豐出版社，1986。

18. 北京魯迅博物館、上海魯迅紀念館編，《魯迅藏漢畫像一》，上海人民美術出版社，1986 年。

19. 北京魯迅博物館、上海魯迅紀念館編，《魯迅藏漢畫像二》，上海人民美術出版社，1991 年 6 月。

20. 永田英正編，《漢代石刻集成：京都大學人文科學研究所研究報告》，同朋社，1994。

21. 甘肅省文物考古研究所戴春陽主編，《敦煌佛爺廟灣西晉畫像磚墓》，文物出版社，1998 年 3 月。

22. 甘肅省文物隊、甘肅省博物館、嘉峪關市文物管理所編，《嘉峪關壁畫墓發掘報告》，文物出版社，1985 年 10 月。

23. 安丘縣文化局、安丘縣博物館編，《安丘董家庄漢畫像石墓》，濟南出版社，1992 年 10 月。

24. 朱錫祿編著，《嘉祥漢畫像石》，山東美術出版社，1992 年 6 月。

25. 江蘇省文管會、中國科學院考古研究所編，《江蘇徐州漢畫像石》，科學出版社，1958 年。

26. 《江蘇徐州漢畫像石》，科學出版社，1968 年。

27. 吳曾德著，《漢代畫像石》，文物出版社，1984 年 6 月。

28. 呂品、周到、湯文興著，《河南漢代畫像磚》，丹青圖書公司，1986 年台一版。

29. 李林、康蘭英、趙力光編著，《陝北漢代畫像石》，陝西人民出版社，1995 年 3 月。

30. 李建民著，《中國古代游藝史》，東大圖書公司，1993 年 3 月。

31. 李剛著，《漢代道教哲學》，巴蜀書社，1995 年 5 月。

32. 李發林著，《山東漢畫像石研究》，齊魯書社，1982 年 10 月。

33. 李發林著，《戰國秦漢考古》，山東大學出版社，1991 年。

34. 李養正原著、張繼禹編訂，《道教經論史稿》，華夏出版社，1995 年 10 月。

35. 李鐵著，《漢畫文學故事集》，中國青年出版社，1989 年四月北京第一版；商鼎文化出版社，1991 年臺灣初版。

36. 汪寧生著，《雲南滄源崖畫的發現與研究》，文物出版社，1985 年 3 月。

37. 肖亢達著，《漢代樂舞百戲藝術研究》，文物出版社，1991 年 12 月。

38. 邢義田著，《秦漢史論稿》，東大圖書公司，1987 年 6 月。

39. 阮元、畢沅著,《山左金石志》,1797 年。

40. 周到、王曉著,《河南漢代畫像研究》,中州古籍出版社,1996 年 12 月。

41. 林巳奈夫著,《石に刻まれた世界》,東方書店,1992 年 1 月。

42. 林巳奈夫著,《漢代の文物》,日本京都大學人文科學研究所,1977 年。

43. 長廣敏雄著,《南陽の畫像石》,東京美術出版社,1969 年 3 月。

44. 長廣敏雄著,《漢代畫像の研究》,日本東京中央公論社,1965 年。

45. 信立祥著,《中國漢代畫像石の研究》,日本同成社,1996 年 3 月。

46. 南陽文物研究所,《南陽漢代畫像磚》,文物出版社,1990 年 5 月。

47. 南陽漢代畫像石編輯委員會編,《南陽漢代畫像石》,文物出版社,1985 年 10 月。

48. 南陽漢代畫像石編輯委員會編,《南陽漢畫像彙存》,廣陵出版社,1999 年 7 月。

49. 南陽漢代畫像石學術討論會辦公室編,《漢代畫像石研究》,文物出版社,1987 年 12 月。

50. 南陽漢畫館閃修山、王儒林、李陳廣編著,《南陽漢畫像石》,河南美術出版社,1989 年 6 月。

51. 南陽漢畫館編,《南陽漢代畫像石刻續編》,上海人民出版社,1988 年 12 月。

52. 洪丕謨著,《中國道教十大長生術》,林鬱文化事業有限公司,1996 年 11 月。

53. 洛陽市第二文物工作隊編,《畫像磚、石刻、墓誌研究》,中州古籍出版社,1994。

54. 重慶市文化局等編,《四川漢代石闕》,文物出版社,1992 年 10 月。

55. 重慶市博物館編,《重慶市博物館藏四川漢畫像磚選集》,文物出版社,1957 年 12 月。

56. 夏亨廉、林正同主編,《漢代農業畫像磚石》,中國農業出版社,1996 年 5 月。

57. 孫文青著,《南陽漢畫像匯存》,南京燕京大學,1936 年。

58. 容庚著,《漢武梁祠堂畫像圖錄和考釋》,北京,1936 年。

59. 徐州市博物館編,《徐州漢畫像石》,江蘇美術出版社,1985 年。

60. 徐州漢畫像石編委會,《徐州漢畫像石》,中國世界語出版社,1995 年 12 月。

61. 晉常璩撰,任乃強校注,《華陽國志》校補圖注,上海古籍出版社,1987 年 10 月。

62. 翁方綱著,《兩漢金石記》,1789 年。

63. 陝西省考古研究所編,《陝西神木大保當漢彩繪畫像石》,重慶出版社,2000 年 1 月。

64. 陝西博物館、陝西省文管會編,《陝北東漢畫像石刻選集》,北京,1959 年。

65. 高文、高成剛編著,《中國畫像石棺藝術》,山西人民出版社,1996 年 10 月。

66. 高文編,《四川漢代畫像石》,巴蜀書社,1987 年 2 月。

67. 高文編,《四川漢代畫像磚》,上海人民美術出版社,1987 年 2 月。

68. 高文編,《四川漢代石棺畫像集》,人民美術出版社,1998 年 4 月。

69. 常任俠著,《漢畫藝術研究》,上海出版公司,1955 年 12 月。

70. 深圳博物館編,《中國漢代畫像石畫像磚文獻目錄》,文物出版社,1995 年 5 月。

71. 許慎撰,段玉裁注,《說文解字注》,蘭臺書局,1977 年 10 月。

72. 傅惜華著,《漢代畫像全集》,1950 年。

73. 曾昭燏、蔣寶庚、黎忠義著,《沂南古畫像石墓發掘報告》,文化部文物管理局,1956 年 3 月。

74. 湯一介著,《魏晉南北朝時期的道教》,東大圖書公司,1991 年 4 月。

75. 敦煌研究院編,《敦煌石窟內容總錄》,文物出版社,1996 年 12 月。

76. 開封地區文管會、密縣文管會供稿、河南古代藝術研究會編輯,《密縣漢畫像磚》,中州書畫社,1983 年 12 月。

77. 馮雲鵬、馮雲鵷編著,《金石索》,1821 年。台聯國風出版社,1983 年。

78. 黃易著,《小蓬萊閣金石文字》,《石刻史料新編》第三輯,新文豐出版社,1986 年。

79. 黃明蘭著,《洛陽西漢畫像空心磚》,人民美術出版社,1982 年。

80. 黃明蘭編著,《洛陽漢畫像磚》,河南美術出版社,1986 年 10 月。

81. 楊清田著,《漢代石刻畫像之研究》,師大美術研究所碩士論文,1989 年 6 月。

82. 葛兆光著,《道教與中國文化》,上海人民出版社,1987 年 9 月。

83. 賈慶超著,《武氏祠漢畫像石刻考評》,山東大學出版社,1993 年 5 月。

84. 《漢代畫像全集》,巴黎大學北京漢學研究所出版,1950 年。

85. 聞一多著,《聞一多全集》,北京新華書局,1982 年。

86. 聞宥編,《四川漢代畫像選集》,上海聯群出版社,1955 年;北京中國古典藝術出版社,1956。

87. 劉志遠、余德章、劉文杰編著，《四川漢代畫像磚與漢代社會》，文物出版社，1983 年 12 月。

88. 劉鋒著，《道教的起源與形成》，文津出版社，1994 年 4 月。

89. 蔣英炬、吳文祺著，《漢代武氏墓群石刻研究》，山東美術出版社，1995 年 9 月。

90. 鄭州市博物館、中原石刻藝術館編著，《鄭州漢畫像磚》，河南美術出版社，1988 年 9 月。

91. 《鄧縣彩畫畫像磚墓》，河南省文物工作所出版，1958 年。

92. 《魯迅全集》，人民文學出版社，1961 年。

93. 薛文燦、劉松根編，《河南新鄭漢代畫像磚》，上海書畫出版社，1993 年 10 月。

94. 瞿中溶著，《漢武梁祠堂畫像考》，1825 年。

95. 關百益著，《南陽漢畫像集》，上海中華書局，1930 年。

96. 關野貞著，《支那山東省における漢代墳墓の表飾》，東京，1916 年。

97. 龔廷萬主編，《巴蜀漢代畫像集》，文物出版社，1998 年 12 月。

三、期刊

1. 山東省博物館、蒼山縣文化館，〈山東蒼山元嘉元年畫像石墓〉，《考古》，1975 年，期 2，頁 124～134。

2. 方鵬鈞、張勛燎，〈山東蒼山元嘉元年畫像石題記的時代和有關問題的討論〉，《考古》，1980 年，期 3，頁 271～277。

3. 王步毅，〈褚蘭漢畫像石及有關物像的認識〉，《中原文物》，1991 年，期 3，頁 60～67。

4. 王建偉，〈渠縣出土東漢石辟邪錢樹座及相關問題〉，《四川文物》，1994 年，期 5，頁 26～28。

5. 王恩田，〈蒼山元嘉元年漢畫像石墓考〉，《四川文物》，1989 年，期 4，頁 3～10。

6. 甘博文，〈甘肅武威雷台東漢墓清理簡報〉，《文物》，1972 年 2 月，頁 16～24。

7. 余德章，〈「伏羲女媧・雙龍」畫像石磚試釋〉，《四川文物》，1984 年，期 3，頁 46～48。

8. 巫鴻，〈漢代藝術中的天堂圖像和天堂觀念〉，《歷史文物》，卷 6，期 4，頁 6～25，國立歷史博物館館刊，1996 年 8 月。

9. 邱登成，〈漢代搖錢樹與漢墓仙化主題〉，《四川文物》，1994 年，期 5，頁 20～25。

10. 南陽市博物館，〈南陽發現東漢許阿瞿墓誌畫像石〉，《文物》，1974 年，期 8，頁 73～75。

11. 胡文和、曾德仁，〈四川道教石窟造像〉（續），《四川文物》，1992 年，期 2，頁 39～48。

12. 胡文和、曾德仁，〈四川道教石窟造像〉，《四川文物》，1992 年，期 1，頁 31～39。

13. 胡冰，〈魯迅對石刻畫像的蒐集與研究〉，《文物參考資料》，1953 年，期 11，頁 56。

14. 唐長壽，〈滎經畫像石棺「秘戲圖」及其他〉——〈跋漢畫趙苟哺父圖〉讀後，《四川文物》，1991 年，期 1，頁 58～60。

15. 高文，〈野合圖考〉，《四川文物》，1995 年，期 1，頁 19～20。

16. 高文、高成英，〈四川出土的十一具漢代畫像石棺圖釋〉，《四川文物》，1988 年，期 3，頁 17～24。

17. 崔陳，〈漢代畫像石中巴蜀祖神像窺探〉，《四川文物》，1990 年，期 4，頁 22～28。

18. 張遐齡、陳鑫明，〈瀘州出土漢畫像石棺魚雀圖考〉，《四川文物》，1991 年，期 1，頁 31～34。

19. 陳云洪，〈四川漢代高禖圖畫像磚初探〉，《四川文物》，1995 年，期 1，頁 15～18。

20. 曾祥旺，〈桂西發現的古代岩畫〉，《考古與文物》，1993 年，期 6，頁 1～13。

21. 雲南省文物工作隊，〈雲南昭通文物調查留言板〉，《文物》，1960 年，期 6，頁 49～51。

22. 馮修齊，〈桑間野合畫像磚考釋〉，《四川文物》，1995 年，期 3，頁 60～62。

23. 楊孝鴻，〈四川漢代秘戲圖畫像磚的思考〉，《四川文物》，1996 年，期 2，頁 86～89。

24. 楊愛國，〈漢畫像石上的接吻圖考辨〉，《四川文物》，1994 期，期 4，頁 22～25。

25. 劉文杰，〈漢代的種芋畫像實物與古代種芋略考〉，《四川文物》，1985 年，期 4，頁 9～11。

26. 劉弘，〈漢代魚鳥圖小考〉，《四川文物》，1991 年，期 1，頁 56～58。

27. 劉映祺，〈西王母與涇川回山〉，《中國道教》，1991 年，期 3，頁 48～50。

28. 劉軍社，〈周磚雛議〉，《考古與文物》，1993 年，期 6，頁 84～89。

29. 劉繼才,〈蒼山元嘉元年漢畫像石墓考讀後淺見〉,《四川文物》,1994 年,期 6,頁 51～53。

30. 蔣英炬,〈漢代的小祠堂——嘉祥宋山漢畫像石的建築復原〉,《考古》,1983 年,期 8,頁 741～751。

31. 蔡運生,〈道教發源地新考〉,《四川文物》,1994 年,期 1,頁 34～36。

32. 蔡運生,〈劍閣縣的道教石刻造像〉,《中國道教》,1994 年,期 1,頁 33～35。

33. 謝昌一,〈漢代畫像石藝術的歷史地位〉,《故宮文物月刊》,1992 年 8 月,卷 10,期 5,頁 118～137。

34. 鍾堅,〈試談漢代搖錢樹的賦形與內涵〉,《四川文物》,1989 年,期 1,頁 18～22。

35. 鮮明,〈論早期道教遺物搖錢樹〉,《四川文物》,1995 年,期 5,頁 8～12。

36. 羅偉先,〈對「收穫播種」畫像磚的再探索〉,《四川文物》,1988 年,期 3,頁 25～30。

37. 羅偉先、余德章譯,〈古代中國の畫像石〉,《四川文物》,1989 年,期 4,頁 77～80。

索　引